全単元・全時間の授業のすべて

数

小学校 1年 下

田中博史 監修
中田寿幸・森本隆史 編著
筑波大学附属小学校算数部 企画・編集

東洋館出版社

算数好きを増やしたいと願う教師のために

―プロの授業人集団の叡智を結集した『板書で見る全単元・全時間の授業のすべて』―

子どもたちに楽しい算数の授業を届けたいと願う，全国の算数授業人の同志から叡智を集めて，算数の板書シリーズの下巻をここに完成させることができました。

上巻の２年から６年については，算数授業の達人と称される面々に一冊丸ごと執筆してもらいました。２年山本良和，３年夏坂哲志，４年大野桂，５年盛山隆雄（ここまで筑波大学附属小学校），そして６年は尾﨑正彦（関西大学初等部）の各先生です。

いずれも個性派ぞろいで，力強い提案性あふれる作品を仕上げてくださいました。

１年については田中博史が監修し，中田寿幸，森本隆史（ここまで筑波大学附属小学校），小松信哉（福島大学），永田美奈子（雙葉小学校）の各先生の共同執筆で制作しました。

これは複数のメンバーの叡智を集めて構成する下巻の見本となるようにと考えた試みでした。お陰様でいずれの巻も読者の先生方の厚い支持をいただくことができ，発売してすぐに重版することになりました。この場を借りて深くお礼を申し上げる次第です。

さて，冒頭でも述べたように，下巻の各学年のシリーズは全国の先生方の参加をいただいてつくり上げました。それぞれ，全国算数授業研究会をはじめとする諸団体で活躍されている面々です。

ある先生に尋ねると，日々の授業づくりでも，この板書の形式でプランを立てることがとても多いのだそうです。研究授業などでは，指導案の形式でプランを立てるのだけど，それと比較すると板書形式で計画を立てるときは，細かな子どもとのやり取りまでを想起することになるため，表組みの指導案だけのときでは気が付かないこともたくさんあるとのこと。

これこそが，まさしく，我々が板書形式の本をつくろうと思い立った理由の一つでもあるのです。

最初に提示する問題は，どのぐらいのスペースを使って書くと子どもから見やすいのだろうか。子どもがそれをノートに書き写すとしたら，どのぐらいの長さで改行するといいのだろうか。さらにどこまで一気に書き，どこで待つのか。

問題文を書くという行為のところだけでも，ずいぶん考えることがたくさんあることに改めて気が付くと思います。

さらに，子どもたち一人ひとりの問題への取り組みを見つめていると，途中で教師が課題を整理したり，子ども自身に書かせるためのスペースを意識したりと全体のレイアウトにも配慮をしておくことが必要になります。

この場面では，こんな子どものつぶやきが欲しいなと思って，それを吹き出しの形式で書き込んでみると，実はその直前の自分の問いかけでは，そんな声は期待できないなと改めて自分の発問の不備にも気が付く瞬間があります。

一枚の板書に自分の実現したい授業をイメージして投影することで，板書には表れていない教師と子どもの対話もこうして具体的に想起することができる，この教師の地道な準備こそ，多岐にわたる子どもに対応できる力につながるものだと考えるのです。

つまり本来は，板書によるプランづくりから各先生に体験していただくのが理想です。

しかし，全ての先生が算数を専門にしていらっしゃるわけではありません。日々8教科の準備に慌ただしく取り組まなくてはならない先生方がゼロから準備するのでは大変でしょう。ですから本書に示した板書形式による授業プランを，まずはサンプルとして使っていただければいいと考えます。

ここには，実力ある算数教師の足跡が残されていますので，もちろんあるときはそっくりそのまま試してみるだけでも価値があります。でも，書かれている子どもの姿とのずれを感じることもきっとあるでしょう。そのときはそれを本書のそのページに書き込んでおきましょう。またあるときは，目前の子どもに合わせてアレンジし直して使ってみることもできます。

本書の板書のページに自分のクラスの子どものつぶやきなど，想定できるものを赤字で書き込んでみたり，提示の順番の入れ替えを矢印で書き込んでみたり，さらには予想される子どもの反応を加筆したり削除したり……。

こうすることによって，読者の先生方のクラスの子どもの実態により即したものへと変容させることができます。試してみて，やはり元通りがよかったと思えば青いペンで書き込んでおくとか，変えた方がうまくいったなと思ったらそれを赤字で強くマークしておくとか……。このたくさんの書き込みあふれる全単元・全時間の丸ごと一冊の記録を，後輩に引き継いでいくと，本当の意味での算数授業のデータベースづくりになります。

私たちがこの板書シリーズを作成したときのもう一つの目的は，実はこの優れた授業プランのデータベース化でした。1時間だけではなく全時間がそろっていることの大きな価値です。それも表組みではなく，ビジュアルな形式での蓄積がなされれば，役に立つと考えたのです。それぞれの学校の教師の叡智あふれる一冊が続々と誕生していけば，今求められている各校独自のカリキュラム・マネジメントが実現できる教師力の向上にもきっと寄与することでしょう。

本書が日々の授業づくりに役立つだけではなく，明日の，さらには来年のよりよい授業づくりの構築へとつながっていくものになればこんなに素晴らしいことはありません。

最後に，本シリーズの企画から完成までの日々をずっと支え続けていただいた東洋館出版社の畑中潤氏，石川夏樹氏には心より深く感謝申し上げる次第です。

令和2年7月

板書シリーズ算数　総合企画監修

「授業・人」塾　代表　田中　博史

前筑波大学附属小学校副校長・前全国算数授業研究会会長

板書で見る
全単元・全時間の授業のすべて
算数 1年下

目　次

板書で見る全単元・全時間の授業のすべて
算数 小学校１年下
目次

14　大きなかず　13時間

15　たしざんとひきざん　4時間

本書活用のポイント

本書は読者の先生方が，日々の授業を行うときに，そのまま開いて教卓の上に置いて使えるようにと考えて作成されたものです。１年間の算数授業の全単元・全時間の授業について，板書のイメージを中心に，展開例などを見開きで構成しています。各項目における活用のポイントは次のとおりです。

題　名

本時で行う内容を分かりやすく紹介しています。

目　標

本時の目標を端的に記述しています。

本時の板書例

45分の授業の流れが一目で分かるように構成されています。単なる知識や技能の習得のためだけではなく，数学的な見方・考え方の育成の視点からつくられており，活動の中でのめあての変化や，それに対する見方・考え方の変化，さらには友達との考え方の比較なども書かれています。

また，吹き出しは本時の数学的な見方・考え方につながる子どもの言葉となっており，これをもとに授業を展開していくと効果的です。

授業の流れ

授業をどのように展開していくのかを，４～５コマに分けて紹介しています。

学習活動のステップとなるメインの吹き出しは，子どもが主体的になったり，数学的な見方・考え方を引き出すための発問，または子どもの言葉となっており，その下に各留意点や手立てを記述しています。

青字のところは，授業をうまく展開するためのポイントとなっています。予想される子どもの発言例は，イラストにして掲載しています。

本時案　授業DVD

4/4

かずをかえて，正しい文になおそう

本時の目標

・人が１列に並んでいる場面において，図などを用いながら，「何番目」や「全体の人数」を求めることができる。
・また，その求め方を，式と対応させることができる。

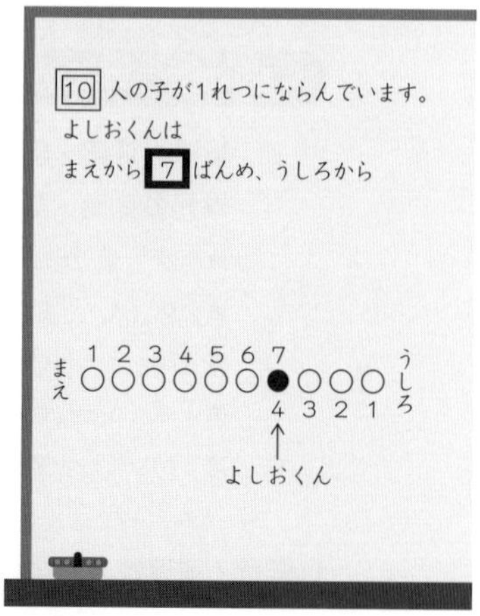

10 人の子が１れつにならんでいます。
よしおくんは
まえから 7 ばんめ、うしろから
まえ
1 2 3 4 5 6 7
4 3 2 1
うしろ
よしおくん

授業の流れ

1 10人並んでいます。よしお君は，前から７番目，後ろから５番目です

え？　おかしいよ
それじゃ，子どもの数が12人になっちゃうよ
どこがおかしいの？
後ろから「５番目」はおかしい
後ろから「３番目」になるはず
いや，後ろから「４番目」だよ

提示した文が「おかしい」と子どもは言い始めると予想される。そこで，どの数を変えればよいかを考えさせる。

2 「後ろから５番目」の「５」を変えることにします

後ろから「３番目」が正しいのかな？「４番目」が正しいのかな？
図をかいてみると，「４番目」になるよ
「３番目」だと，よしお君が２人いることになってしまうよ

10－７＝３になることから，「後ろから３番目」と予想する子がいる。けれども，図をかいてみると，「後ろから４番目」になることや，「３番目」は間違いであることが分かってくる。

3 計算で求めることもできるのかな？

10－７＝３だと，「よしお君の後ろにいる子どもの人数」を求めていることになる
10－７の答えに１足さなければならない
その「＋１」は，よしお君の分だよ

「後ろから４番目」であることを求める式を，図を手掛かりにしながら考えてみる。

10－７に１を足す必要があることに気付かせたい。

かずをかえて，正しい文になおそう
124

実際の板書

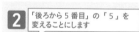

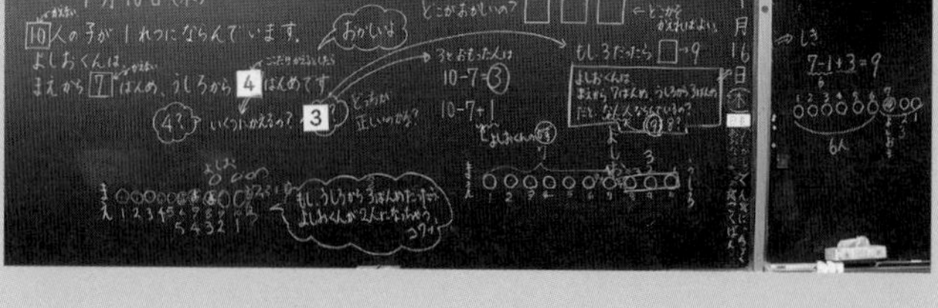

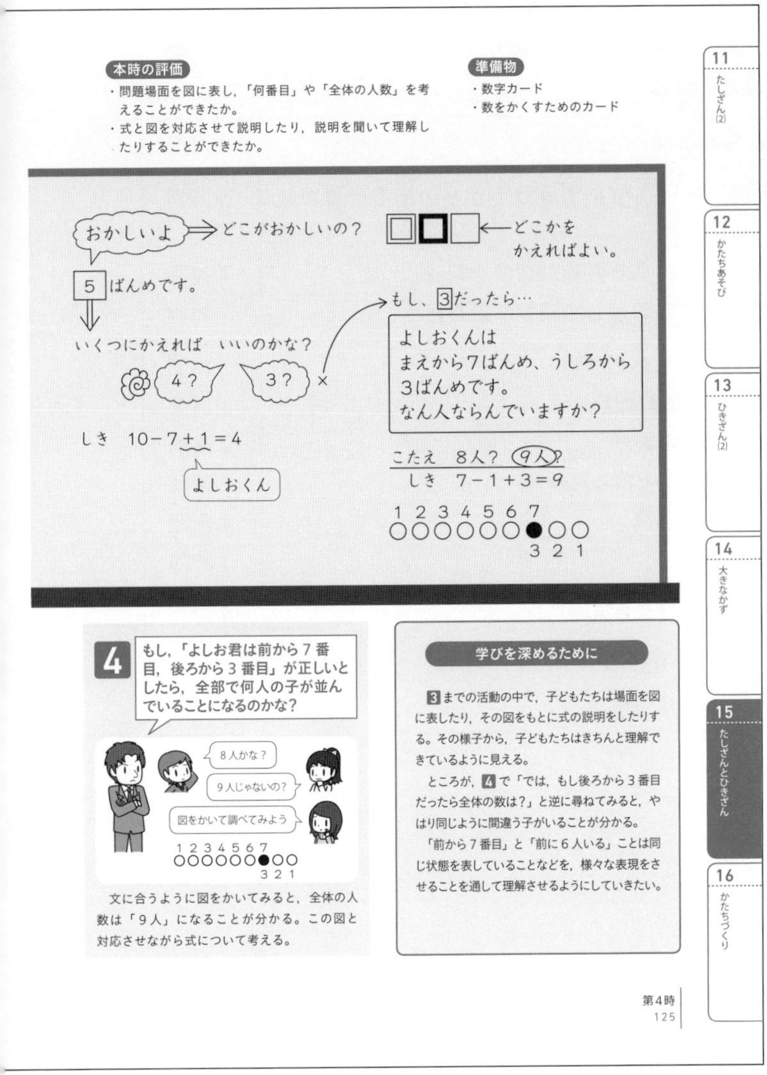

本時の評価
・問題場面を図に表し，「何番目」や「全体の人数」を考えることができたか。
・式と図を対応させて説明したり，説明を聞いて理解したりすることができたか。

準備物
・数字カード
・数をかくすためのカード

おかしいよ
どこがおかしいの？
どこかをかえればよい。
5 ばんめです。
いくつにかえれば いいのかな？
4？
3？
しき 10－7＋1＝4
よしおくん
もし、3だったら…
よしおくんは
まえから7ばんめ、うしろから
3ばんめです。
なん人ならんでいますか？
こたえ 8人？ 9人？
しき 7－1＋3＝9
1 2 3 4 5 6 7
3 2 1

4 もし，「よしお君は前から７番目，後ろから３番目」が正しいとしたら，全部で何人の子が並んでいることになるのかな？

8人かな？
9人じゃないの？
図をかいて調べてみよう
1 2 3 4 5 6 7
3 2 1

文に合うように図をかいてみると，全体の人数は「９人」になることが分かる。この図と対応させながら式について考える。

学びを深めるために

3までの活動の中で，子どもたちは場面を図に表したり，その図をもとに式の説明をしたりする。その様子から，子どもたちはきちんと理解できているように見える。

ところが，4で「では，もし後ろから３番目だったら全体の数は？」と逆に尋ねてみると，やはり同じように間違う子がいることが分かる。

「前から７番目」と「前に６人いる」ことは同じ状態を表していることなどを，様々な表現をさせることを通して理解させるようにしていきたい。

11 たしざん(2)
12 かたちあそび
13 ひきざん(2)
14 大きなかず
15 たしざんとひきざん
16 かたちづくり

第4時
125

評　価

本時の評価について２～３項目に分けて記述しています。

準備物

本時で必要な教具及び掲示物等を記載しています。

まとめ

本時の学習内容で大切なところを解説しています。授業の終末，あるいはその途中で子どもから引き出したい考えとなります。

特典 DVD

具体的な授業のイメージをより実感できるように，実際の授業を収録したDVD（１時間分）がついています（本書は左の事例）。

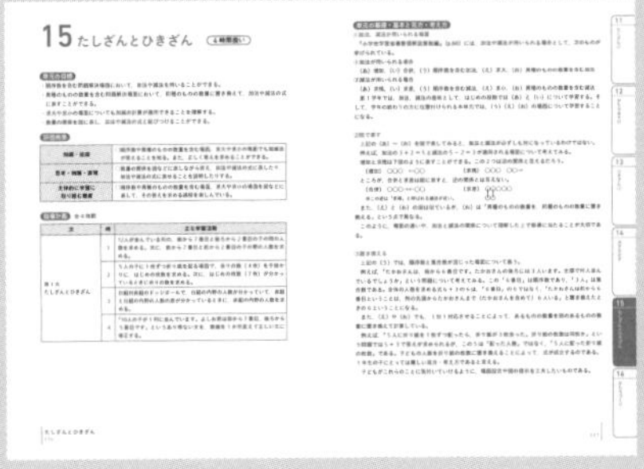

15 たしざんとひきざん

単元冒頭頁

各単元の冒頭には，「単元の目標」「評価規準」「指導計画」を記載した頁があります。右側の頁には，単元の「基礎・基本」と育てたい「数学的な見方・考え方」についての解説を掲載。さらには，取り入れたい「数学的活動」についても触れています。

本書の単元配列／１年下

単元（時間）	指導内容	時間
11　たしざん(2)　(10)	第１次　繰り上がりのあるたし算の計算の仕方について考える	7時間
	第２次　たし算カードを使って，繰り上がりのあるたし算の習熟を図る	3時間
12　かたちあそび　(4)	第１次　かたちあそび	4時間
13　ひきざん(2)　(11)	第１次　（十何）－（１位）で繰り下がりのある計算の仕方を考える	5時間
	第２次　繰り下がりのある計算の習熟を図る	4時間
	第３次　数量の関係に着目して演習決定を行う	2時間
14　大きなかず　(13)	第１次　２位数の表し方の理解	5時間
	第２次　100についての理解	1時間
	第３次　数の並び方の理解	2時間
	第４次　120程度までの数の理解	2時間
	第５次　たし算とひき算	2時間
	第６次　まとめ	1時間
15　たしざんとひきざん　(4)	第１次　たしざんとひきざん	4時間
16　かたちづくり　(5)	第１次　かたちづくり	5時間

Ⅰ

第1学年の
授業づくりのポイント

第１学年の授業づくりのポイント

1 第１学年下巻の内容

第１学年の下巻に収められている内容は、次の６単元である。

11 たしざん(2)　12 かたちあそび　13 ひきざん(2)　14 大きなかず
15 たしざんとひきざん　16 かたちづくり

下巻の単元は多くが「数と計算」領域であり、そこに「図形」領域が２つ入っている。(「測定」領域と「データの活用」領域の内容は、下巻には含まれていない。)

(1)「数と計算」領域

この領域に入る単元は４単元あり、１年生の学習内容の多くが「数と計算」領域であることがわかる。

下巻には「11 たしざん(2)」、「13 ひきざん(2)」、「14 大きなかず」、「15 たしざんとひきざん」の単元が入っている。

これらの単元に対応する小学校学習指導要領（平成二十九年告示）解説　算数編には次のように内容が示されている。

A(1)数の構成と表し方

第１学年では，ものとものとを対応させてものの個数を比べる活動などから始め，やがて，その個数を正しく数えたり，個数を数字で表したりできるようにする。こうした活動を通して，数の大小や順序を知り，次第に数の概念や表し方を理解できるようにしていく。そして，数のまとまりに着目しながら，徐々に数の範囲を広げていく。また生活の中で実際に数を使うことで，数を使うよさを感じ，数についての感覚を豊かにしていく。

「14 大きなかず」の単元がここに当たる。

A(2)加法，減法

１学年でつまずく子が出てくる繰り上がりのあるたし算、繰り下がりのあるひき算の単元である。「11 たしざん(2)」、「13 ひきざん(2)」、そして演算決定をしていく「15 たしざんとひきざん」がこれに当たる。

これらの単元に対応する小学校学習指導要領（平成二十九年告示）解説　算数編には次のように内容が示されている。

第１学年では，加法及び減法の意味を考えたり，加法及び減法が用いられる場面を式に表したり，式を読み取ったりすることができるようにするとともに，１位数の加法及びその逆の減法の計算ができるようにすることをねらいとしている。また，数量の関係に着目し，計算の意味や計算の仕方を考えたりするとともに，それを日常生活に生かそうとする態度を養うことをねらいとしている。さらに，簡単な場合についての２位数などの加法及び減法の計算についても加法及び減法ができることを知り，数についての理解を深めることができるようにする。

⑵「図形」領域

B⑴図形についての理解の基礎

この領域に入るのは「12 かたちあそび」、「16 かたちづくり」の２つの単元である。

これらの単元に対応する小学校学習指導要領（平成二十九年告示）解説　算数編には次のように内容が示されている。

第１学年では，身の回りにあるものの形を観察や構成の対象とし，形を見付けたり，形作りをしたりする活動を重視するとともに，構成や分解の様子を，言葉を使って表すことを指導する。これらの活動を通して，次第に，ものの色，大きさ，位置や材質を捨象して，形を認め，形の特徴について捉えることができるようにする。同時に，形について学ぶことの楽しさを感じる経験を通して，図形に対する関心を喚起し，感覚を豊かなものとする。

2 数学的活動の充実

小学校学習指導要領（平成二十九年告示）解説　算数編には数学的活動について、次のように記述されている。

⑴内容の「A 数と計算」，「B 図形」，「C 測定」及び「D データの活用」に示す学習については，次のような数学的活動に取り組むものとする。

ア　身の回りの事象を観察したり，具体物を操作したりして，数量や形を見いだす活動

イ　日常生活の問題を具体物などを用いて解決したり結果を確かめたりする活動

ウ　算数の問題を具体物などを用いて解決したり結果を確かめたりする活動

エ　問題解決の過程や結果を，具体物や図などを用いて表現する活動

そして、数学的活動について次のように述べている。

数学的活動では，数学的な問題発見・解決の活動と，数学的な表現を生かしながら互いに伝え合う活動を中核とした活動を行うほか，特に，下学年においては具体的経験を大切にする操作等を通して数量や図形を見いだす活動を重視している。具体物を使って素朴に学ぶための操作活動については，児童が目的意識をもって主体的に行う活動となるように配慮する必要がある。

第１学年では，これを踏まえて，児童が数学的活動に意欲的に取り組み，基礎的・基本的な知識及び技能を確実に身に付けるとともに，思考力，判断力，表現力等を高め，算数に関わりをもったり，算数を学ぶことの楽しさやよさを実感したりできるようにすることを重視する。

数学的な問題発見・解決の活動を行う上で、下学年では具体物などを使っての具体的な操作を重視していく必要がある。その際、１年生の子どもが目的意識をもって主体的に行う活動を組んでいく必要がある。

3 第１学年の授業づくりのポイント

１年生は手を使って、具体物・半具体物を操作しながら具体的に学んでいく。その際、受け身になって、やらされている操作ではなく、問題意識を持って、自ら問題を解決するために、操作をしていく活動としていきたい。そのための授業づくりのポイントとして、６点を本書の授業例の板書で示していく。

⑴数を具体的に操作しながら、数の大きさを捉えていく

板書「大きなかず」第４時

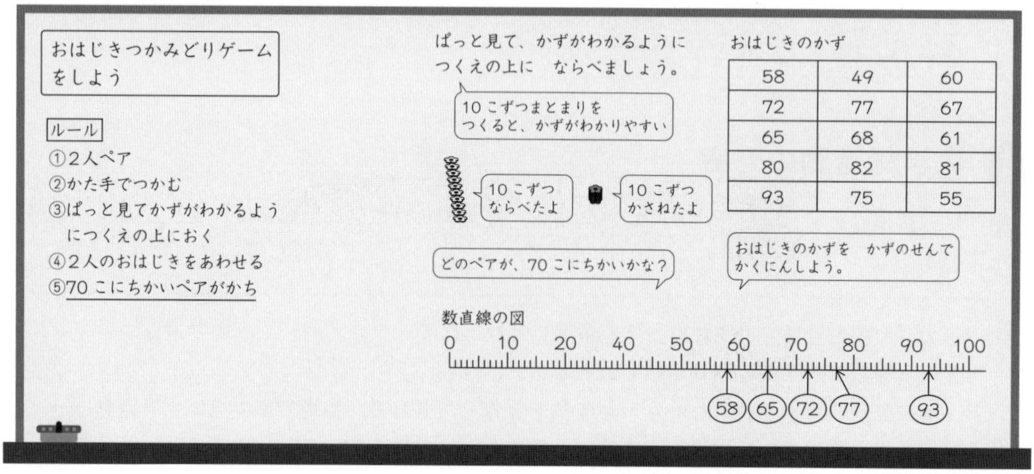

おはじきつかみどりゲームをしよう
ルール
①２人ペア
②かた手でつかむ
③ぱっと見てかずがわかるようにつくえの上におく
④２人のおはじきをあわせる
⑤70 こにちかいペアがかち
ぱっと見て、かずがわかるようにつくえの上に　ならべましょう。
10 こずつまとまりをつくると、かずがわかりやすい
10 こずつならべたよ
10 こずつかさねたよ
どのペアが、70 こにちかいかな？
おはじきのかず
58 49 60
72 77 67
65 68 61
80 82 81
93 75 55
おはじきのかずを　かずのせんでかくにんしよう。
数直線の図
0 10 20 40 50 60 70 80 90 100
58 65 72 77 93

３時間目まではプリントされたものを数えてきた子どもたち。数が大きくなってきたら、10のまとまりを作って数えていくことのよさは学んできた。本時では、２人でペアになっておはじきつかみどりゲームをする。１人目がおはじきをつかんで10のまとまりを作って並べていく。２人目はあといくつとればいいのかを考えながらつかみ取りをしていく。70個になることを目指しながら、１回目は何個だったのか、２回目は何個つかめばいいのか、２回の合計は何個だったのか、そして最後に70からどのくらい離れているかを触っているおはじきの具体で考えていく。

70個に近づけたいという目的意識を子どもははっきりと持ち、そのために10のまとまりを作っていく。この活動は２年生で学習する２桁同士のたし算の素地的活動であり、70から２桁の数をひくひき算の素地的活動ともなる。ただし、子どもはどれも加法的な見方で、大きな数を捉えていく。70からどれだけ離れているかはひき算で捉えるのではなく、数直線で目盛りの数で捉えていく。70からの違いが視覚的にも理解していけるよさが数直線にはある。

⑵場面の意味を図に表して考えながら式をたてていく

板書「ひきざん⑵」第10時

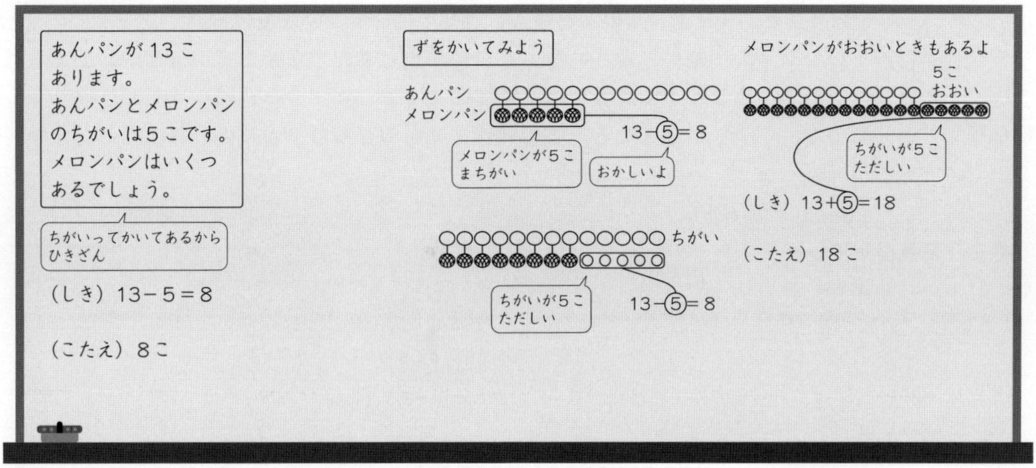

あんパンが13こ
あります。
あんパンとメロンパン
のちがいは5こです。
メロンパンはいくつ
あるでしょう。
ちがいってかいてあるから
ひきざん
(しき) 13－5＝8
(こたえ) 8こ
ずをかいてみよう
あんパン
メロンパン
13－⑤＝8
メロンパンが5こ
まちがい
おかしいよ
ちがい
ちがいが5こ
ただしい
13－⑤＝8
メロンパンがおおいときもあるよ
5こ
おおい
ちがいが5こ
ただしい
(しき) 13＋⑤＝18
(こたえ) 18こ

「あんパンが13個あり、メロンパンとのちがいは５個。メロンパンはいくつか」という問題である。子どもは「ちがい」という言葉からひき算と考える。答えは13–５で８個となる。しかし、子どもは場面の意味を十分に捉えているとは言えない。それは図に表せない子がいるからだ。図に表せば、多くの子が板書中央のような表し方をする。その表し方を修正しながら問題場面の意味を理解し直すのである。

授業の後半はメロンパンの方が多い場合を考えていく。前半の問題場面の図が理解できていれば、後半の問題場面を図に表せる子は増えているだろう。そして、メロンパンが多い場面を式に表すと、13＋５になる。「ちがい」を表すのに、式がたし算で表すことが理解できる。「ちがい」はひき算と思い込んでいた子どもは，図に表すことで考えを変えていく場面となる。

⑶計算のしかたを具体物などを用いて考える

板書「たしざん⑵」第１時

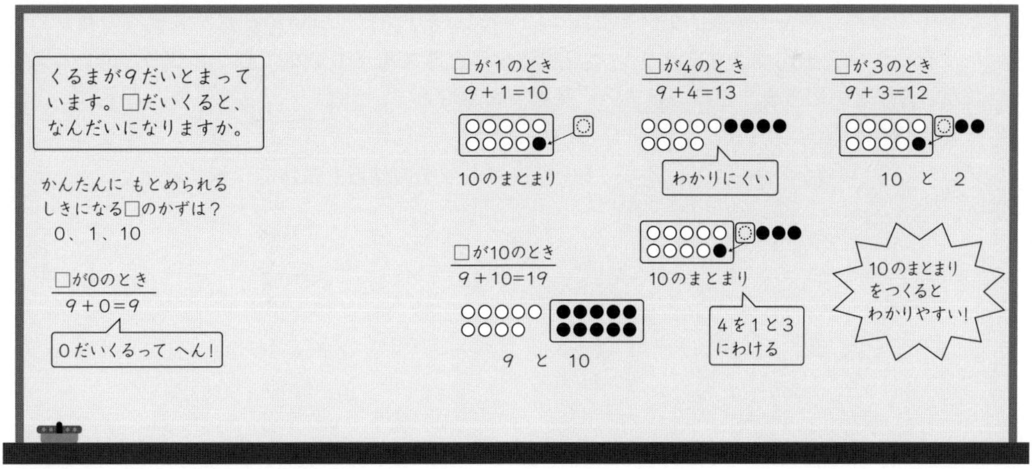

くるまが9だいとまって
います。□だいくると、
なんだいになりますか。
かんたんに もとめられる
しきになる□のかずは？
0、1、10
□が0のとき
9＋0＝9
0だいくるって へん！
□が1のとき
9＋1＝10
10のまとまり
□が10のとき
9＋10＝19
9 と 10
□が4のとき
9＋4＝13
わかりにくい
10のまとまり
4を1と3
にわける
□が3のとき
9＋3＝12
10 と 2
10のまとまり
をつくると
わかりやすい！

「車が９台止まっています。□台来ると何台になりますか」という問題である。簡単に求められる式になる数を□の中に入れることから授業を始めている。これにより、繰り上がりでない場面が初めに出され、それを発展させて繰り上がりのある場面をつくっていくことができる。

９台の車は数ブロック２段で並べて示される。ここに、子どもたちが選んでいった数が加えられていく。車は９台なので、そこに１つ加えることで10のまとまりができる。残りは加えた数から１個移動していったので、１少ない数となる。この操作そのものが繰り上がりの計算のしかたとなっていくのである。

⑷きまりを見出していく

板書「たしざん⑵」第８時

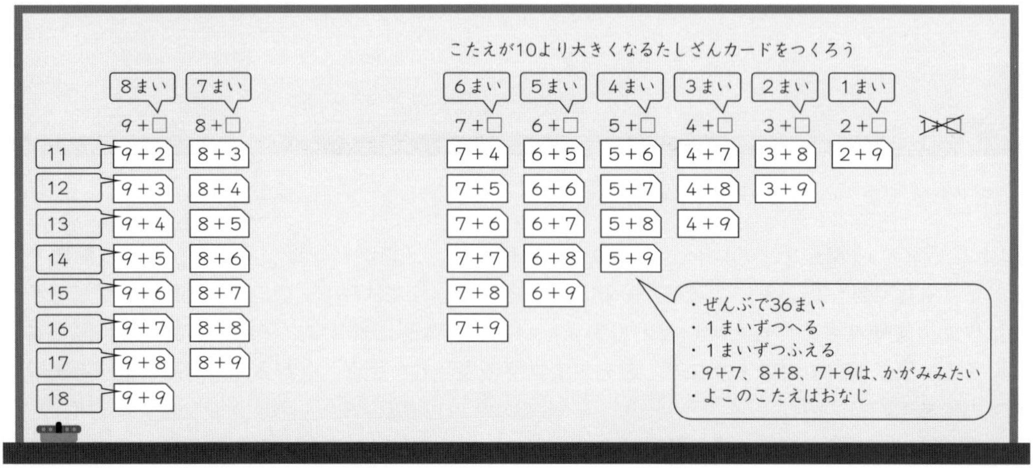

「答えが10より大きくなるたし算カードを作ろう」という問題である。８＋□で答えが10よりを大きくなるものを作っていく。ランダムに貼っていった場合は、並び替えると落ちなく見つけることができる。そして、８＋□のカードは７枚できることがわかる。次に９＋□のカードを作って８枚できるとなると、７＋□は６枚できるのではないかと考える子がいる。このとき、どうして６枚と考えたかを全体に予想させていくとよい。９＋□が８枚、８＋□が７枚と１枚ずつ減っているから次も１枚減って６枚と考えている子がいるだろう。９＋□の９から１引いた８枚、８＋□の８から１引いた７枚だから７＋□は７から１引いた６枚になると考える子もいるだろう。こんな違いにこだわりながら、子どものきまりを見つけていく着眼点をふやしていきたい。

本時ではひき算カードを並べながら、いろいろなきまりが見えてくる。たし算カードを使ってきまりを見いだしていった子どもはたし算カードを使っての習熟の練習も主体的に取り組んでいくことができる。

⑸具体物を操作しながら形をつくりだす

板書「かたちづくり」第３時

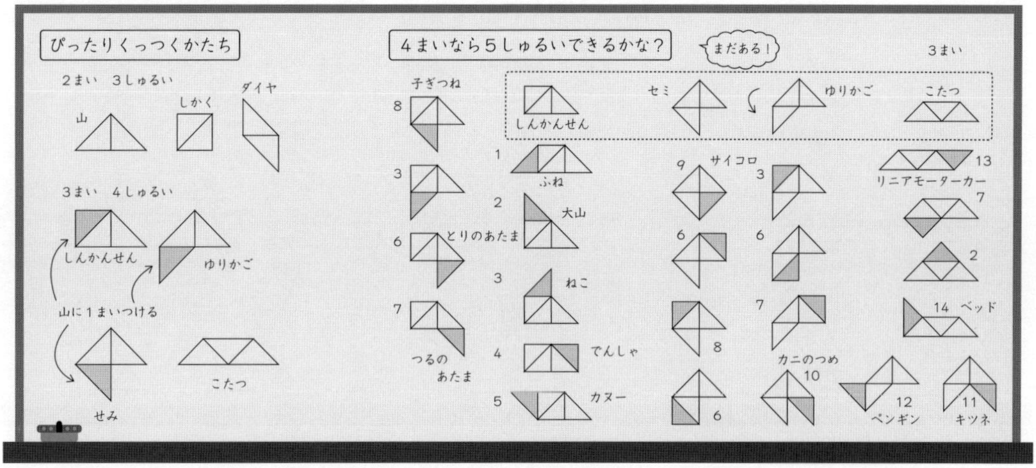

「さんかく２枚なら３種類できた。３枚なら４種類できた。だったら４枚なら５種類できるかな」ときまりを見いだそうとする子どもを育てたい。そしてさんかく４枚で５種類の形を作ろうと問題意識を持ちながら、子どもたちは形を作っていく。しかし、６種類目、７種類目…と形ができていく。子どもたちは「いったいいくつできるのだろう？」と問題意識を変えて、形作りに臨んでいく。作っている間に同じ形のものができてくる。平行移動、回転移動、対称移動させながら同じ形にならない形を作っていく。

問題意識が変わっていきながらも、新しい問題に向けて、子どもたちは操作を続けていく。

⑹生活の中に数や形をみつける

板書「大きなかず」第13時

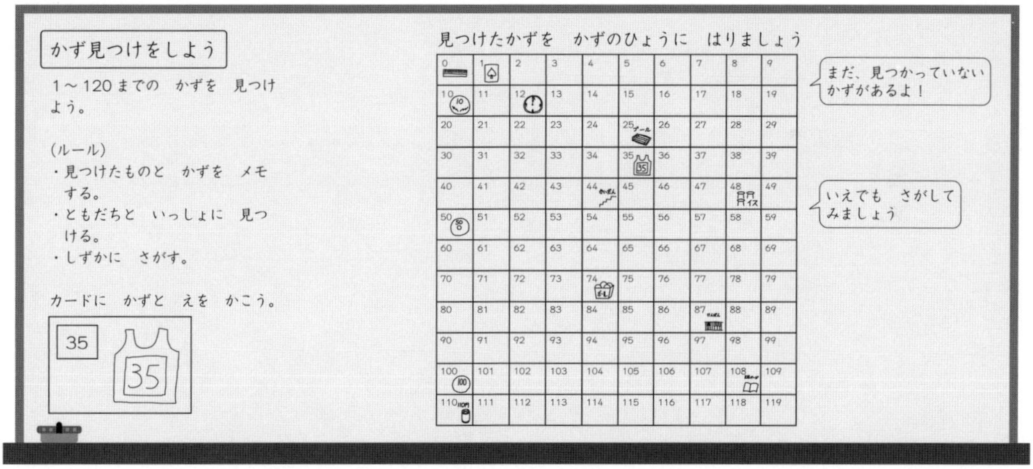

１から120までの数を見つけていくというのが課題である。これは45分の授業で終わる課題ではない。120までの学んだ数が生活の中のどこかにある。そう思いながら生活を続けていける子どもを育てていきたい。そのためには、子どもたちの見つけた数を評価していけるかである。この評価も45分では終わらない。評価が生かされている間は子どもたちの活動は続いていく。

板書「かたちづくり」第５時

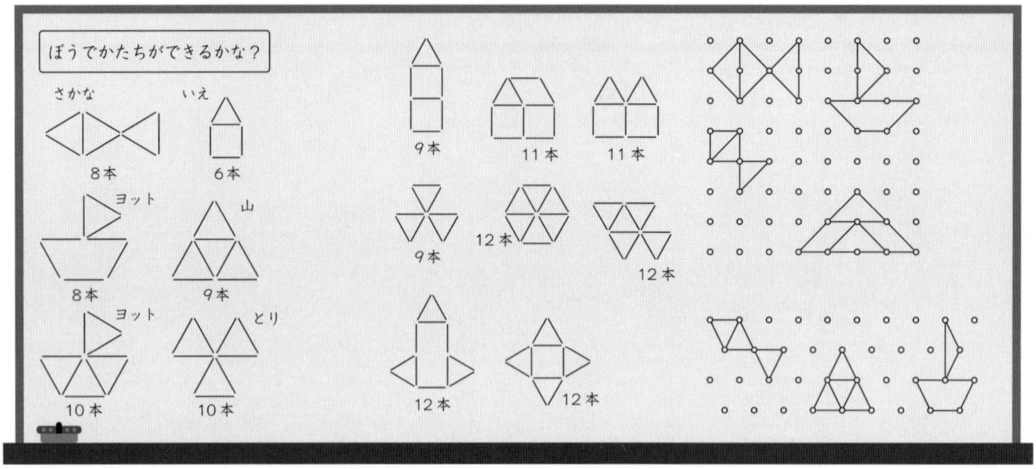

「かたちづくり」の単元では、折り紙や色板、数え棒で形を作っていく。できた形には別の形と区別するために名前を付けていく。このとき、子どもは生活の中のものに形を見いだしていく。生活の中のものは算数の形とは同じではない。しかし、生活の中のものの形を抽象して、折り紙や色板、数え棒で作った形と同じと見ていくのである。

１年生は「手で考えていく」と言われることもある。手を使って具体物や半具体物を操作したり、絵や図をかいたりしながら理解していく。わかった気になったときにも「手を使って考えていく」ことで、考え直すことができ、考えを深めていくことができるのである。

【参照・引用文献：小学校学習指導要領（平成29年告示）解説　算数編，文部科学省】

Ⅱ

第 1 学年の算数
全単元・全時間の板書

11 たしざん(2) （10時間扱い）

単元の目標

・1位数同士の繰り上がりのある加法計算の仕方を理解し，計算の仕方を操作や図を用いて考える力を養うとともに，計算の仕方を操作や図を用いて考えた過程を振り返り，そのよさを感じ，今後の学習や日常生活に活用しようとする態度を養う。

評価規準

知識・技能	①1位数同士の繰り上がりのある加法計算が，「10といくつ」という数の見方を基にしてできることを理解し，その計算が確実にできる。
思考・判断・表現	②10のまとまりに着目し，1位数同士の加法計算の仕方を，操作や図を用いて考え，表現している。
主体的に学習に取り組む態度	③1位数同士の加法計算の仕方について，「10といくつ」という数の見方や操作，図などを用いて考えた過程や結果を振り返り，そのよさや楽しさを感じながら学ぼうとしている。

指導計画 全10時間

次	時	主な学習活動
第1次 繰り上がりのあるたし算の計算の仕方について考える	1	9＋4の計算の仕方を考える中で，「10といくつ」という見方・考え方をすると分かりやすいことを捉える。
	2	8＋3の計算の仕方は，加数である3を2と1に分けて10のまとまりをつくればよいことが分かり，説明する。
	3	加数を分解する計算の仕方について言語化する。
	4	3＋9の計算の仕方に被加数である3を2と1に分けて10のまとまりをつくる方法があることに気付き，そのよさを知る。
	5	被加数を分解する計算の仕方について言語化する。
	6	被加数と加数の大きさに応じて，加数分解の方法と被加数分解の方法を使い分けて計算する。
	7	繰り上がりのあるたし算の文章問題をつくり，その計算の仕方を表す。
第2次 たし算カードなどを使って，繰り上がりのあるたし算の習熟を図る	8	繰り上がりのあるたし算カードをつくる過程で，たし算のきまりを見つける。
	9	たし算カードを使ったゲームをする。
	10	被加数と加数の大きさ，答えなどのきまりに着目しながら，たし算カードの並び方を考えて説明する。

単元の基礎・基本と見方・考え方

(1)10のまとまりをつくる

「10より大きいかず」「３つのかずのけいさん」などの学習を通して，子どもは，10のまとまりをつくるよさについて捉えてきている。本単元で，子どもは，繰り上がりのあるたし算の計算の仕方について考える。その際，「10のまとまりをどうつくるのか？」が，子どもの「問い」になる。主なたし算の計算の仕方には，加数分解を用いる方法，被加数分解を用いる方法がある。

各社の教科書を見ると，単元の導入では，被加数が加数より大きい９＋４や８＋３の計算の仕方について考えるようにしている。そして，加数分解を用いた計算の仕方をできるようにしている。そのうえで，加数が被加数より大きい３＋９や３＋８，７＋９などの計算の仕方について考えるようにし，被加数分解を用いた計算の仕方に気付かせる流れになっている。本単元では，各社の教科書にある流れを踏襲し，10のまとまりのつくり方について考えるようにする。

①加数分解を用いた計算の仕方（例：９＋４）……加数の４を分解して10をつくる

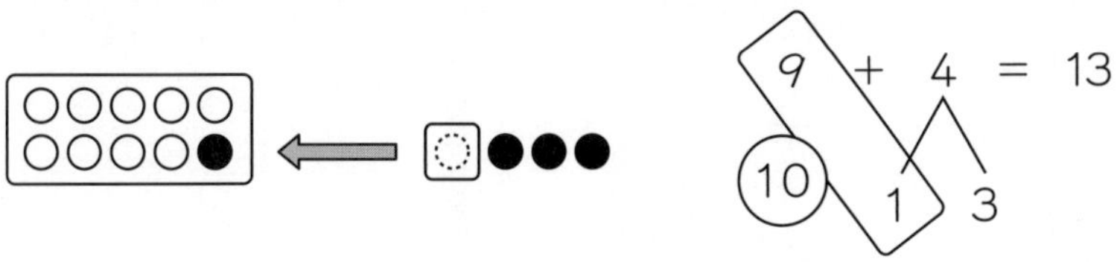

②被加数分解を用いた計算の仕方（例：４＋９）……被加数の４を分解して10をつくる

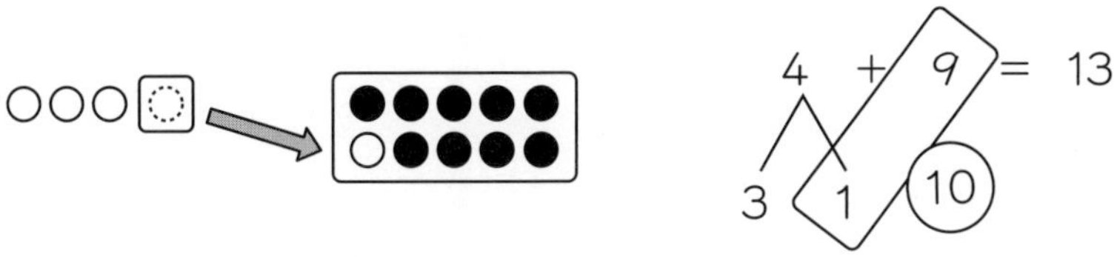

※10のまとまりを表す図は，教科書会社によって異なる。本単元では，子どもが10のまとまりを捉えやすい，上に５個と下に５個を置いて10のまとまりを表す五二進法を用いることにする。

(2)計算技能を高める

たし算カードを使ったゲームを通して，子どもの計算技能を高めていく。「正しい答えを言えるようにしたい」「もっと早く答えを出せるようにしたい」という気持ちをもてるようにし，進んで計算練習に取り組むようにするのである。ゲームは１時間で終わるのではなく，短時間でもよいので継続的に行うようにしたい。

(3)関数的な見方・考え方を働かせる

計算練習をする中で，関数的な見方・考え方を働かせる仕掛けをつくる。例えば，「被加数が同じとき，加数が１増えたら答えも１増える」「被加数が同じとき，加数が１減ると答えも１減る」などのきまりに着目できるようにする。そうすると，日常の授業から子どもの数感覚をさらに豊かにしていくことができる。

本時案

かずブロックを どううごかすかな？

1/10

本時の目標

・９＋４の計算の仕方について，数ブロックを用いて考える中で，「10といくつ」という見方をして表すと分かりやすいことに気付くことができる。

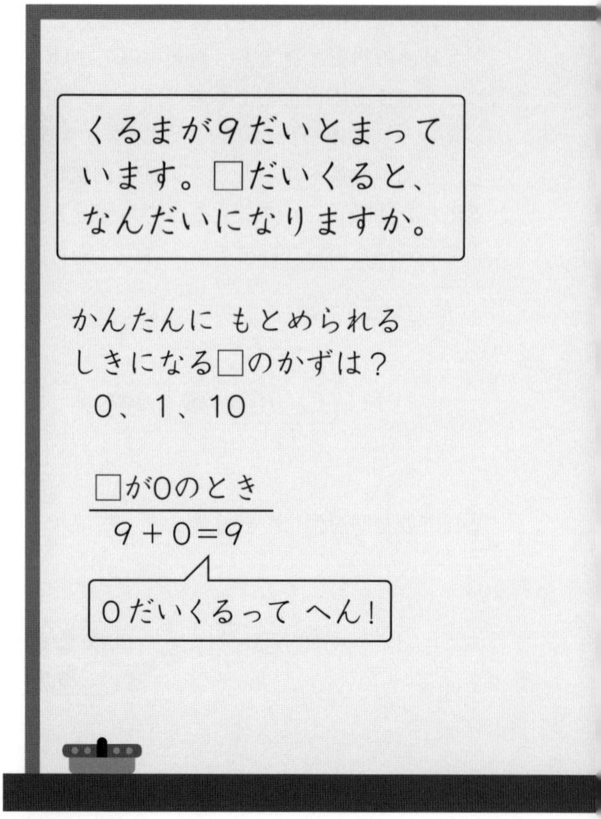

くるまが９だいとまっています。□だいくると、なんだいになりますか。
かんたんに もとめられるしきになる□のかずは？
0、1、10
□が0のとき
9＋0＝9
0だいくるって へん！

授業の流れ

1 □がどんな数のとき，簡単に求められる式ができるかな？

くるまが９だいとまっています。□だいくると、なんだいになりますか。
1が簡単。10だよ
0は楽だよ

□に０を入れた場合から，「簡単」と考えた理由について考えるようにする。「□が０と考えた人の気持ち，分かる？」と発問する。「９＋０だから，車が増えない」「足す０は，車がはじめのまま。０台来るって変だよ」など，式や足す０の意味についての発言がある。

2 □に１が入るとき，数ブロックをどう動かす？

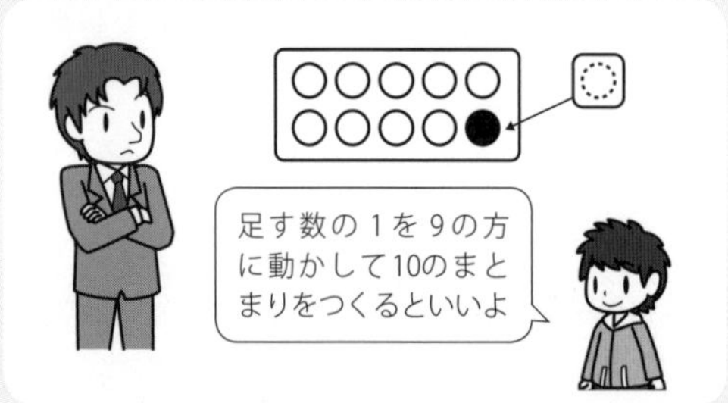

足す数の１を９の方に動かして10のまとまりをつくるといいよ

□が１の場合に続き，「□が10のとき，数ブロックをどう動かす？」と問う。すでに「９と10」になっているから，数ブロックを動かさなくてもよいことに気付かせていく。

3 □が４のとき，どうなるかな？

□が４のとき，式が９＋４になることを確認する。そして，被加数の９は白色の数ブロック，加数の４は黄色の数ブロックというように，色違いで黒板に貼る。また，子どもの机の上にも同じように置かせる。

「どうやって，数ブロックを動かすかな？」と問いかけ，一人で考える時間を取る。ただし，操作活動の時間は長く取らない。教師は，机間指導で子どもの考えを見取っていく。

本時の評価

・問題文が増加のたし算であることを捉え，数ブロックの操作をすることができたか。
・９＋４のようなたし算は，加数を分けて10のまとまりをつくり，「10といくつ」にすると分かりやすいことを理解できたか。

準備物

・数ブロック

被加数と加数を色違いの数ブロックで表す。被加数分解の方法か，加数分解の方法かを瞬時に見取れるようにするためである。

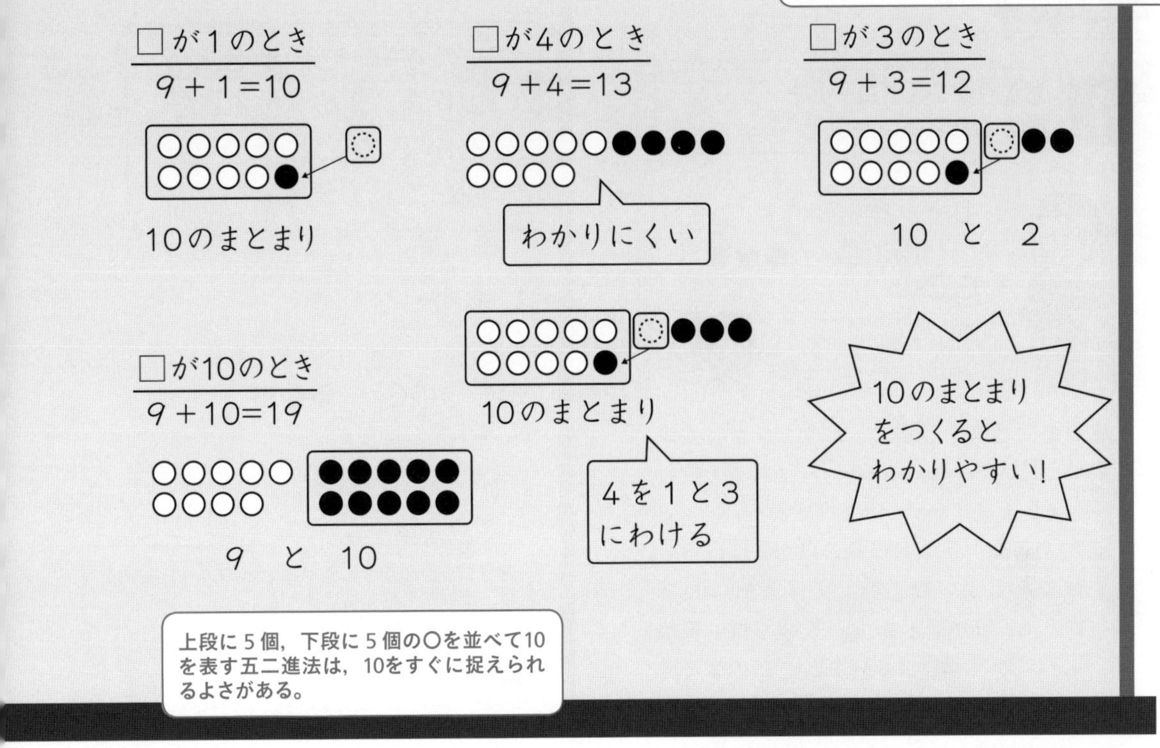

上段に５個，下段に５個の○を並べて10を表す五二進法は，10をすぐに捉えられるよさがある。

4 みんなの中にあった考えなんだけど，どうやって考えたか分かる？

ごちゃごちゃだ……
たし算だから全部を
１つにまとめている

１つのまとまりにする数ブロックの操作を見せ，考え方を探るようにする。続いて，４を１と３に分けて10をつくる操作を見せ，「どういう考え方か，分かるかな？」と問う。

まとめ

９＋４の加数分解を用いた計算の仕方を捉えられるよう，４を１と３に分け，10のまとまりをつくる数ブロックの操作を全員が取り組むようにする。そうして，10のまとまりをつくる考え方であることを押さえる。

確かめをすることを告げ，「９＋３は，数ブロックをどう動かすかな？」と問いかけ，机の上で数ブロックの操作をさせる。自分でやってみることを大切にし，10のまとまりをつくると分かりやすいことを捉えられるようにしていく。

本時案

どうやって10のまとまりをつくる？

2/10

本時の目標

・８＋３のようなたし算では，加数の３を２と１に分けて10のまとまりをつくればよいことを理解し，説明することができる。

授業の流れ

1 どうやって数ブロックを動かしたらいいかな？

しき　8＋3＝11
○○○○○　●●●
○○○
前の時間にやったよ

増加の問題文を板書し，「式はどうなるかな？」と問いかける。そして，一斉に式を言わせ，式が８＋３になることを押さえる。

「足される数である８の数ブロックは白色，足す数である３の数ブロックは黄色にします。机の上に並べましょう」という指示を出す。数ブロックの動かし方を問い，机の上で操作させる。長い時間はいらない。

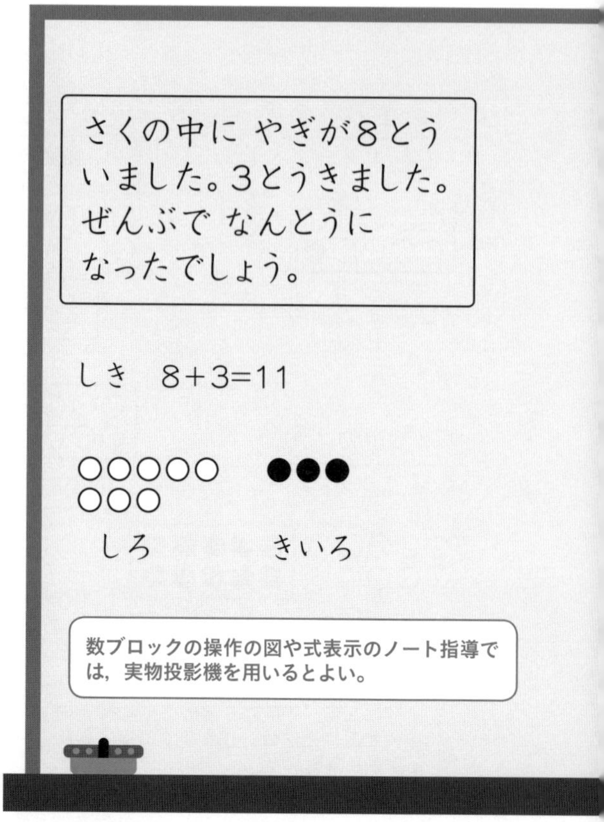

さくの中に やぎが８とう いました。３とうきました。ぜんぶで なんとうに なったでしょう。
しき　8＋3＝11
○○○○○　●●●
○○○
しろ　きいろ
数ブロックの操作の図や式表示のノート指導では，実物投影機を用いるとよい。

2 どうして，３を２と１に分けたのか，分かるかな？

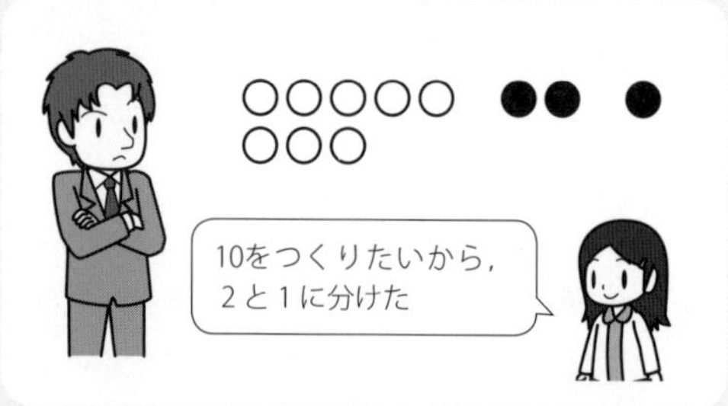

○○○○○　●●　●
○○○
10をつくりたいから，２と１に分けた

黒板に貼った加数である３個の数ブロックを２個と１個に分けた理由を聞く。そして，２個移動させて10のまとまりをつくり，10と１で11になることを押さえる。

3 ８＋３の式を変身させていきます

８＋３と板書し，「式を変身させます」と告げる。３を２と１に分ける表し方を書き，「何をしたか，分かる？」と問う。すると，「３を２と１に分けた」だけでなく，「10のまとまりをつくりたいから」という考えも出される。

それから，実物投影機を用いて，数ブロックの操作を図に表すノート指導をする。「移動させた後の数ブロックは点線で表す」「矢印を使う」「10のまとまりは囲む」ということを押さえる。

本時の評価

・8＋3の計算は，加数の3を2と1に分けて10のまとまりをつくればよいことを理解し，数ブロックの操作をしたりノートに加数分解の式を書いたりし，説明することができたか。

準備物

・数ブロック
・実物投影機

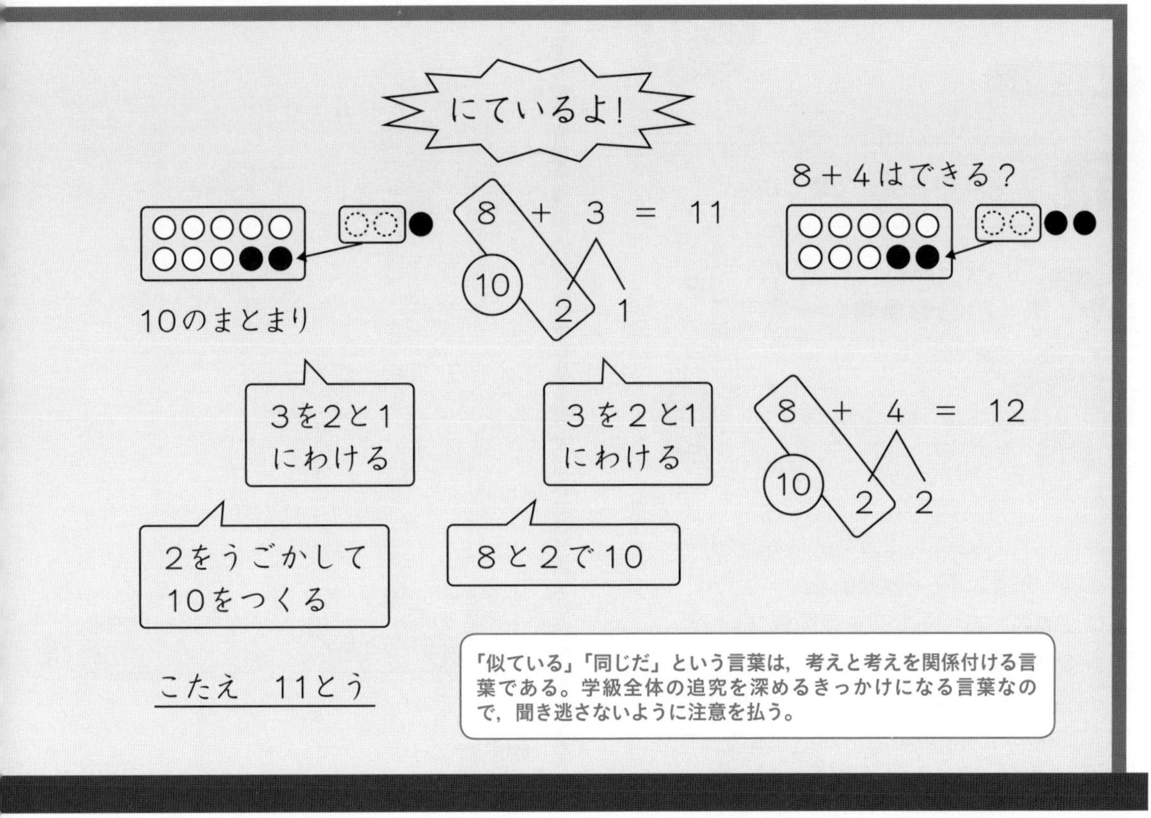

「似ている」「同じだ」という言葉は，考えと考えを関係付ける言葉である。学級全体の追究を深めるきっかけになる言葉なので，聞き逃さないように注意を払う。

4 数ブロックの動かし方と式の変身は，似ているよ

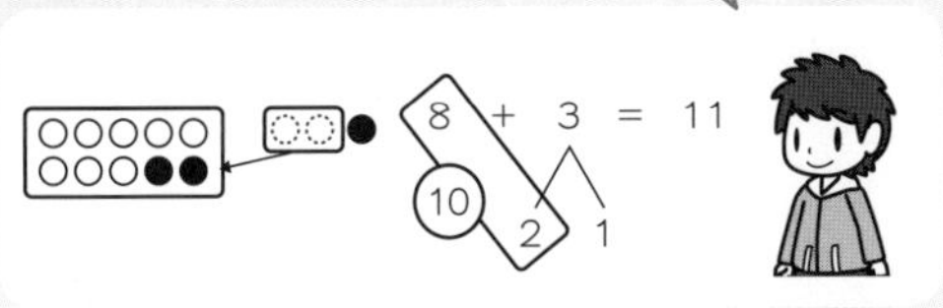

加数分解の式表示について考える中で，「似ている」「同じだ」という子どもの声が上がる。

「数ブロックの動かし方と式の変身で，似ているところがある？」と発問する。「10のまとまりをつくっている」「3と2と1でわけている」などの発言を引き出し，数ブロックの操作と式表示のつながりを見えるようにするのである。

まとめ

数ブロックの操作と式表示は考え方が同じであり，どちらも10のまとまりをつくっていることを強調する。

加数分解の考え方の習熟を図るために，8＋4や8＋5の計算に取り組ませる。はじめに，8＋4の計算の仕方について，数ブロックを用いて考えるようにする。そして，数ブロックの操作の図，加数分解の式表示をノートに書いていくようにするのである。

本時案

□＋□のおはなしをできるかな？

3/10

本時の目標

・繰り上がりのあるたし算の計算の仕方（加数分解の方法）を言語化し，正しく計算することができる。

授業の流れ

1　7＋4のお話をできるかな？

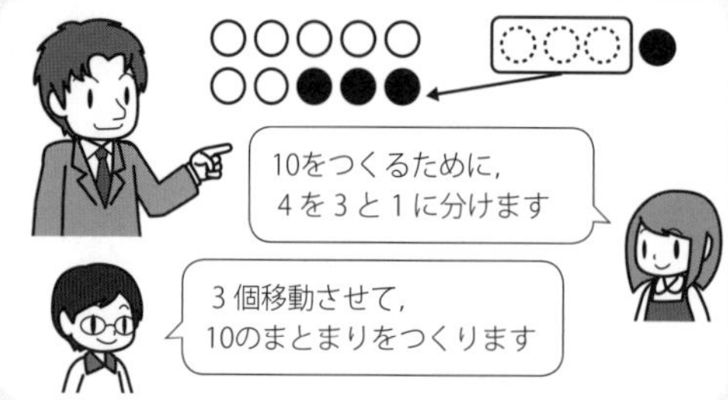
10をつくるために，
4を3と1に分けます
3個移動させて，
10のまとまりをつくります

繰り上がりのあるたし算の計算の仕方について言語化を図ることを重視する。

はじめに，机の上で7＋4の数ブロックの操作をさせ，答えが11になることを確認する。次に，隣同士で数ブロックの操作をしながら，計算の仕方を説明させる。そして，1～2人に発表させ，計算の仕方を押さえる。

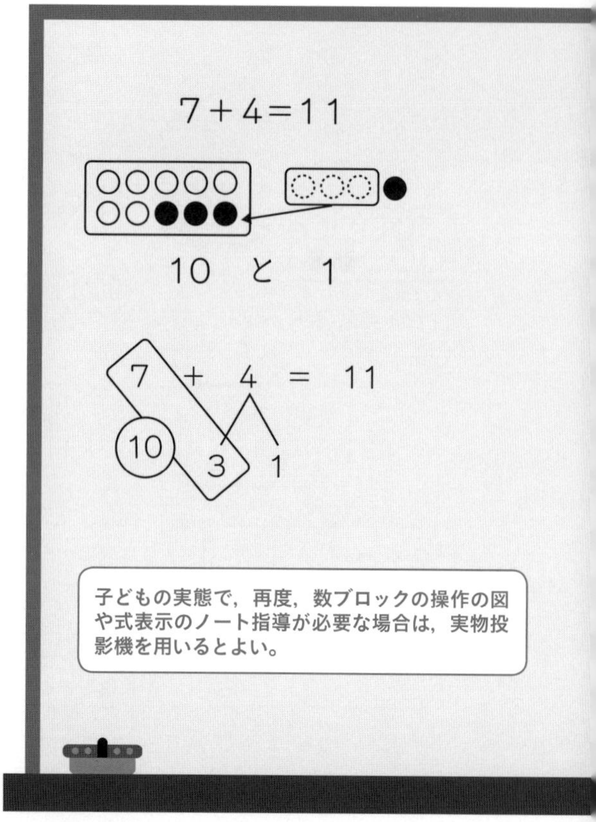
7＋4＝11
10　と　1
7　＋　4　＝　11
10　3　1
子どもの実態で，再度，数ブロックの操作の図や式表示のノート指導が必要な場合は，実物投影機を用いるとよい。

2　7＋4の式を変身させよう

加数分解の式表示を明らかにしていく。「7＋4」と板書し，「はじめに何をしますか？」と問う。すると、「4を3と1に分ける」という子どもの声が返ってくる。ここで，「10をつくるため」という言葉がないときは，「どうして，4を3と1に分けるの？」と問い返す。

スモールステップを踏み，子どもの言葉を基に説明形式をつくり，黒板に書いていく。

3　数ブロックを動かしながら8＋3の求め方を隣同士で説明しよう

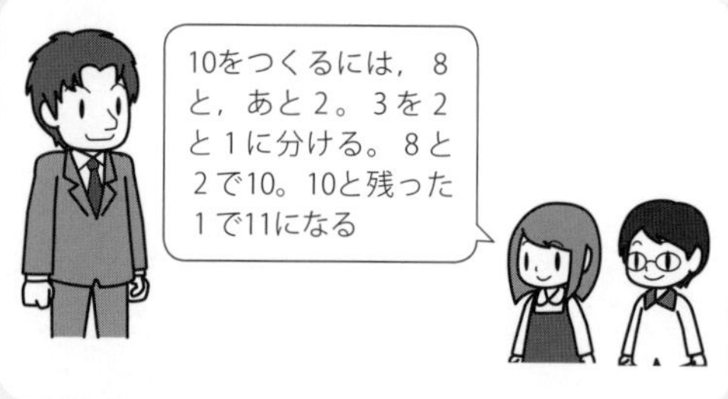
10をつくるには，8と，あと2。3を2と1に分ける。8と2で10。10と残った1で11になる

子どもは数ブロックを操作しながら，できあがった説明形式を用いて8＋3の計算の仕方を説明していく。その過程で，子どもは，計算処理の意味理解を深めるのである。

本時の評価

・数ブロックを操作しながら，加数分解を用いた計算の仕方を説明することができたか。
・被加数が同じ場合，加数が 1 増えると答えも 1 増えることに気付き，どうしてそうなるのか，説明することができたか。

準備物

・数ブロック
・実物投影機

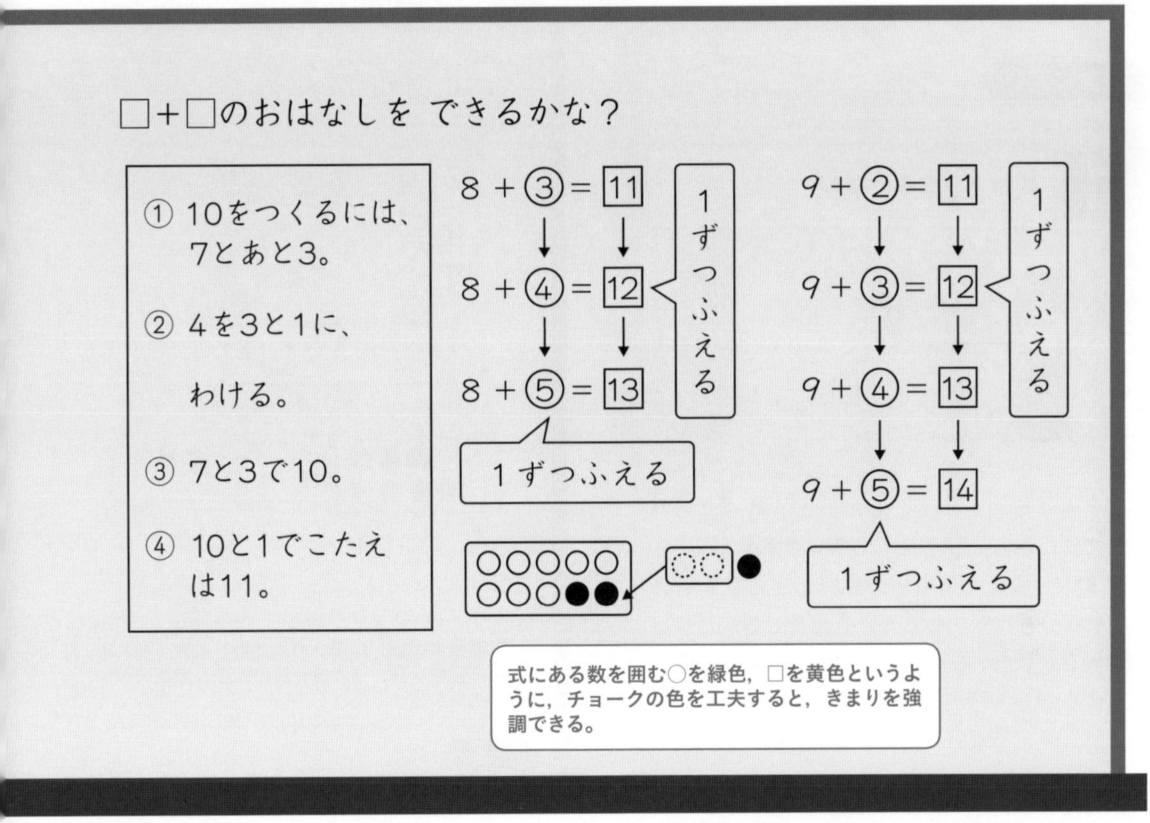
□+□のおはなしを できるかな？
① 10をつくるには、7とあと3。
② 4を3と1に、わける。
③ 7と3で10。
④ 10と1でこたえは11。
8 + ③ = 11
8 + ④ = 12
8 + ⑤ = 13
1ずつふえる
1ずつふえる
9 + ② = 11
9 + ③ = 12
9 + ④ = 13
9 + ⑤ = 14
1ずつふえる
1ずつふえる
式にある数を囲む○を緑色，□を黄色というように，チョークの色を工夫すると，きまりを強調できる。

4 数ブロックを動かさなくても，答えが分かるよ

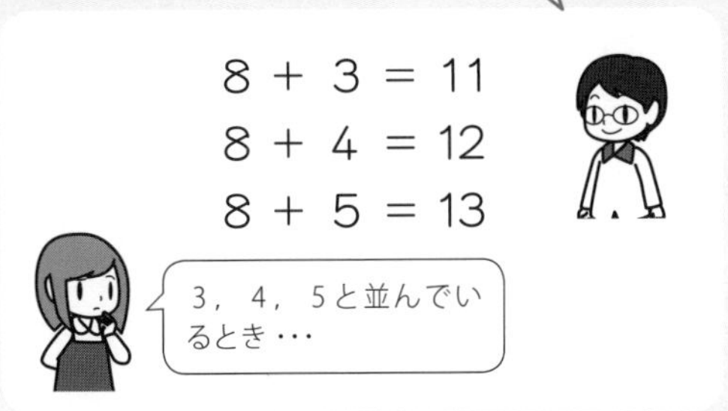

8＋4，8＋5……と順に，隣同士で数ブロックを操作しながら，計算の仕方を説明させていく。きまりを見つける子どもが現れたら，「面白いことを見つけた人がいるけど，見つけた人はヒントを出せる？」と問う。

まとめ

まとめでは，数ブロックの操作をしながら計算の仕方を説明する中で，計算処理の意味理解を深めたことを伝える。

また，被加数が同じ場合，加数が 1 増えると答えも 1 増えるきまりを見つけられたことを価値付け，「きまりが見つかったら，面白いね」という言葉がけをする。そうすることで，関数的な見方・考え方をしようとする子どもの態度を高めていくのである。

本時案

たされるかずをわけて10をつくる？

4/10

本時の目標

・繰り上がりのあるたし算の計算の仕方には被加数分解の方法があることに気付き，そのよさについて考えることができる。

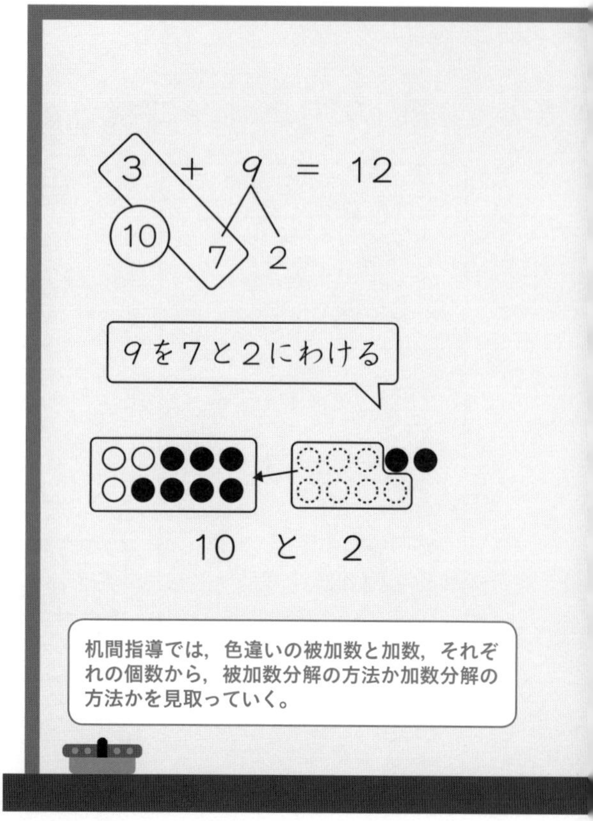

3 + 9 = 12
10
7
2
9を7と2にわける
10 と 2
机間指導では，色違いの被加数と加数，それぞれの個数から，被加数分解の方法か加数分解の方法かを見取っていく。

授業の流れ

1 式はどうなるかな？

合併の問題文を板書し，3個の卵が入った卵パックと9個の卵が入った卵パックの写真を黒板に貼る。そして，「式は，どうなりますか？」と問う。

多くの子どもは，卵パックの位置から3＋9と考える。9＋3とした子どもは，「『合わせて』だから，9と3の位置は関係ない」「9＋3は，今までにやった計算だから」と考えている。式にかかわる考えを出させるが，長い時間をかけない。頃合いを見て，「まだ，やっていない3＋9の計算の仕方を考えよう」と告げ，一人で考える時間を3～4分ほど取る。

2 どうやって考えたのか，隣の友だちにお話してみましょう

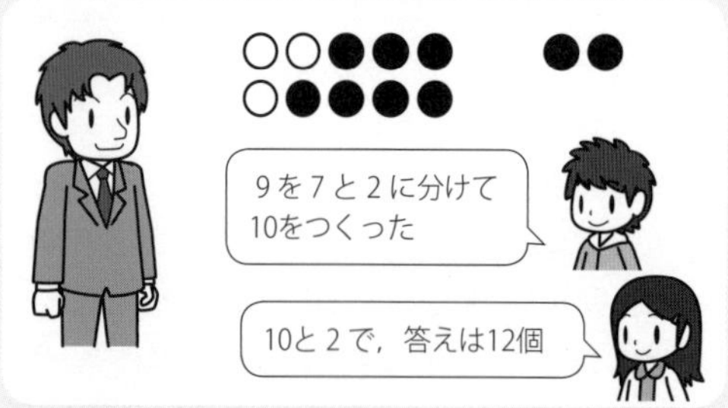

既習である加数分解の方法から扱う。まず，数ブロックの操作だけ見せ，隣同士で説明し合うようにする。次に，板書された加数分解の式表示について説明させていく。

3 足される数の1個を動かしても，10のまとまりをつくれるよ

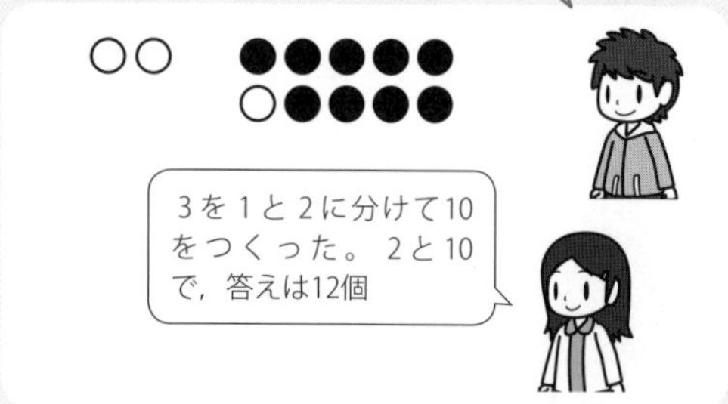

3を1と2に分けて10をつくった。2と10で，答えは12個

机間指導での見取りを生かす。被加数分解を用いた計算の仕方をしていた子を指名し，黒板の数ブロックの操作をさせる。「何をしたのか，分かる？」と発問し，隣同士で説明する活動を組む。

本時の評価

・3＋9の計算には，被加数の3を2と1に分けて10のまとまりをつくる方法があることに気付き，数ブロックの操作，被加数分解の式表示について理解することができたか。

準備物

・数ブロック
・3個の卵が入ったパックと9個の卵が入ったパックの写真（用意できない場合は，板書にあるような図）

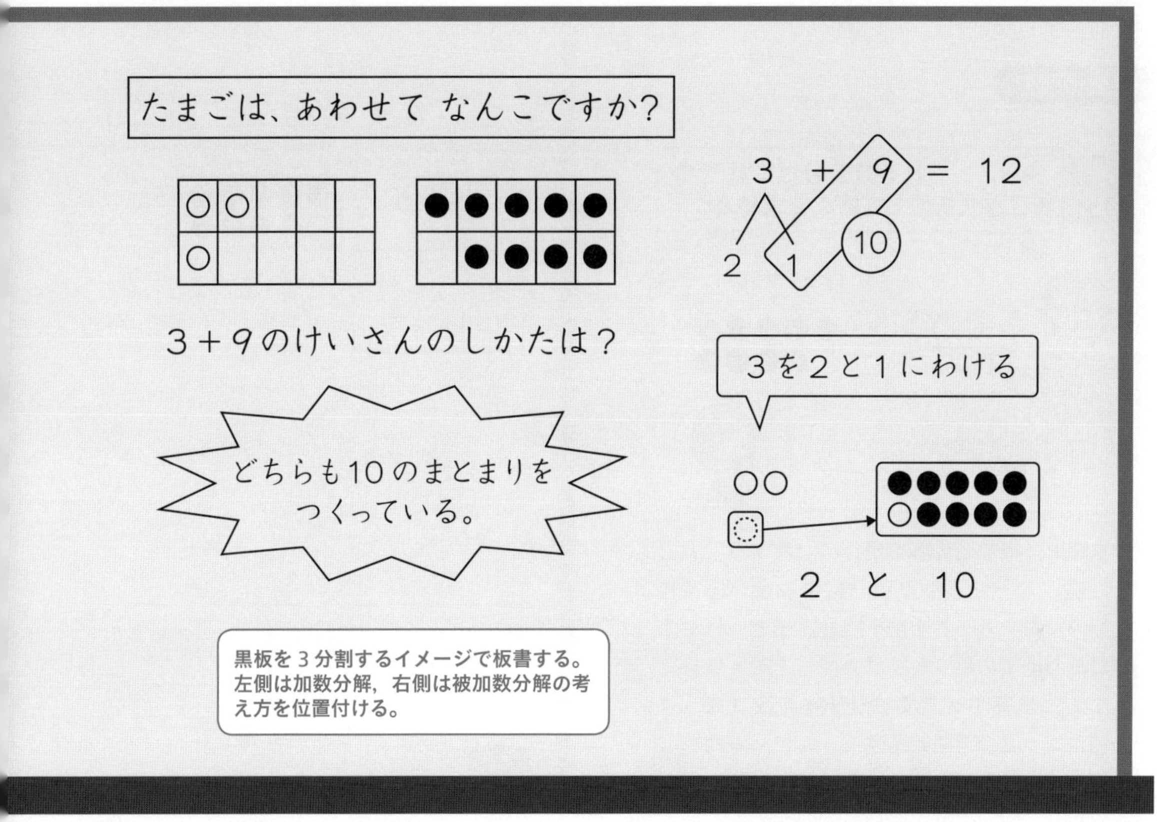

たまごは、あわせて なんこですか?
3＋9のけいさんのしかたは？
どちらも10のまとまりを
つくっている。
3 + 9 = 12
2 1
10
3を2と1にわける
2 と 10
黒板を3分割するイメージで板書する。左側は加数分解，右側は被加数分解の考え方を位置付ける。

4 式の変身もできるかな？

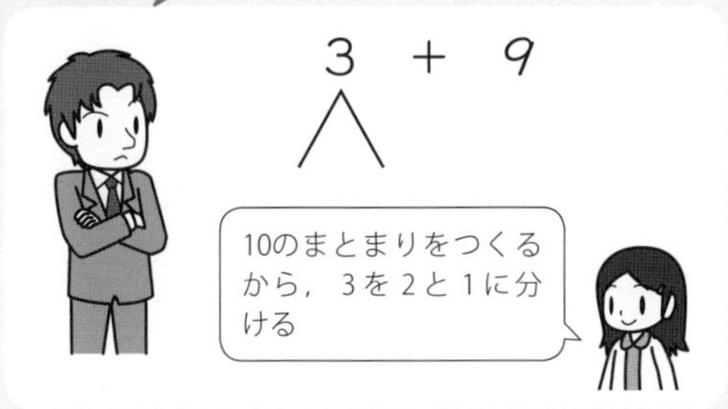

3 + 9
10のまとまりをつくるから，3を2と1に分ける

式を板書し，「3をどうやって分ける？」と問う。「2と1」という子どもの声が返ってくる。「どうして，2と1なの？」と問い返し，10のまとまりをつくることの意識化を図る。

まとめ

「黒板の左側は，足す数を分けて10のまとまりをつくっている。右側は，足される数を分けて10のまとまりをつくっている」と話し，それぞれの考え方を押さえる。

適用問題として4＋9の計算をすることを告げ，「4＋9はどちらで計算したい？」と問う。加数分解の方法を選んだ子は前時までの計算処理に自信をもっている。被加数分解の方法を選んだ子は10のつくりやすさに着目している。どちらも10のつくりやすさを意識しているといえる。

本時案

たされるかずをわけて10をつくろう

5/10

本時の目標

・繰り上がりのあるたし算の計算の仕方（被加数分解の方法）を言語化し，正しく計算することができる。

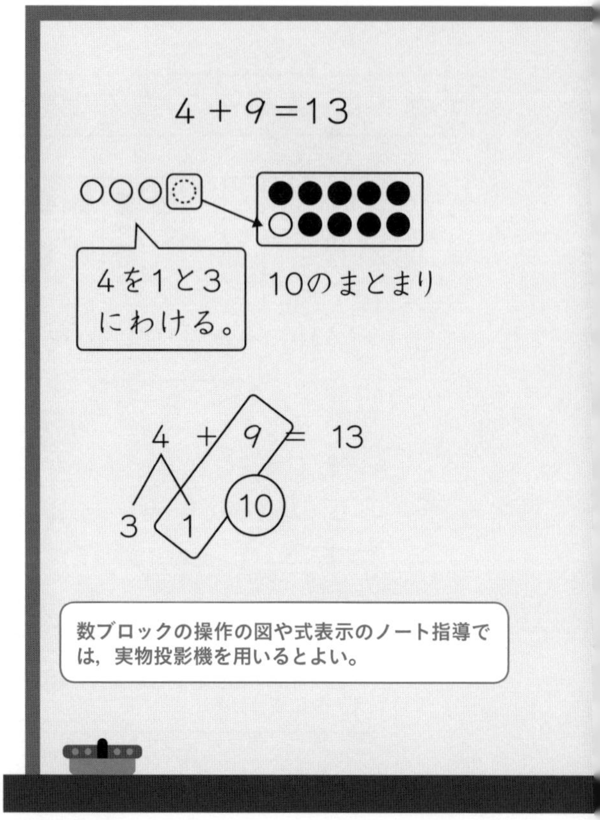

4 + 9 = 13
10のまとまり
4を1と3にわける。
4 + 9 = 13
3 1 10
数ブロックの操作の図や式表示のノート指導では，実物投影機を用いるとよい。

授業の流れ

1 今日は足される数を分けて10をつくる方法を使って答えを求めよう

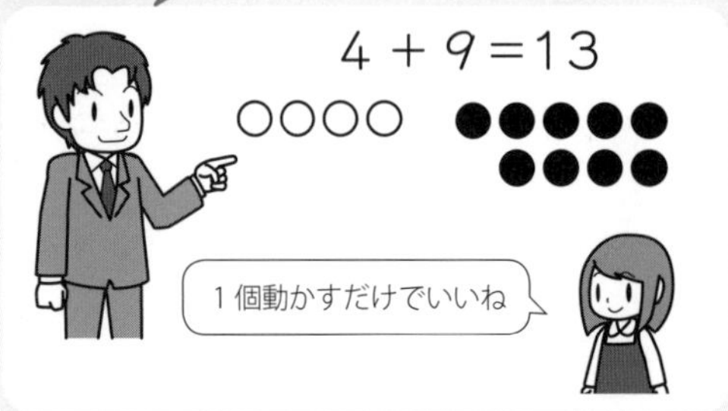

4 + 9 = 13
1個動かすだけでいいね

本時は，被加数分解を用いて計算することを告げる。４＋９と板書し，数ブロックの操作をして答えを求める活動を組む。子どもは，すぐに机の上での数ブロックの操作を終える。

１人に発表させ，被加数分解の数ブロックの操作について言語化を図る。また，それをどうやってノートに書き表すか，確認する。

2 ４＋９の式を変身させていこう

被加数分解の式表示を明らかにしていく。「４＋９」と板書し，「はじめに，何をしますか？」と問う。すると，「４を３と１に分ける」という子どもの声が返ってくる。ここで，「10のまとまりをつくるため」という言葉がないときは，「どうして，４を３と１に分けるの？」と問い返す。

スモールステップを踏み，子どもの言葉を基に説明形式をつくり，黒板に書いていく。

3 数ブロックを動かしながら４＋７のお話を隣の友だちにしてみよう

「10をつくるには，７と，あと３。４を３と１に分ける。７と３で10。１と10で11

隣同士で，できあがった説明形式を用いて４＋７の計算の仕方を説明していく。

続けて，数ブロックの操作の図，被加数分解の式表示をノートに書く活動を組む。そして，「ノートの展覧会をするよ」と告げ，お互いのノートを見合う活動を組んでもよい。

本時の評価

・数ブロックを操作しながら，被加数分解を用いた計算の仕方を説明することができたか。
・加数が同じ場合，被加数が１ずつ増えると答えも１ずつ増えることに気付き，どうしてそうなるのか，説明することができたか。

準備物

・数ブロック
・実物投影機

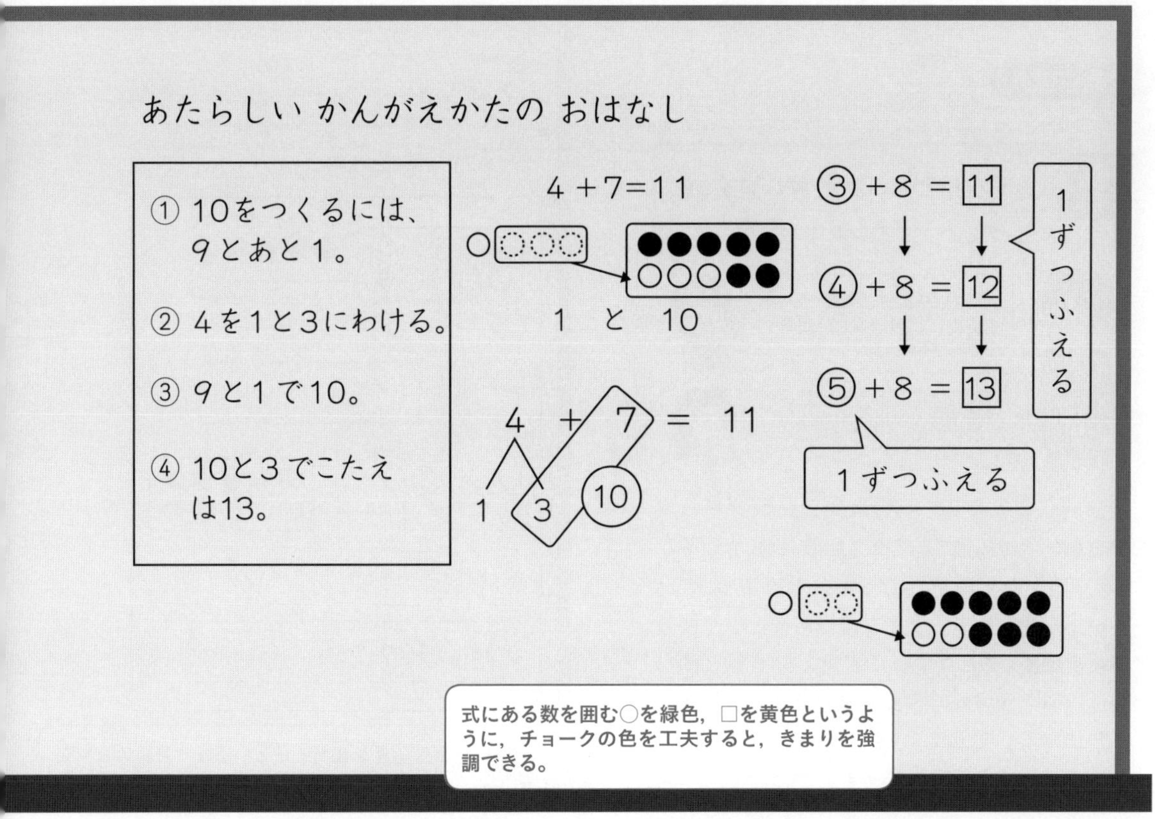
あたらしい かんがえかたの おはなし
① 10をつくるには、9とあと１。
② ４を１と３にわける。
③ ９と１で10。
④ 10と３でこたえは13。
４＋７=11
１ と 10
４ ＋ ７ ＝ 11
１ ３ 10
③＋８ ＝ 11
④＋８ ＝ 12
⑤＋８ ＝ 13
１ずつふえる
１ずつふえる

式にある数を囲む○を緑色，□を黄色というように，チョークの色を工夫すると，きまりを強調できる。

4 答えが１ずつ増えているよ

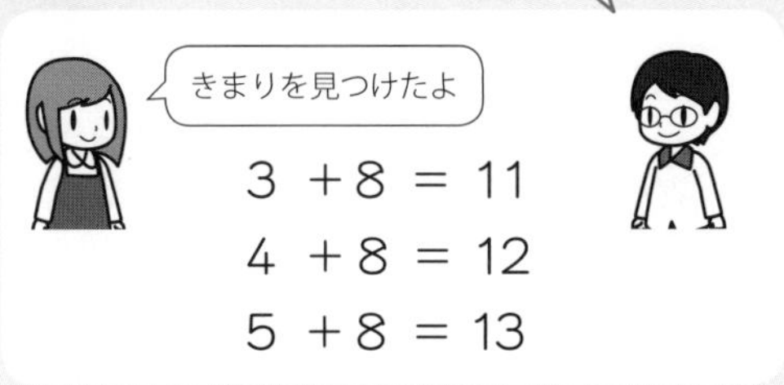
きまりを見つけたよ
３ ＋８ ＝ 11
４ ＋８ ＝ 12
５ ＋８ ＝ 13

３＋８，４＋８……と順に，数ブロックの操作の図，被加数分解の式表示，説明形式を用いた言葉をノートに書く活動を組む。きまりに着目する子どもが現れたら，「面白いことを見つけた人がいるけど，何か分かる？」と問い，きまりとその理由を明らかにする。

まとめ

加数分解を用いた計算における学びの積み上げがある。したがって，被加数分解の学習では，数ブロックの操作の図，被加数分解の式表示，説明形式を用いた言葉をノートに書く苦労が減っている。そのことを子どもに話し，自分の成長を自覚させる。

また，「やっぱり，きまりが見つかったら面白いね」という言葉がけをする。そうして，関数的な見方・考え方をしようとする態度がさらに高まるようにする。

本時案

どちらのほうがけいさんしやすい？

6/10

本時の目標

・繰り上がりのあるたし算で，被加数と加数の大きさに応じて加数分解の方法と被加数分解の方法を使い分けて計算するとともに，計算のしやすさについて考えて説明できる。

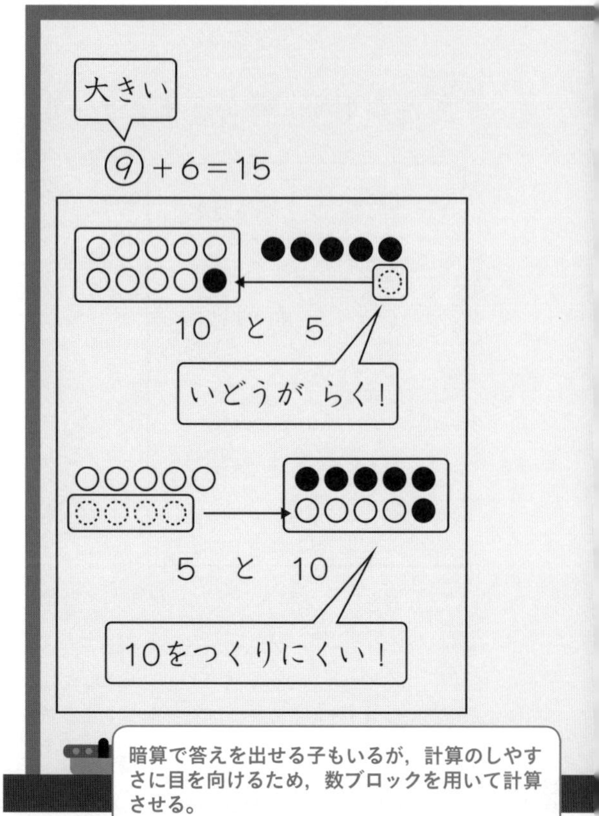

大きい
⑨＋6＝15
10　と　5
いどうが らく！
5　と　10
10をつくりにくい！

暗算で答えを出せる子もいるが，計算のしやすさに目を向けるため，数ブロックを用いて計算させる。

授業の流れ

1　9＋6はどちらが計算しやすい？

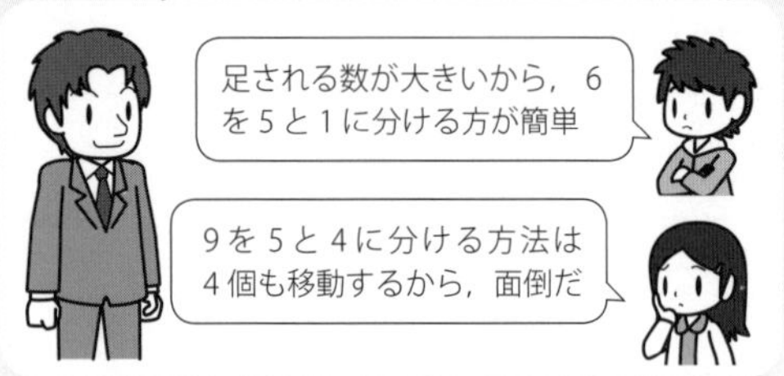

足される数が大きいから，6を5と1に分ける方が簡単
9を5と4に分ける方法は4個も移動するから，面倒だ

9＋6と板書し，机の上に白い数ブロックを9個，黄色い数ブロックを6個置かせる。「数ブロックを動かして答えを求めましょう」という指示を出す。子どもは，あっという間に答えを出す。「どうやって求めたの？」と問いかけ，加数分解の方法と被加数分解の方法を明らかにする。そして，「9＋6はどちらが計算しやすい？」と問うのである。

2　6＋9はどちらが計算しやすい？

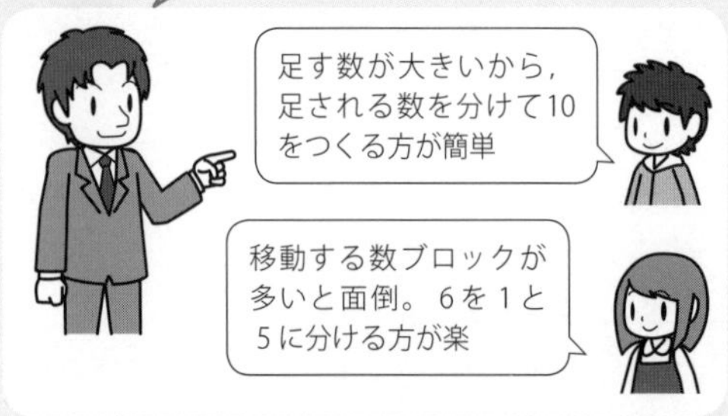

足す数が大きいから，足される数を分けて10をつくる方が簡単
移動する数ブロックが多いと面倒。6を1と5に分ける方が楽

机の上に，白い数ブロックを6個と黄色い数ブロックを9個置かせる。そして，数ブロックを操作して答えを求める活動を組む。加数分解の方法と被加数分解の方法を明らかにし，計算しやすい方法を問う。

3　どうやって考えたか，分かる？

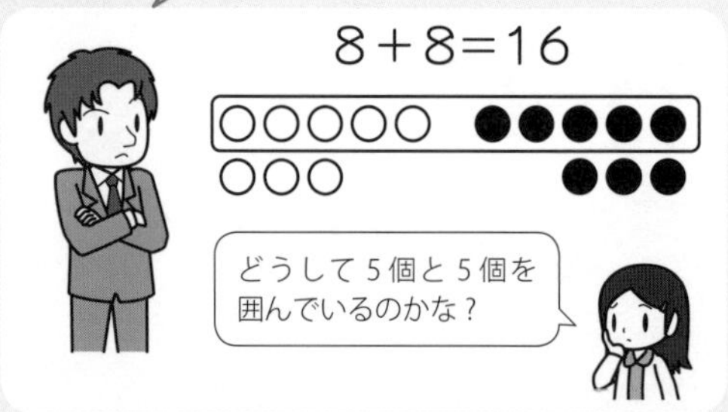

8＋8＝16
どうして5個と5個を囲んでいるのかな？

8＋8を板書し，数ブロックの操作をして答えを求めさせる。子どもは，「足す数も足される数も同じだから，計算のしやすさは同じ」と考える。被加数と加数の8をそれぞれ5と3に分けて10をつくる方法を探らせる。

本時の評価

・10のまとまりをつくることを意識して数ブロックの操作をし，計算のしやすさについて考え，説明することができたか。

準備物

・数ブロック

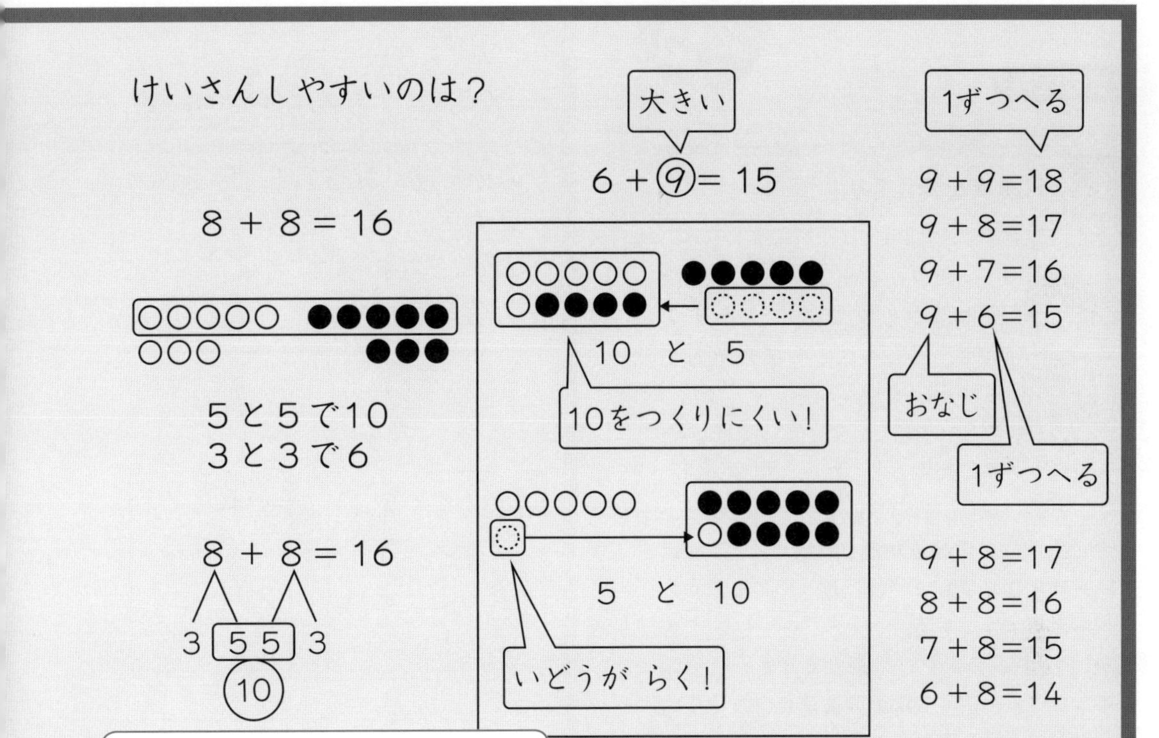

けいさんしやすいのは？
8 ＋ 8 ＝ 16
5と5で10
3と3で6
8 ＋ 8 ＝ 16
3 5 5 3
10
大きい
6 ＋ ⑨ ＝ 15
10 と 5
10をつくりにくい！
5 と 10
いどうが らく！
1ずつへる
9＋9＝18
9＋8＝17
9＋7＝16
9＋6＝15
おなじ
1ずつへる
9＋8＝17
8＋8＝16
7＋8＝15
6＋8＝14

被加数と加数，それぞれの８を５と３に分けて10をつくる式表示を板書し，隣同士で説明する場を設けるとよい。

4 答えが１ずつ減っているよ

「計算を得意にしよう」と投げかけ，９＋９，９＋８……と計算問題を板書していく。子どもはノートに式と答えを書いていく。

まもなくすると，「１ずつ減っている」という声が聞こえてくる。教師は，「偶然だね」「たまたまじゃないかな？」という言葉を返し，自ら理由を説明する子どもの姿を引き出す。そして，「足す数が１減ると，答えも１減る」という考えも押さえる。続いて，９＋８，８＋８……と計算問題を板書し，計算問題に取り組ませる。

まとめ

「足される数が９の問題は，どの方法で解いた？」「じゃあ，足す数が８の問題は？」という問いかけをし，被加数と加数の大きさによって，計算のしやすさが変わることに目を向けていく。

なお，被加数や加数の大きさにかかわらず，「加数分解を用いた計算の方がやりやすい」という子どもがいると思われる。単元のはじめに取り組んだ方法によさを感じているのである。そういう考えも認めたい。

本時案

ぶんしょうもんだいをつくろう

7/10

本時の目標

・文章問題をつくり，その計算の仕方を考える活動を通して，繰り上がりのあるたし算の意味を確かめるとともに，数ブロックの操作と式表示を結び付けて表現することができる。

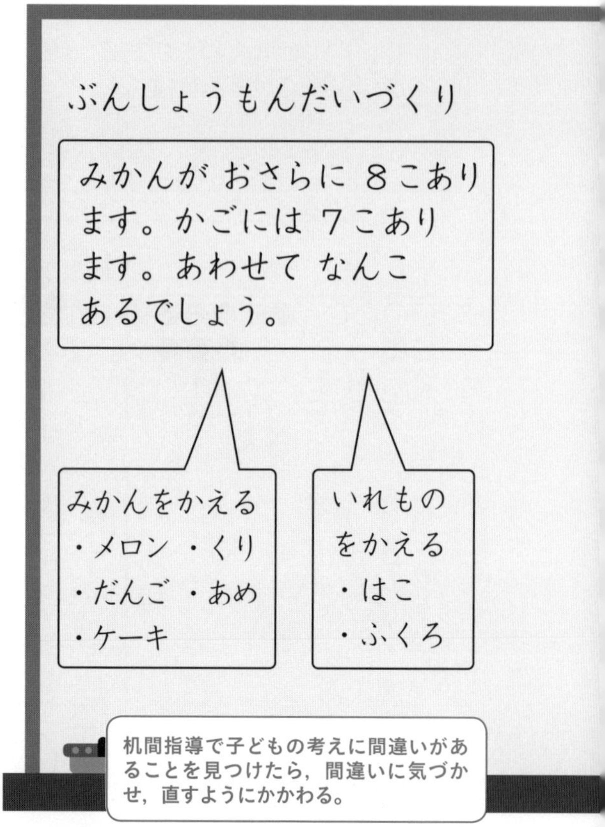

ぶんしょうもんだいづくり
みかんが おさらに ８こあります。かごには ７こあります。あわせて なんこあるでしょう。
みかんをかえる
・メロン ・くり
・だんご ・あめ
・ケーキ
いれものをかえる
・はこ
・ふくろ
机間指導で子どもの考えに間違いがあることを見つけたら，間違いに気づかせ，直すようにかかわる。

授業の流れ

1 問題文を変えてみよう

問題文を板書する。問題文は３つの文で表しているので，子どもにとって理解しやすくなっている。

「問題文を変えてみます。みかんをほかの物に変えるとしたら，何がいいかな？」と問いかけ，思いついた物を発言させていく。果物以外の発言があった場合，「なるほど。果物でなくてもいいね」と，子どもの考えを押さえるようにする。

次に，「お皿の入れ物を変えてみよう。何にするかな？」と問う。部分の言葉を変えるだけで，問題の場面を変えられることに気付かせていくのである。

2 ８＋７の文章問題を自分でつくってみよう

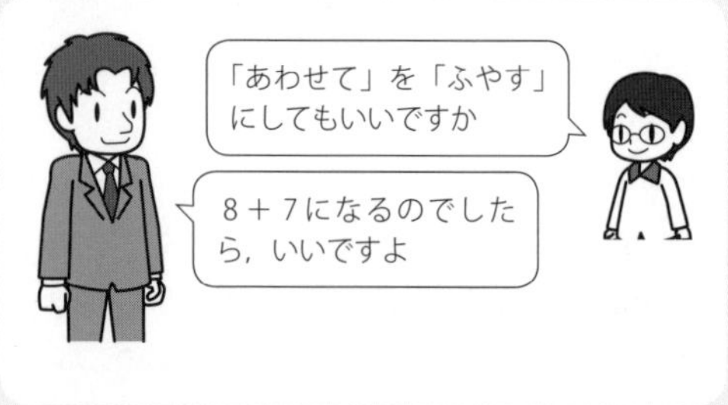

「あわせて」を「ふやす」にしてもいいですか
８＋７になるのでしたら，いいですよ

机間指導で助数詞の間違いを見つけたら，その間違いを取り上げ，正しい助数詞を押さえる。また，早く文章問題ができた人から，友だちと互いのノートを見合うようにする。

3 ８＋７の計算の仕方をノートにまとめましょう

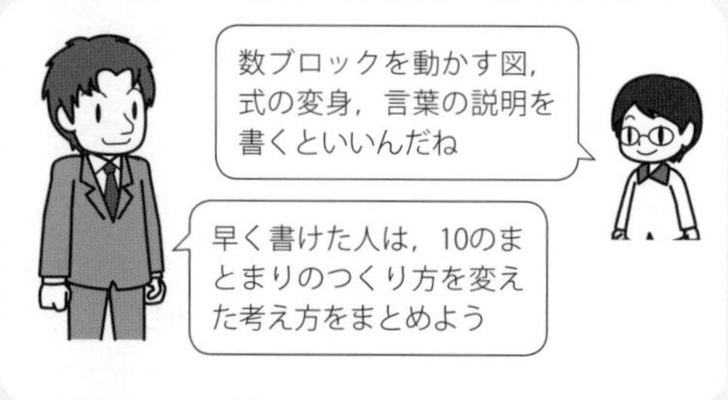

数ブロックを動かす図，式の変身，言葉の説明を書くといいんだね
早く書けた人は，10のまとまりのつくり方を変えた考え方をまとめよう

学級全体で，加数分解を用いた方法，被加数分解を用いた方法を確認する。その後に，お互いのノートを見合ったり，実物投影機を使ってよいノートを紹介したりするとよい。

本時の評価

- 教師から提示された文章問題の言葉を変え，繰り上がりのあるたし算の文章問題をつくることができたか。
- これまで学んだことを引き出し，数ブロックの操作の図や式表示をノートに書くことができたか。

準備物

- 数ブロック
- 短冊カード
- 実物投影機

画用紙を切った短冊に式を書き，黒板にランダムに貼る。関数的な見方・考え方を引き出し，並べ替えるようにする。

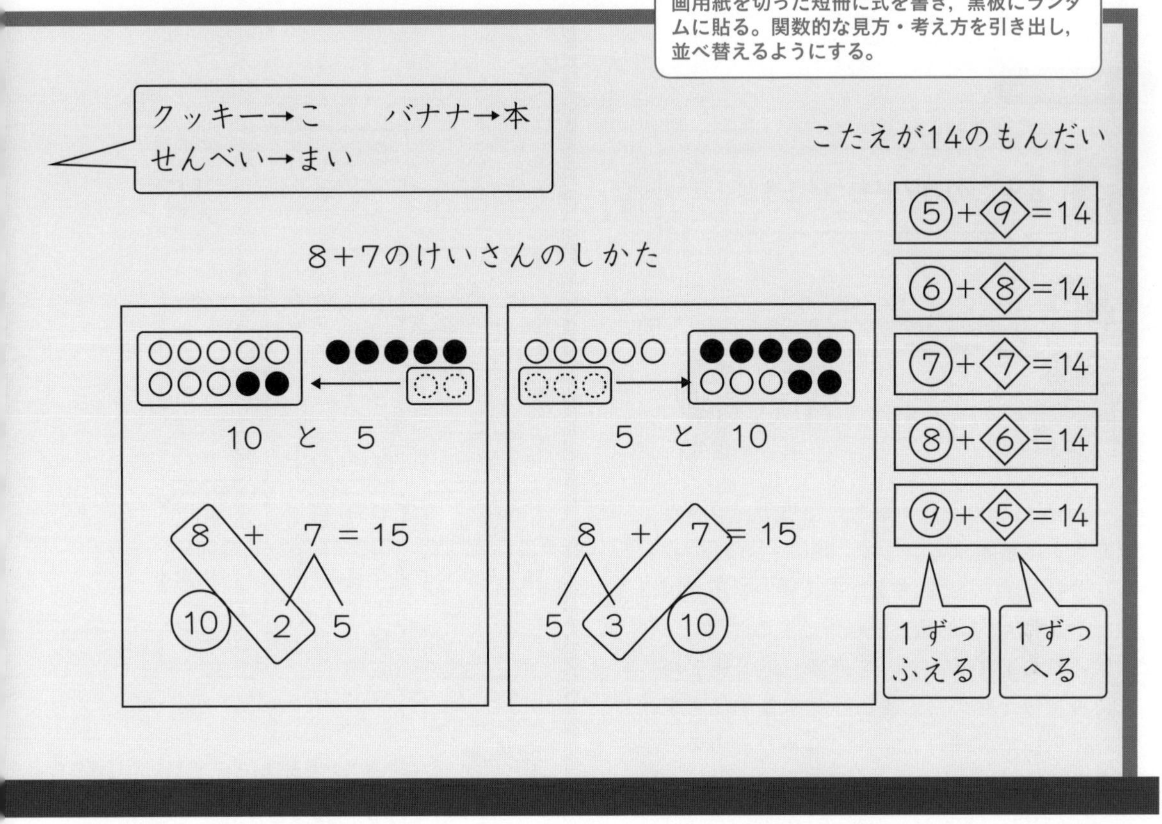

クッキー→こ　バナナ→本
せんべい→まい
こたえが14のもんだい
8＋7のけいさんのしかた
10 と 5
8 ＋ 7 ＝ 15
10 2 5
5 と 10
8 ＋ 7 ＝ 15
5 3 10
⑤＋◇9◇＝14
⑥＋◇8◇＝14
⑦＋◇7◇＝14
⑧＋◇6◇＝14
⑨＋◇5◇＝14
1ずつふえる
1ずつへる

4 数を変えて答えが14になる文章問題をつくろう

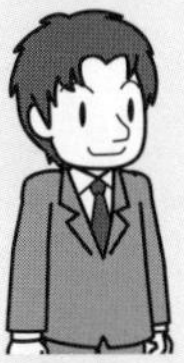

答えが14になる文章問題をつくる活動を組む。早く文章問題をつくれた子には，「計算の仕方もノートに書きましょう」という指示を出し，個人差に対応する。ここでは，「文章問題をつくれたらいい」という押さえで支援をしていく。

それから，つくった文章問題の式を聞く。出された式は短冊カードに書き，黒板に貼っていく。そして，答えが同じ式には，きまりがあることに目を向けていくのである。

まとめ

文章問題にある言葉を変えたり，数値を変えたりすると，問題の場面を変えることができることを押さえる。

また，「全員，立ちます。今から，友だちのノートを見ていきます。友だちのノートづくりの素敵なところを見つけよう」と話し，お互いの学びの成果を認め合えるようにする。2～3分，お互いのノートを見合う時間を取るだけで，教室の雰囲気を温かくすることができる。

本時案

たしざんカードをつくろう

8/10

本時の目標

・繰り上がりのあるたし算カードを被加数ごとにつくる過程で，たし算のきまりを見つけることができる。

授業の流れ

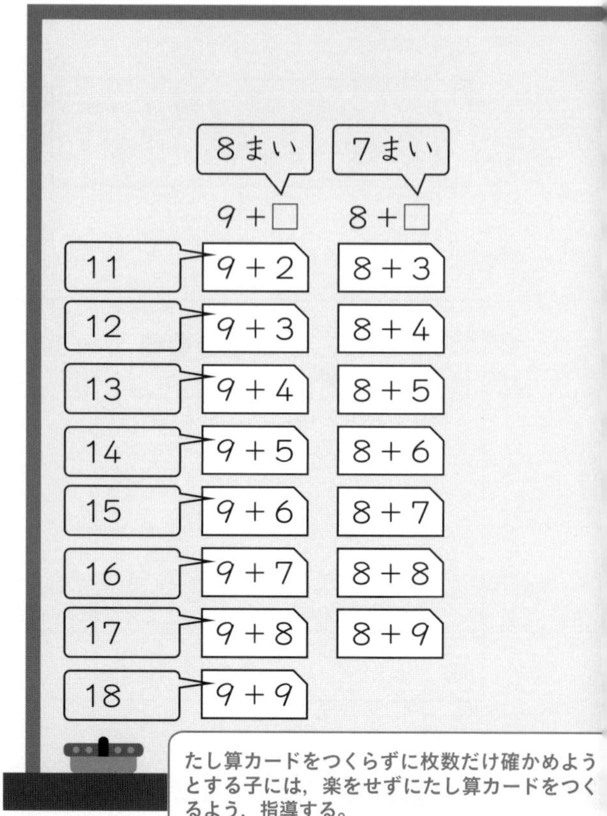

8まい
7まい
9＋□
8＋□
11
9＋2
8＋3
12
9＋3
8＋4
13
9＋4
8＋5
14
9＋5
8＋6
15
9＋6
8＋7
16
9＋7
8＋8
17
9＋8
8＋9
18
9＋9

たし算カードをつくらずに枚数だけ確かめようとする子には，楽をせずにたし算カードをつくるよう，指導する。

1 8＋□のカードをつくろう

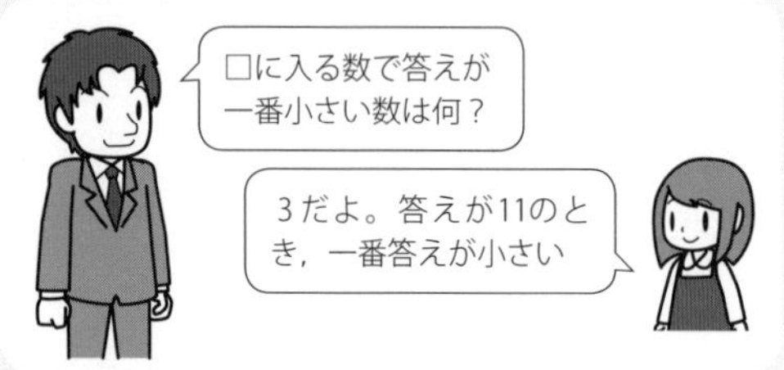

□に入る数で答えが一番小さい数は何？
3だよ。答えが11のとき，一番答えが小さい

「答えが10より大きくなるたし算カードをつくろう」と板書する。まず，8＋□からつくることを告げ，□に入る数で答えが一番小さい数と一番大きくなる数を明らかにする。次に，□は1桁の数であることを確認し，カードの表に被加数が8の式，裏に答えを書く活動を組む。そして，「8＋3」～「8＋9」のカードを黒板に貼り，7枚あることを押さえる。

2 9＋□は全部で何枚あるかな？

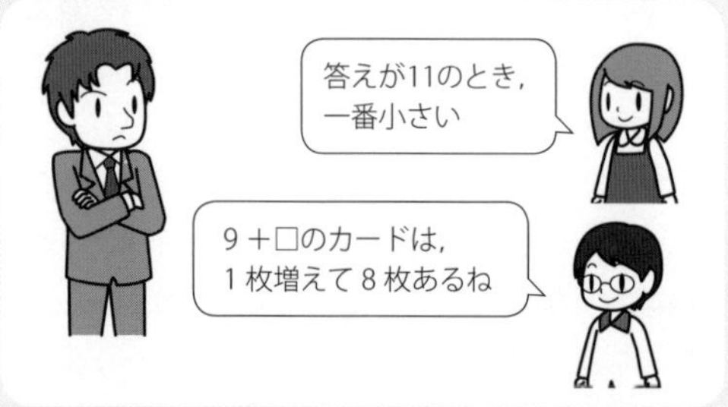

答えが11のとき，一番小さい
9＋□のカードは，1枚増えて8枚あるね

「9＋□」と板書し，「9＋□は全部で何枚あるかな？」と問う。いろいろな予想が出される。そして，「足される数9の答えが10より大きくなるたし算カードをつくろう」と指示を出し，カードをつくる活動を組む。

3 7＋□，6＋□というように，たし算カードをつくっていこう

7＋□は6枚になると思う。だって，8＋□のときは7枚。9＋□のときは8枚だから
たぶん，6＋□は5枚

「9＋□」のカードを黒板に貼り，カードが8枚あること，「8＋□」の7枚から1枚増えたことを押さえる。ここからは，「7＋□」「6＋□」……というように，どんどんカードをつくる活動を組む。

本時の評価

・繰り上がりのあるたし算カードをつくるとき，正しく計算することができたか。
・繰り上がりのあるたし算カードを整理する中で，たし算のきまりを見つけることができたか。

準備物

・教師用たし算カード
・児童用無地の短冊カード

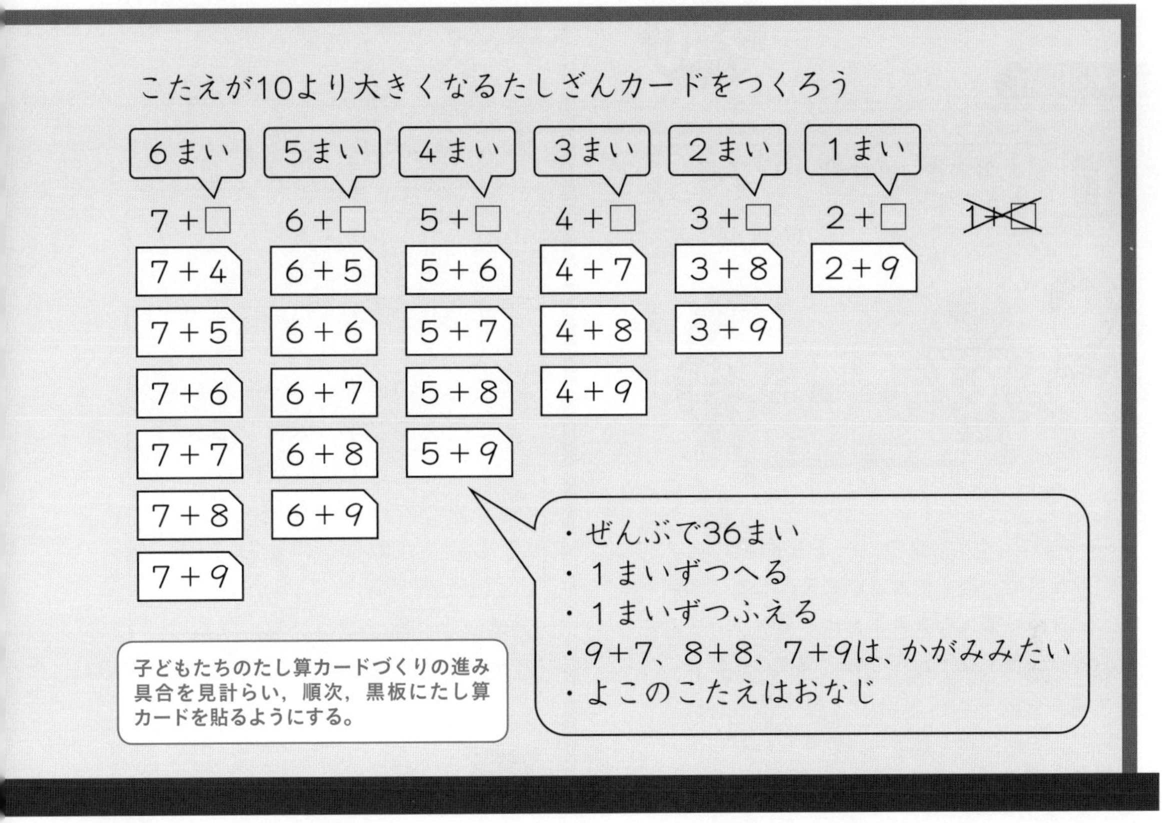

こたえが10より大きくなるたしざんカードをつくろう
6まい
5まい
4まい
3まい
2まい
1まい
7＋□
6＋□
5＋□
4＋□
3＋□
2＋□
1＋□
7＋4
7＋5
7＋6
7＋7
7＋8
7＋9
6＋5
6＋6
6＋7
6＋8
6＋9
5＋6
5＋7
5＋8
5＋9
4＋7
4＋8
4＋9
3＋8
3＋9
2＋9
・ぜんぶで36まい
・1まいずつへる
・1まいずつふえる
・9+7、8+8、7+9は、かがみみたい
・よこのこたえはおなじ
子どもたちのたし算カードづくりの進み具合を見計らい，順次，黒板にたし算カードを貼るようにする。

4 きまりがあるよ

カードをつくる過程で，カードの並び方を見た子どもから「だんだん減っている」「階段みたい」など，様々な声が聞こえてくる。

早くカードができた子には，カードづくりが遅れている友だちの手伝いをさせる。あるいは，黒板にカードを貼る指示を出すとよい。

それから，「カードをつくる中で，面白いことを見つけた人がいます。何だと思いますか？」と発問し，見つけたきまりを出させていく。

まとめ

教師は，子どもから出されるきまりを板書し，子どもの考えを価値付けていく。

なお，子どもから，「同じ答えが横に並んでいる」「足す数の7は，斜めに並んでいる。同じように，足す数の6も…」という考えが出ないときは，積極的にきまりに着目する手立てを講じる。例えば，「答えが12のカードはどれですか？」「足す数が8のカードは，どこにありますか？」などと発問していく。

本時案

たしざんカード
ゲームをしよう

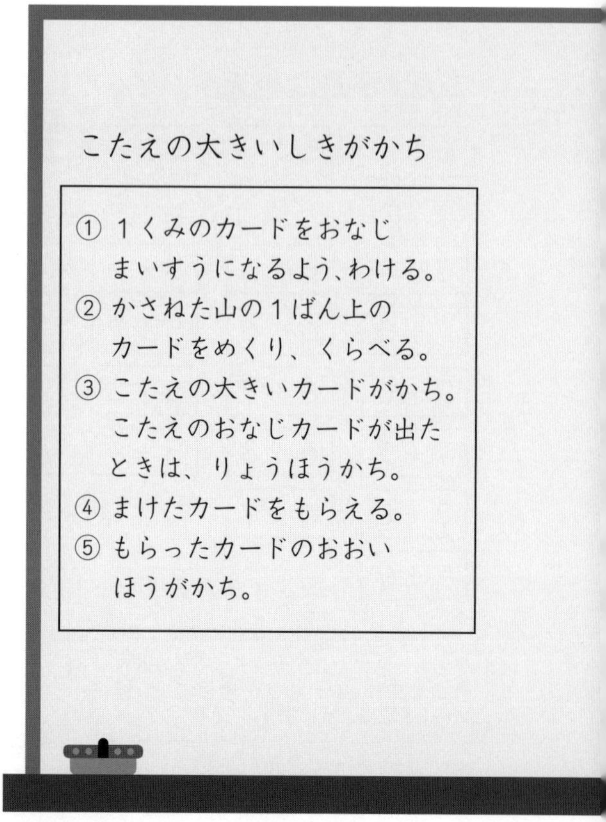

授業の流れ

1 答えの大きい式が勝ちゲームを
しよう

　「せーの！」で1枚のカードを同時にめく
り，見せ合う。答えの大きい式を出した人の勝
ち。式を見て答えの大きさを比べるゲームであ
る。計算が苦手な子どもでも，運次第で勝つこ
とができる。

　なお，活動の進み具合に違いが現れるので，
時間で区切るとよい。

こたえの大きいしきがかち

① 1くみのカードをおなじ
　まいすうになるよう，わける。
② かさねた山の1ばん上の
　カードをめくり，くらべる。
③ こたえの大きいカードがかち。
　こたえのおなじカードが出た
　ときは，りょうほうかち。
④ まけたカードをもらえる。
⑤ もらったカードのおおい
　ほうがかち。

2 早く答えを言えた人が勝ち
ゲームをしよう

　「せーの！」で1枚のカードを同時にめく
る。自分がめくったカードにある式の答えを言
う。答えを早く言った方が勝ち。相手が言った
答えが正しいか確かめるよう声かけをする。同
時の場合は，両方勝ちとする。

3 たし算カルタをしよう

　式が書かれている方を見えるように置き，カ
ルタ取りの要領でゲームに取り組むようにす
る。同じ答えになるカードは，複数枚ある。た
し算の答えを暗算で求める力を高めることがで
きるゲームである。

本時の評価

・友達と仲よく活動し，速く正しく計算することができたか。

準備物

・児童用たし算カード
・教師用たし算カード

たしざんカードゲームをしよう

たしざんカルタ

① 3～4人でする。
② じゃんけんでかった人が、はじめにこたえをいう。
③ いわれたこたえになるカードをとる。(まちがってとった人は、1かいやすみ)
④ とけいまわりで、つぎにこたえをいうやくになる。

カルタとちがって、たくさんある

しんけいすいじゃく

① 3～4人でする。
② じゃんけんでかった人から、カードをめくる。
③ めくった2まいのカードのこたえがおなじだったらとる。
④ いちばんおおくのカードをもっている人がかち。

子どもが持っている1組のたし算カードは，36枚。2組使うと72枚あり，それなりに時間を要する。

4 神経衰弱をしよう

神経衰弱の要領で，答えが同じになるたし算カードを見つけるゲーム。なお，答えが12，14，16，18になるカードは，それぞれ奇数枚である。

偶数，奇数の素地的経験を積むため，あえて1人分のカードでゲームを行うとよい。

まとめ

「早く答えを言えた人が勝ちゲーム」「たし算カルタ」では，答えを早く正しく求めることが必要である。たし算カードを用いたゲームをすると，子どもの個人差が現れる。

このようなゲームでは，勝った子ども同士，負けた子ども同士で，ゲームを繰り返す。そうすると，同じような計算力をもった子ども同士で対戦できる。子どもの計算力の均等化を図り，意欲が高まるようにしたい。

本時案

たしざんピラミッドをつくろう

10/10

本時の目標

・被加数と加数の大きさ，答えなどのきまりに着目しながらたし算カードの並び方を考えることができる。

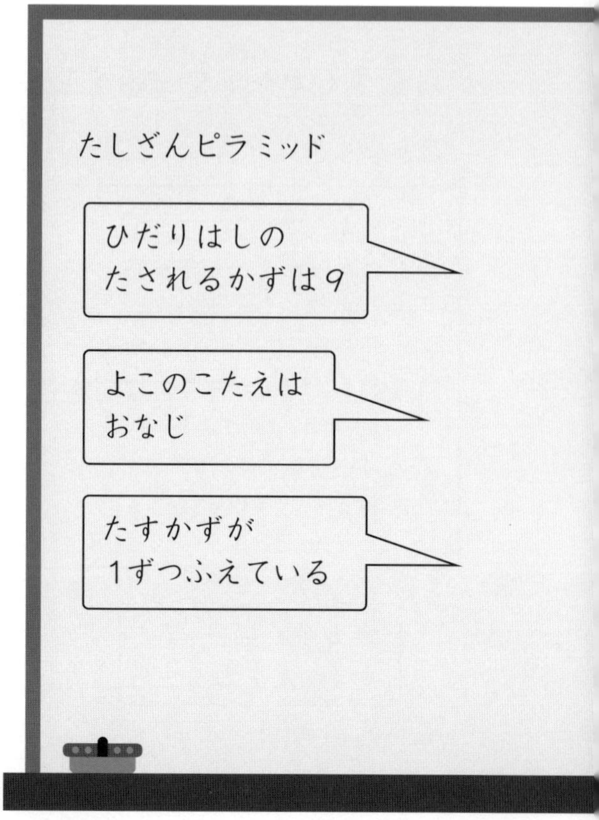

たしざんピラミッド
ひだりはしの
たされるかずは９
よこのこたえは
おなじ
たすかずが
１ずつふえている

授業の流れ

1 答えが見えているたし算カードの式は何だろう？

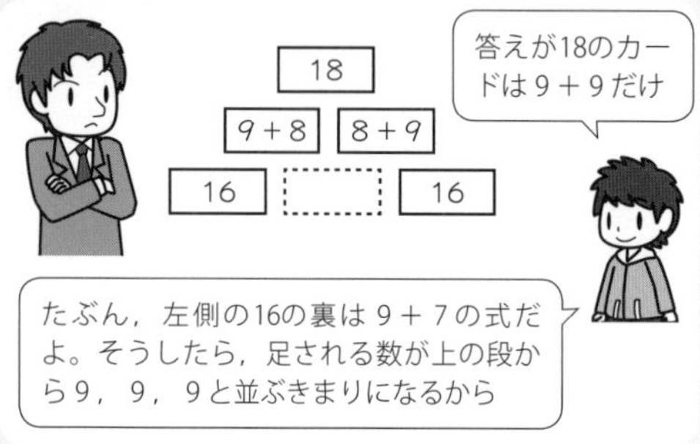

18
9＋8
8＋9
16
16
答えが18のカードは９＋９だけ
たぶん，左側の16の裏は９＋７の式だよ。そうしたら，足される数が上の段から9，9，9と並ぶきまりになるから

上記のように５枚のカードを黒板に貼る。まず，答えが18の式について考えるようにする。次に，答えが16の式を考えるようにする。そして，点線部分の式を考えるようにする。いずれも，なぜその式になるのか，理由を言わせることを重視する。

2 上から４段目には，どんな式のカードが並ぶかな？

ここでも，「どうして，その式はその位置に並ぶのか？」という理由を出させていく。

3 ここにあるたし算カードは，上から５段目のどこに並ぶかな？

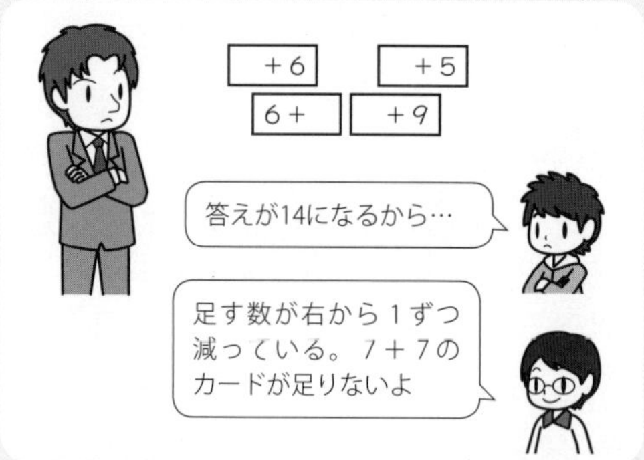

＋6
＋5
6＋
＋9
答えが14になるから…
足す数が右から１ずつ減っている。７＋７のカードが足りないよ

不完全な式が書かれたカードを４枚，バラバラに黒板に貼る。あえて，７＋７のカードを不足した状態で提示する。

本時の評価

・被加数と加数の大きさ，答えの大きさに着目して，たし算カードの並び方を考えることができたか。

準備物

・教師用たし算カード（＋５，＋７など不完全なカードも含む）
・児童用たし算カード
・資料３のワークシート（児童数分）

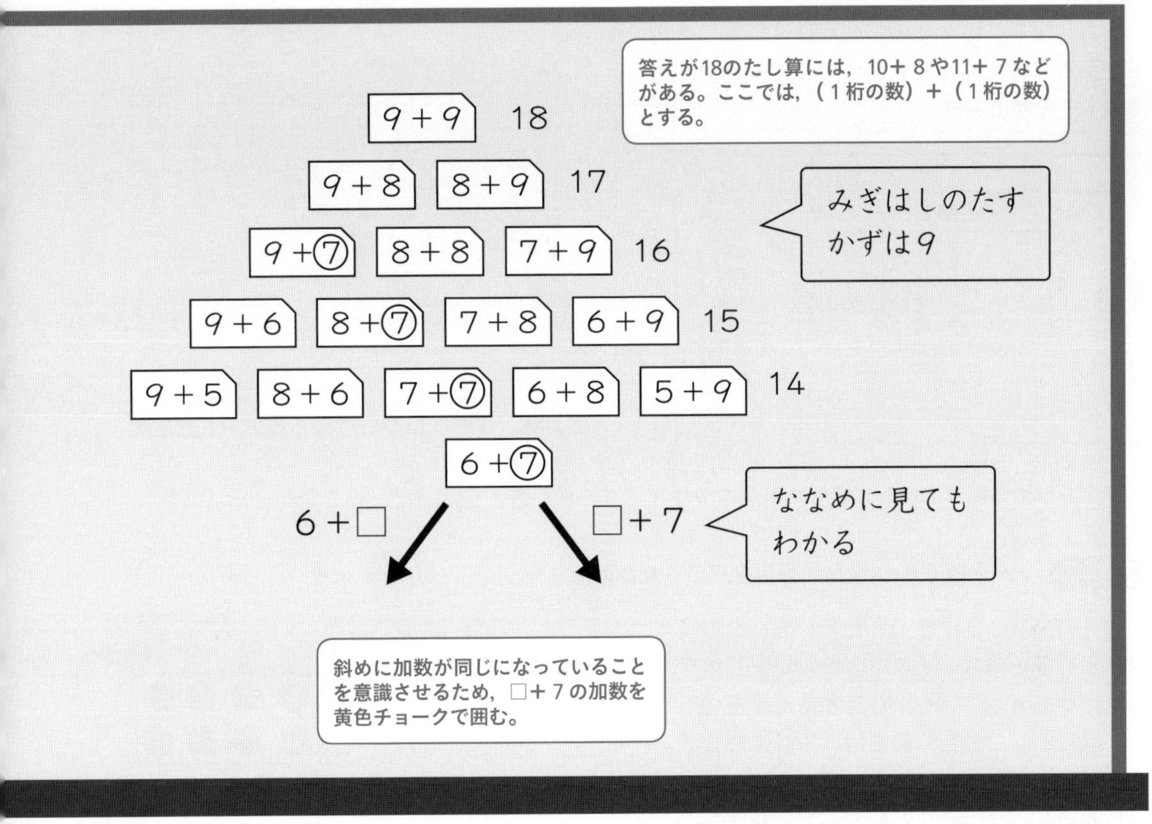

答えが18のたし算には，10＋８や11＋７などがある。ここでは，（１桁の数）＋（１桁の数）とする。

斜めに加数が同じになっていることを意識させるため，□＋７の加数を黄色チョークで囲む。

4 ７＋７，６＋８の下にくるカードはどんな式かな？

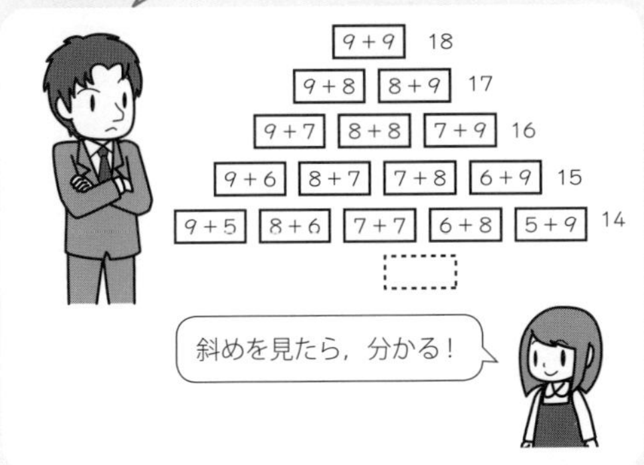

被加数と加数の横の並びだけでなく，斜めの並びにも着目させる。斜めのきまりを見つけた子にヒントを言わせ，探る活動を組んでもよい。

まとめ

板書をもとに，子どもが見つけたきまりを確認する。

そして，学習のまとめとして，自分の机の上で，カードを並べ，たし算ピラミッドをつくる活動を組む。このような活動では，個人差が顕著に現れる。早くカードを並べ終わった子どもには，カードを並べるところで苦労している子どもの手伝いをさせるとよい。

資料１　ノートづくり～加数分解を用いる計算の仕方～

数ブロックを操作した結果を見ながら，「どこから何個の数ブロックを動かして10をつくったのか」が分かる図をノートにかくようにする。右の図は，五二進法を用いている。

なお，１マスに２個の○をかけば，五二進法を用いて考えなくても見やすくノートにかき表すことができる。

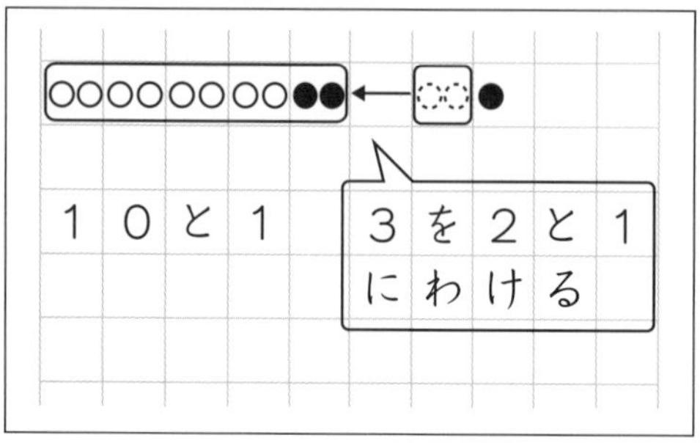

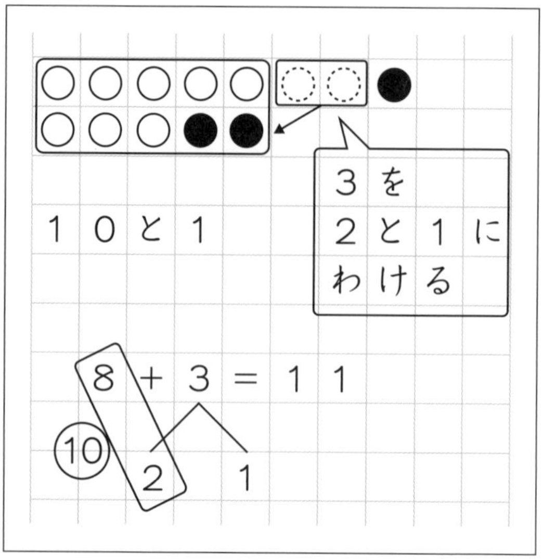

第２時　８＋３について考えるノート記述例

数ブロックの操作と加数分解の式表示をつなげて考えられるようにしたい。

資料２　ノートづくり～被加数分解を用いる計算の仕方～

第４時では，３＋９の計算の仕方について考える活動を組む。子どもの多くが，加数分解を用いて考えていく。前時までに，子どもは，繰り返し，加数分解を用いる計算の仕方をしてきたからである。

けれども，被加数の３を２と１に分けて10のまとまりをつくる数ブロックの操作をする子どもがいる。数ブロックを１個移動させるだけで，容易に10のまとまりがつくれるからである。

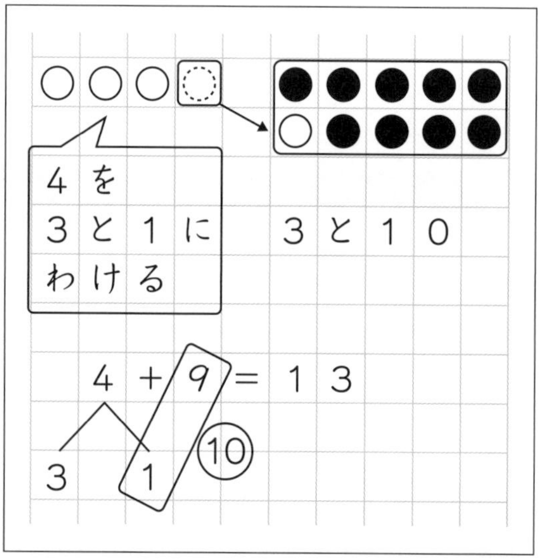

第５時　４＋９について考えるノート記述例

その後，式を書くとき，被加数分解の数ブロックの操作をしたのに加数分解の式表示をしたり，戸惑って手を止めたりする子どもの姿が現れる。被加数分解の数ブロックの操作をしたのに加数分解の式表示をした子は，必ずしも数ブロックの操作と式表示をつなげて考えられていないと見取ることができる。手を止めてしまった子は，被加数を分解する式表示をしたことがないため，困っていると見取ることができる。

「被加数分解の数ブロックの操作」と「被加数分解の式表示」と「言葉による説明」をつなげ，被加数分解を用いる計算の仕方について意味理解を図っていきたい。

資料3 第10時のワークシート

月　日（　）たしざんピラミッド　　なまえ（　　　　）

	□	
9＋8		8＋9
□		□

（A3判に拡大）

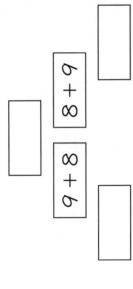

資料4　第8時の図（たし算カード）

9＋2	8＋3	7＋4
6＋5	5＋6	4＋7
3＋8	2＋9	9＋3
8＋4	7＋5	6＋6
5＋7	4＋8	3＋9
9＋4	8＋5	7＋6

6 + 7	5 + 8	4 + 9
9 + 5	8 + 6	7 + 7
6 + 8	5 + 9	9 + 6
8 + 7	7 + 8	6 + 9
9 + 7	8 + 8	7 + 9
9 + 8	8 + 9	9 + 9

12 かたちあそび （4時間扱い）

単元の目標

・身近な立体についての観察や構成，分解などの活動を通して，図形についての理解の基礎となる経験を豊かにする。

評価規準

知識・技能	身近な立体の形について，その概形や特徴，機能を捉えたり，構成や分解をしたりするとともに，図形についての豊かな感覚をもっている。
思考・判断・表現	身近な立体の形に着目し，図形の特徴や機能を捉えたり，構成や分解をしたりして，表現している。
主体的に学習に取り組む態度	身近な立体の形について，観察や構成，分解したり，形の特徴や機能を捉えたりした過程や結果を振り返り，そのよさや楽しさを感じながら学ぼうとしている。

指導計画 全4時間

次	時	主な学習活動
第1次 かたちあそび	1	箱などを積んで動物などを作ったりしながら，立体の面の形に着目し，形を言葉で表し，形の特徴を捉えていく。
	2	集めた箱等の形に着目し，高く積んでいく活動を通して，形の特徴を捉えていく。
	3	形を生かして「楽しくなる町」を作る活動を通して，形の特徴を捉えていく。
	4	箱の面を使って，絵をかく活動を通して，立体の面の形の特徴を捉えていく。

単元の基礎・基本と見方・考え方

(1)形を抽象する

第１学年の形の学習は，第２学年以降に学習する図形につながるように形を捉えさせていく。第２学年では「三角形」，「四角形」を学習していくが，１年生では「さんかく」，「しかく」，「まる」などの日常に使われている言葉で，身近な立体の形を見いだしていく。

子どもたちは身の回りにある具体物の中から，色や大きさ，材質などを捨象し，ものの形のみに着目してものを捉えていく。箱や筒，ボールなどの身の回りにある立体を実際に触ったり，観察したり，ものを作ったりしながら，角や平面，曲面の有無を実感していく。そして，その立体を構成している面の形に着目して，同じ面の形をもつ立体を「さんかく」，「しかく」，「まる」などの言葉を使って，仲間分けをしていく。「三角形」，「四角形」は直線で囲まれていなければならないが，おむすびや車の形のように角が丸みを帯びていたり，一部が切れていたりしても「さんかく」や「しかく」という言葉で表していいのである。

(2)形の特徴を知る

身近な立体から形を見いだしたら，その形の特徴を捉えられるようにしていく。形の特徴を捉えるためには，「さんかく」「しかく」「まる」の違いを捉えさせていく。

「さんかく」と「しかく」は角があるが，「まる」には角がない。「さんかく」と「しかく」には平らなところがあるが，「まる」は平らになっていない。これらは，学年が上がってから学習していく内容だが，１年の段階でも言葉にしながら，その視点をもたせていきたい。

また，「しかく」の形はどの向きにしても積んでいけるが，「さんかく」は向きによっては積んでいくことができない。「ボール」の形は平らなところがなくて，いつでも転がっていくが，「つつ」の形は向きによって転がったり，重ねて積んだりしていける。これらも操作をしながら，言葉で表現して，その機能をまとめていくとよい。

(3)形の構成と分解

具体物を使って，作る，絵に表す活動をする中で，子どもたちは形を合わせたり，合わせた形を分解したりしながら，新しい形を見いだしていく。具体物を用いて作る際には，作りたいものを目指して立体を構成するときもあれば，立体を構成していく中で作りたいものが見えてくることもある。どちらの活動も有意義なもので，大事なのは活動をしていく中で，形を認め，形の特徴を理解していくことである。

なお，１年生の子どもたちは，これまでにも積み木やブロックなどで遊んできた経験がある。その延長線上にもの作りや絵に表す活動を位置付けて，形を見いだし，形を組み合わせていく経験を豊かにさせていきたい。そのためにも，算数の時間だけにとどまらずに，図工や生活の時間にまで活動を広げながら，もの作りや絵に表すことを十分にさせていきたい。そのためにもカリキュラムを柔軟に考えていくことが必要になってくる。

本時案

かたちあそびをしよう

1/4

本時の目標

・箱の特徴を言葉に表すことができる。
・箱を使って作りたいものを考えられる。

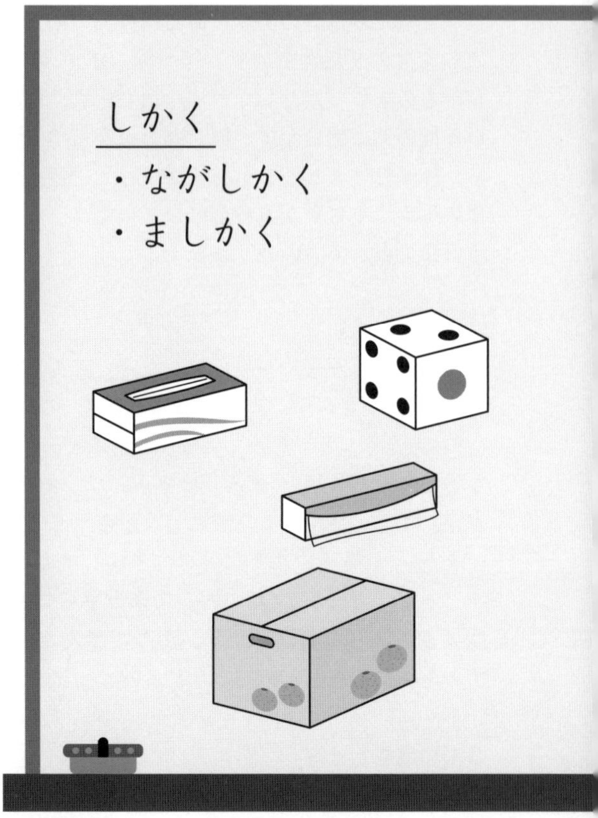
しかく
・ながしかく
・ましかく

授業の流れ

1 形遊びをしよう

「かたち」と板書して，立体模型と空き箱を教師が積んで遊んでみせる。立体模型や箱にはいろいろな「かたち」があり，「つむ」ことで「つくる」ことができることを確かめ板書する。「キリンを作りたい」と積んでいくが，うまくできない姿を見せる。

2 ○○を使うといいよ

まるいの

首が短かったり，足の長さがそろわなかったりするキリンを見せると，子どもから「○○を使うといいよ」と声が上がる。子どもから出てくる「かたち」を表す言葉を板書していく。

3 みんなで形遊びをしよう

家を作ろう
車がいいな
お城を作ろう

「自分も作ってみたい」という気持ちになったら，用意した立体模型，積み木，箱，缶等を配り，グループごとに自由に作らせる。できたものを紹介していくと，もっと作りたいという気持ちが高まる。

本時の評価

・箱の特徴を表す言葉がどの箱のことを示しているのかわかったか。

準備物

・教材立体模型
・積み木
・空き箱，缶等を集めておく

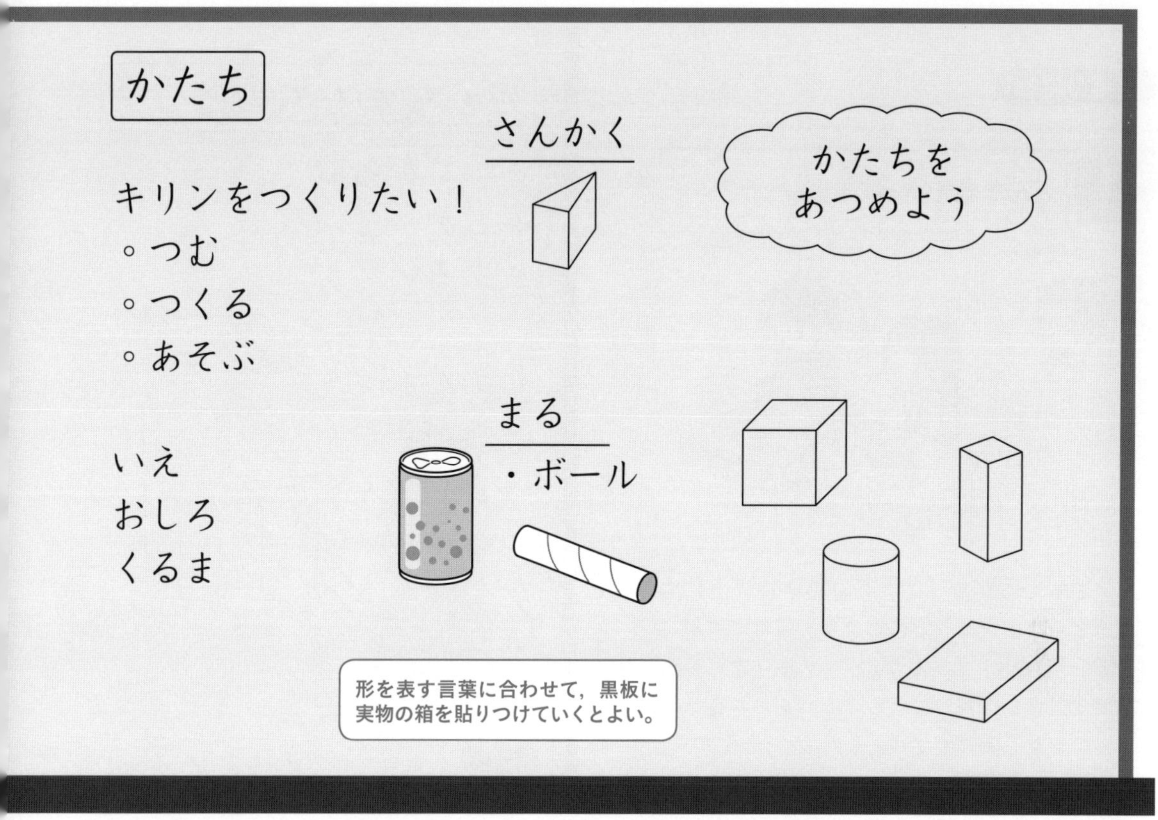

かたち
さんかく
かたちを あつめよう
キリンをつくりたい！
◦つむ
◦つくる
◦あそぶ
まる
・ボール
いえ
おしろ
くるま
形を表す言葉に合わせて，黒板に実物の箱を貼りつけていくとよい。

4 形集めをしよう

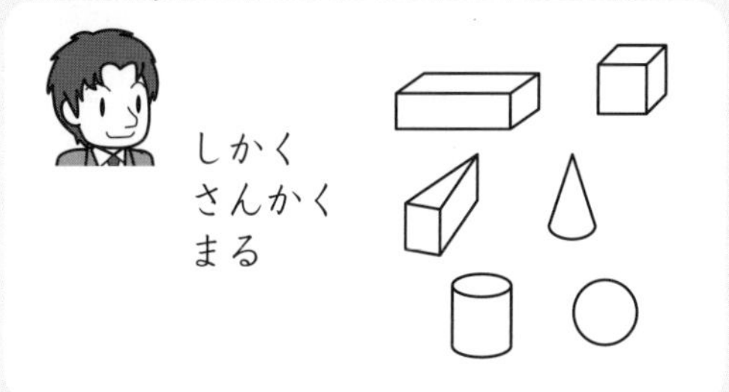

しかく
さんかく
まる

一人ひとりが形遊びをするために，家で使った箱，缶などを集め，持ってくるように呼び掛ける。箱には「しかく」いもの「さんかく」のもの「まる」いものなどがあることを確かめ，まとめとする。

箱集めを楽しむ

家庭で箱集めをするときから形についての学習は始まる。どんなものを作りたいのか，どんな遊びをしたいのか，そんな思いをもって身の回りの箱を探すようにさせたい。

早めに持ってきた子から教室に形遊びの場所を作って休み時間に遊ばせるとよい。これにより，箱集めの意欲を高めていくことができる。

箱を集める期間は休日をはさみながら余裕をもたせたい。家庭にも連絡を入れながら，親子での箱集めを楽しませたい。

本時案

はこをたかくつもう

2/4

本時の目標

・箱の特徴を触って確かめることができる。積みやすさを考えながら箱を高く積むことができる。

授業の流れ

1 どんな箱を持ってきましたか？

ながしかく

子どもたちが持ってきた箱等を机の上に広げ，どんな箱を持ってきたのか，言葉で表現させる。「しかく」「さんかく」「まる」などの形を表す言葉を板書しながら，それぞれが自分の持ってきたものの中から「しかく」「さんかく」「まる」のものを識別する。

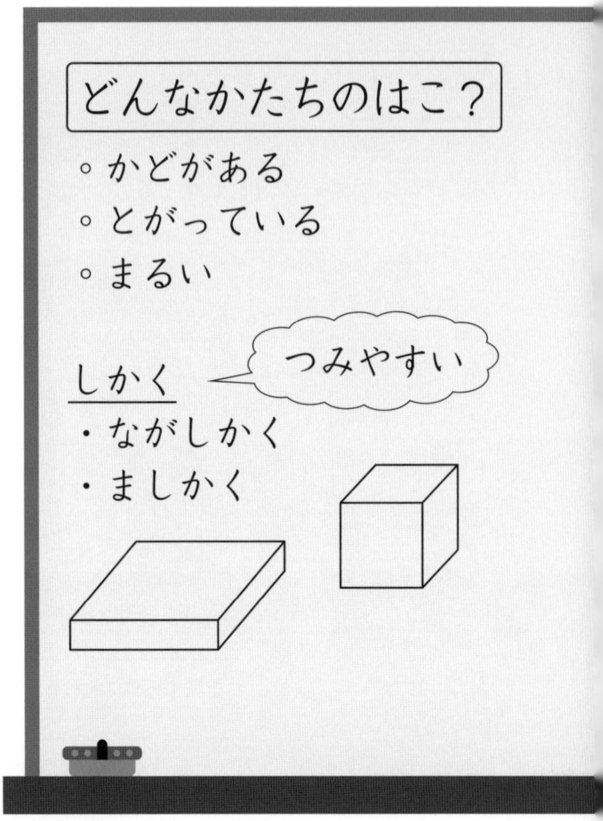
どんなかたちのはこ？
◦かどがある
◦とがっている
◦まるい
しかく
つみやすい
・ながしかく
・ましかく

2 目をつぶって，形を当てよう

まるい

「しかく」「まる」「さんかく」の形のものを目をつぶって触って見つけていく。一人ひとりが箱を触りながら，形の特徴を捉える活動である。「角がある」「とがっている」「丸い」など形を表す言葉を拾っていきたい。

3 積んでみよう

「箱の上に箱をのせられるかな」。この言葉で，子どもは次々と箱を積んでいく。「高くなったね」の言葉をかけることで，子どもは高く積もうとしていく。高く積むための工夫が見てとれたら，広めていく。

本時の評価

・箱の積みやすさを考えながら，より高く積む方法を考えられたか。

準備物

・教材立体模型
・（あれば）積み木セット
・空き箱，缶等を集めておく

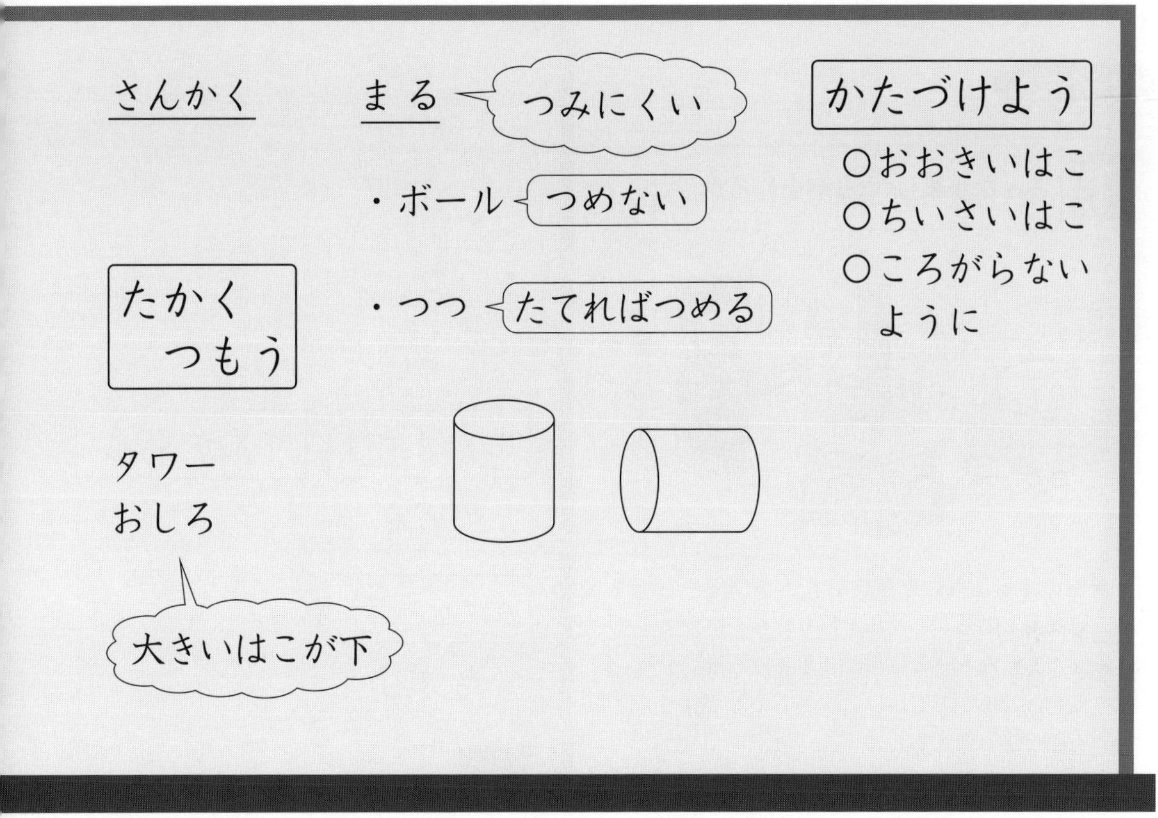

さんかく
まる
つみにくい
・ボール
つめない
・つつ
たてればつめる
たかく つもう
タワー
おしろ
大きいはこが下
かたづけよう
○おおきいはこ
○ちいさいはこ
○ころがらない ように

4 もっと高く積めるかな

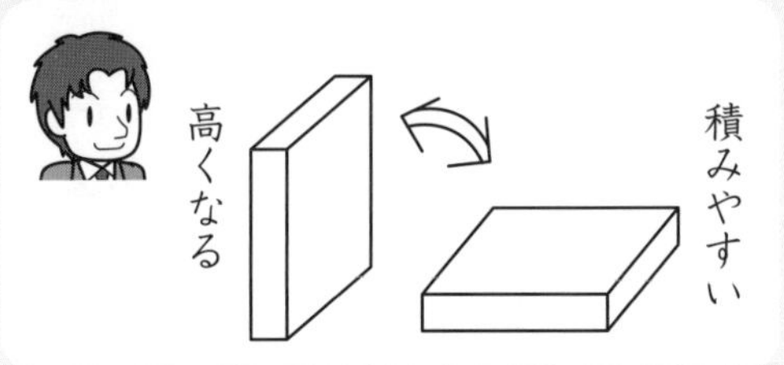

高くなる
積みやすい

より高く積もうとすると，大きい箱を下にしたり，平たく安定した箱を下に置くようになる。また，箱の向きを変えて高さを出そうとする子もいる。そんな子どもの活動を紹介していく。

5 箱を片付けよう

入るかな

広げた箱を最後は片付けていく。四角い箱は詰めて片付けやすい。丸い形は転がらないように立てて片付ける。大きい箱の中に小さい箱を入れていく。これは容積の直接比較にもなっている。袋などの隙間に入れていくことで空間認知能力も高まっていく。

本時案

たのしくなるまちをつくろう

3/4

本時の目標

・箱の特徴を意識し，それを生かしながら楽しくなる町をつくることができる。

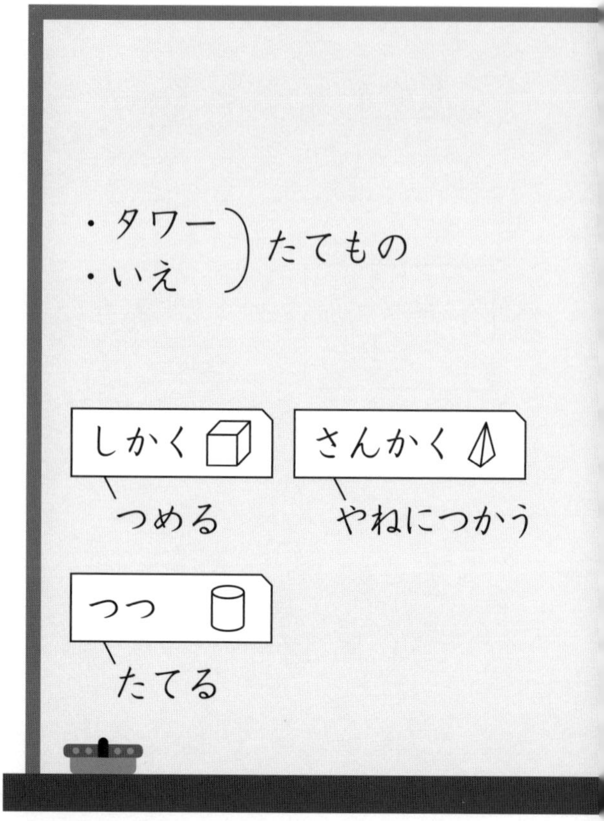

・タワー
・いえ
たてもの
しかく
つめる
さんかく
やねにつかう
つつ
たてる

授業の流れ

1 みんなが楽しくなる町を作ろう

前時に作ったものを思い出す。タワーやお城，車などがある。これらを集めたら，町ができそうだ。町ならあとは何ができるだろう。公園や動物園があってもいい。子どもたちが作りたいものを出し合えるとよい。

2 班で協力して町を作ろう

班の友だちと一緒に町にあるものを作る。「筒を使って，車にしているよ」「さんかくを家の屋根にしているね」など，形を言葉にしていく。形を表す言葉は画用紙に書いておき，黒板に貼っていくとよい。

3 どんなものができたかな?

ながしかく
同じ長さ

作りながら，どんなものを作っているのか発表していく。このとき，どんな形の箱をどういうところに使ったのかを復唱しながら，周りの子どもに伝えていくとよい。言葉でまとめることで作った意図が伝わっていく。

本時の評価

・箱の特徴を意識しながら，組み立てることができたか。

準備物

・教材立体模型
・（あれば）積み木セット
・空き箱，缶等を集めておく

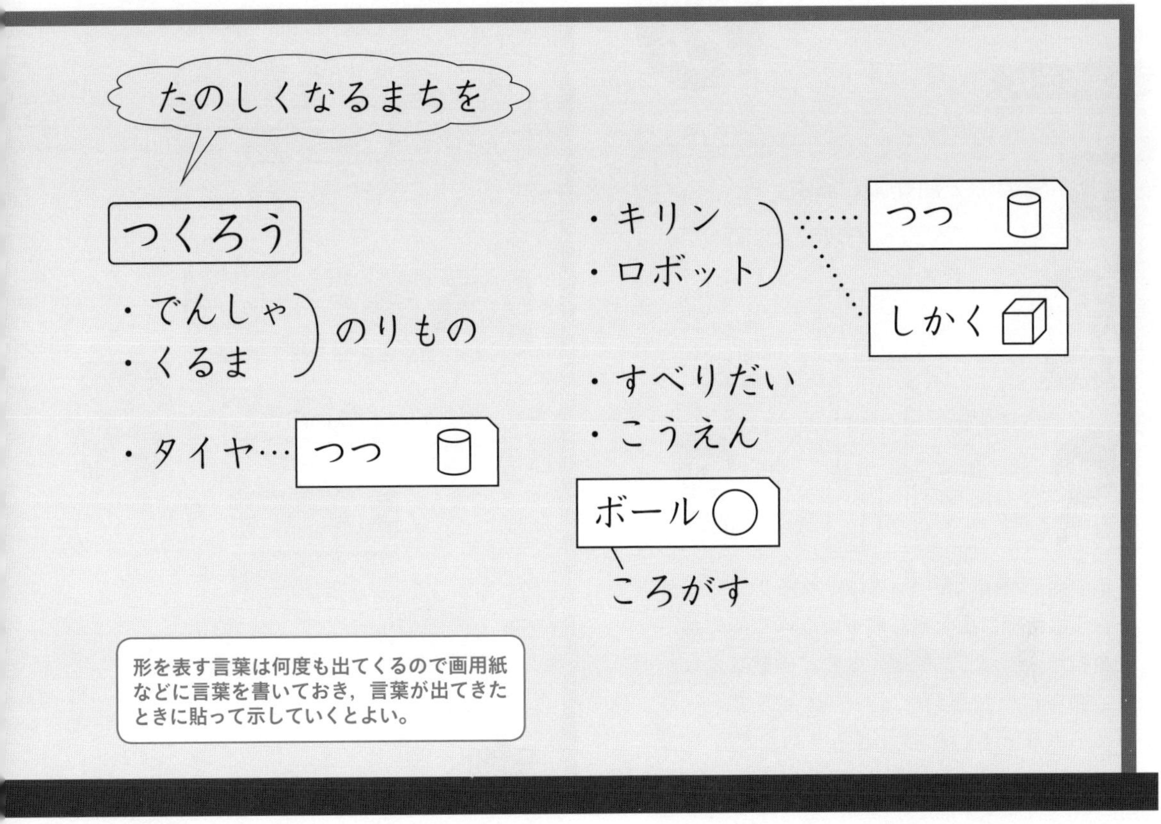

たのしくなるまちを
つくろう
・でんしゃ
・くるま
のりもの
・タイヤ…
つつ
・キリン
・ロボット
つつ
しかく
・すべりだい
・こうえん
ボール
ころがす
形を表す言葉は何度も出てくるので画用紙などに言葉を書いておき，言葉が出てきたときに貼って示していくとよい。

4 グループを変えて作りたいものを広げていこう

発表を聞きながら，作りたいものを変えていくことを認めていく。どうして変えたのか，どんな形の箱を使って作ろうと考えているかを聞きながら，周りに広めていく。

自分の考えを変えていくことは，良いことであることを伝えていく。

他教科の時間につなげていく

町にあるものを考え，作っていくことは自分たちの生活を「楽しくなる」という視点で見つめ直すことになっていく。

作り始めると45分の授業では時間が足りなくなっていく。形という視点で箱を選んでいく間は算数として時間をとっていくが，創造して作り上げていく時間は図工や生活の時間を使って，じっくりと活動に浸りながら取り組ませていくことも考えていきたい。

時間をかけて作り上げた後に，もう一度形の視点で，できた町を見直すこともしたい。

本時案

はこで えをかこう

4/4

本時の目標

・箱の面の形を写し取って，絵に表すことができる。

授業の流れ

1 箱の形で絵が描けるよ

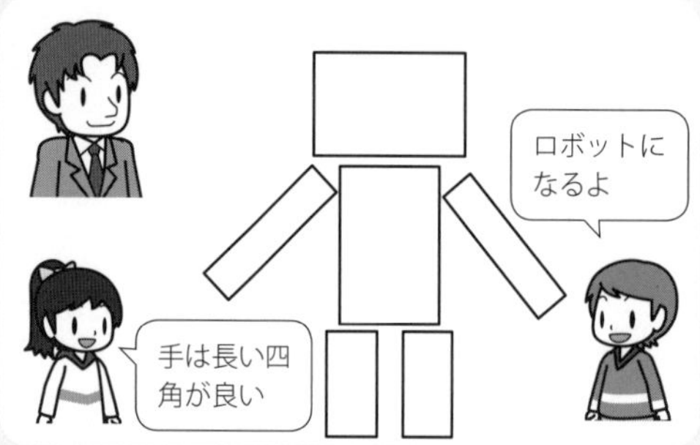
ロボットになるよ
手は長い四角が良い

箱の面に画用紙を切ってはがせるように貼っておく。黒板に面を写し取るようにして，画用紙を箱からはがし，黒板に貼る。面を変えながら，長方形が３種類，６枚できるので，何に見えるか子どもに聞きながら６枚を動かしていく。

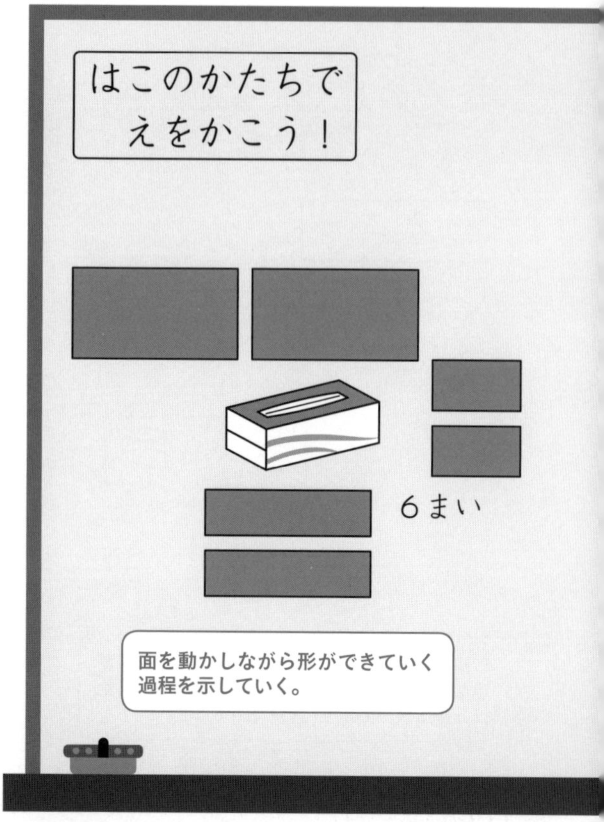
はこのかたちで
えをかこう！
６まい
面を動かしながら形ができていく過程を示していく。

2 箱の面を写しとって絵にしよう

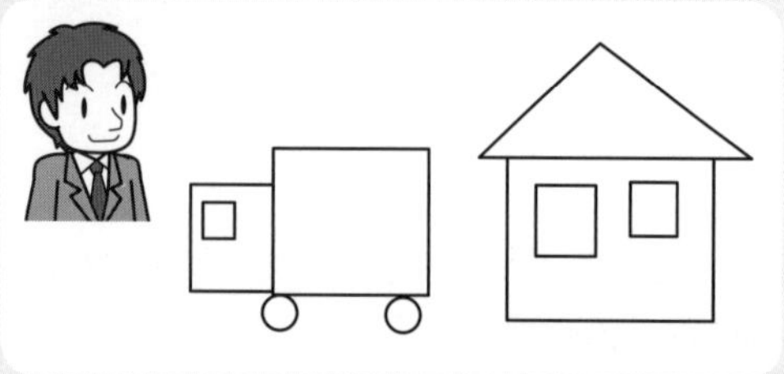

箱の面の形を写し取りながら，絵を作っていく。絵のすべてを箱の形で作る必要はない。フリーハンドでかき加えたり，色をつけていくのもよい。また，箱の面の形を画用紙に切り取って並べていってもよい。

3 どんな絵ができたかな？

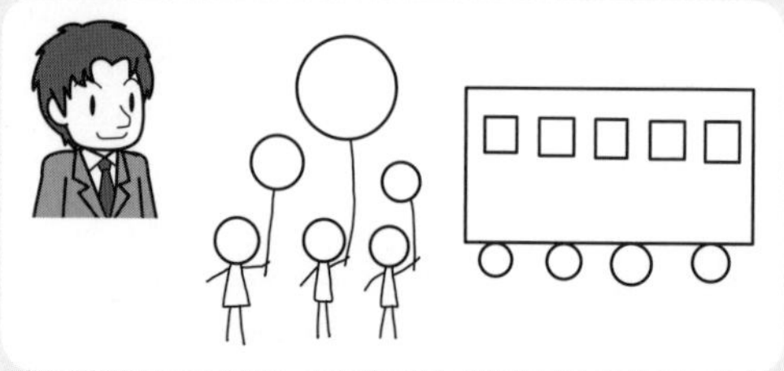

絵をかきながら，どんな絵ができているのかを発表していく。このとき，どんな形の箱のどの面を使ったのかを教師が復唱していくとよい。周りの子どももそれを聞きながら，自分の絵に取り入れていける。

本時の評価

・箱の面の形を生かして絵に表すことができたか。

準備物

・箱の面に画用紙をはっておく
・教材立体模型
・積み木セット
・子どもが集めた空き箱

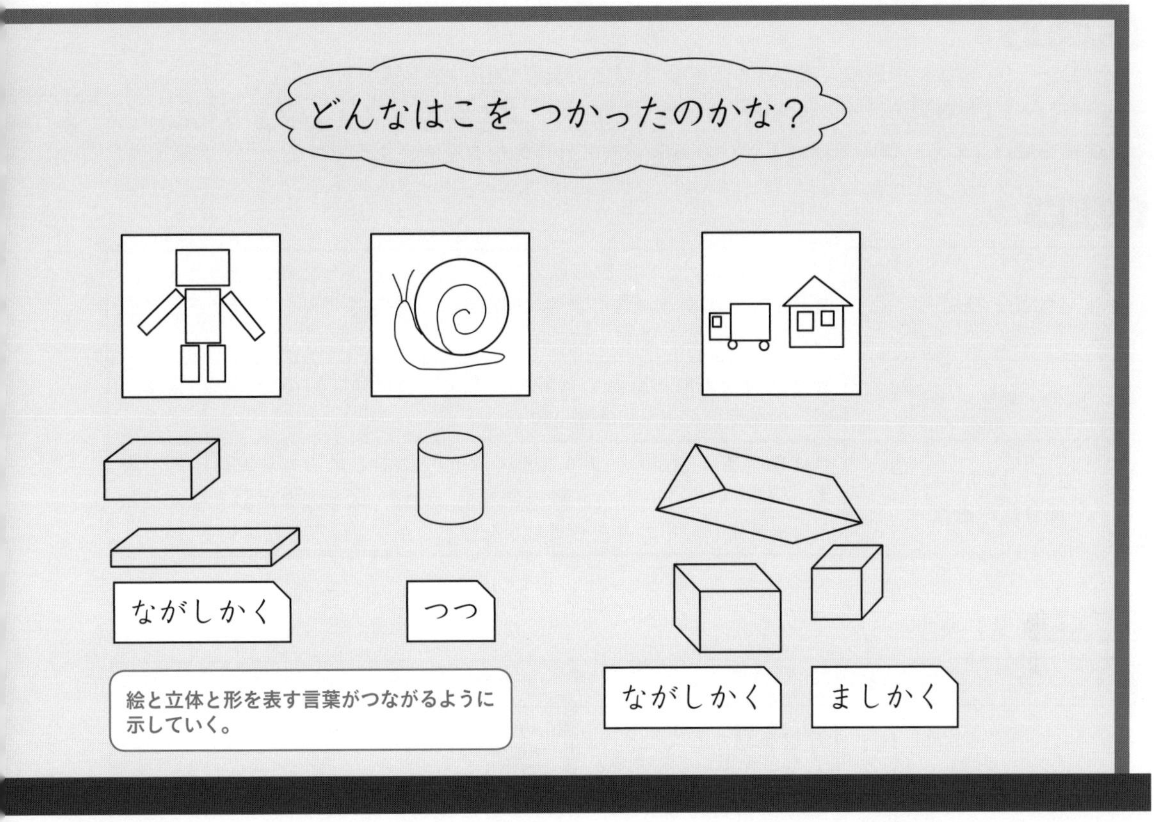

どんなはこを つかったのかな？
ながしかく
つつ
絵と立体と形を表す言葉がつながるように示していく。
ながしかく
ましかく

4 絵からどんな箱を使ったのか考えよう

絵だけを見て，どの箱を使ったのかを考えさせる。面から立体をイメージしていく活動である。絵を作るのに使っていなかった別の箱にも，同じような形の面があることに気付いていく。

他教科，休み時間，家庭へと活動を広げていく

この時間も図工の時間として創造の時間をたっぷりと取っていきたい。子どもの活動として，図工と算数の境目を作る必要はない。子どもが活動に浸かれるようにしたい。

できあがった立体を使って体育の時間に障害物を飛び越える授業をつくることもできる。

前時に作った立体に絵を組み合わせて，ダイナミックな創造の場にしていくとよい。その活動は授業時間だけでなく，休み時間の遊びや家庭に帰ってからの時間に広がっていくことも期待している。

13 ひきざん(2)　11時間扱い

単元の目標

・（十何）－（１位数）の減法で繰り下がりのある減法の計算の仕方を理解する。
・（十何）－（１位数）の減法の仕方を，具体物や言葉，式，図を用いて考えることができる。
・具体物を使いながら，進んで繰り下がりのある減法の計算の仕方を考えようとする。

評価規準

知識・技能	「10といくつ」という数の見方をして10のまとまりに着目することで，繰り下がりのある減法の計算の意味やその方法を理解し，繰り下がりのある減法の計算が正しくできる。
思考・判断・表現	繰り下がりのある減法の計算の仕方を，具体物を用いた操作や言葉，図，式を用いて考え，表現している。
主体的に学習に取り組む態度	具体物を使いながら，進んで繰り下がりのある減法の計算の仕方を考え，「10といくつ」という数の見方を，操作，図などを用いて考えたことを振り返り，そのよさや楽しさを感じながら学ぼうとしている。

指導計画　全11時間

次	時	主な学習活動
第１次 （十何）－（１位）で繰り下がりのある計算の仕方を考える	1	12枚の折り紙から９枚を使ったときの，残りの枚数の求め方をブロックなどを用いて考える。
	2	13－８の答えの求め方を考えることを通して，減加法の計算の仕方をまとめる。
	3	12個のチョコから３個食べたときの残りの個数の求め方を，ブロックなどを用いて考える（減々法）。
	4	はと７羽とすずめ15羽のちがいを求める問題（求差）について考え，ひき算が使える場面の理解を深める。
	5	12－５になる問題づくりを行う。また，答えが７になる式をつくる。
第２次 繰り下がりのある計算の習熟を図る	6	ひき算カードを使ったゲームを行い，繰り下がりのあるひき算の習熟を図る。
	7	１□－□＝□の□に数字をあてはめ，正しい式を作る。また，このような式の数にはきまりがあることに気付く。
	8	引く数が同じカードや，答えが同じカードを並べることによって，引かれる数，引く数，答えの関係に気付く。
	9	計算ピラミッドをつくることを通して，繰り下がりのあるひき算の習熟を図る。また，答えが同じになる式があることに気付く。

次	時	主な学習活動
第３次 数量の関係に着目して 演算決定を行う	10	問題文の場面を考えることによって，たし算になったり，ひき算になったりすることがあることに気付く。
	11	同じ数ずつ引いていく場面を考えたり，式を書いたりする。

単元の基礎・基本と見方・考え方

(1)計算の仕方について

繰り下がりのあるひき算では，子どもたちは次のようにして答えを求めていると言われている。

ア　数えひきによる方法

12－３の計算で，12から11，10，９と３取り終わるまで数詞を唱えながら数えて引く方法。

イ　減加法

12－９で12を10と２に分けて，最初に10-９を行い，その答えの１と２を足して求めるという方法。

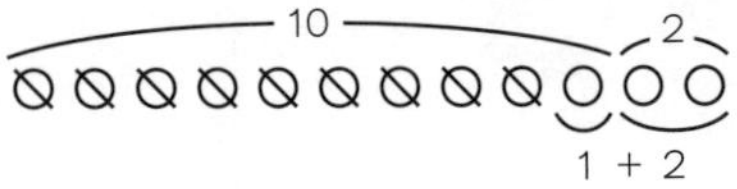

最初に10から引いて，後から足すので減加法と呼ばれる。習熟の段階になると，この方法に統一して指導していくことが多い。

ウ　減減法（減々法）

12－３で２から３を引けるだけ引いて，引ききれなかった１をさらに10から引く方法。

２回ひき算をするため，このように呼ばれている。

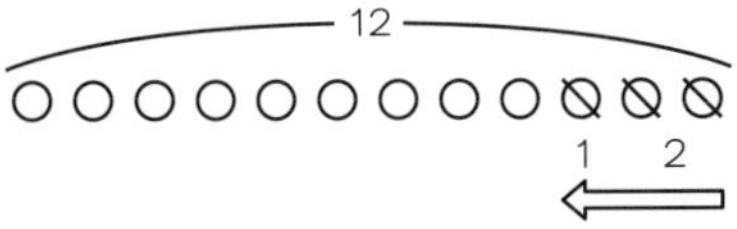

こちらの方が子どもの自然な考え方であるが，１回目と２回目のひき算の方向が変わるため，子どもが混乱するのではという指摘もあり，習熟になると減加法の方に価値を置くことが多い。

エ　数えたしによる計算（補加法）

12－９のような計算で，９からいくつ足していくと12になるかを考える方法。海外では，おつりをこの方法で確かめている国もある。

(2)きまりを見つける活動について

観点を決めて式を集めると，そこにきまりを見いだすことができる場合が多い。

例えば，本書に紹介してある展開例の中にも，□□－７＝□の形の式を集める活動がある（第７時）。ここでは，集めた式を比べてみることによってきまりを見つけることができる。また，「引く数が７の式は７つできる」というように，式の中で固定した数とそのときにできる式の個数の関係に気付く子どももいる。これは，「だったら，引く数が８のときには，式は８つできるのかな？」と，数を変えて調べてみようとする子どもの動きを引き出すことにつながる。このような子どもの見方・考え方を認めていくことを心がけたい。

本時案

のこりはなんまい？（12－9）

1/11

本時の目標

・問題が，ひき算の場面であることを理解して，答えの求め方を考えることができる。

授業の流れ

1 折り紙が12枚あるよ。9枚使うと，何枚残っているかな？

10まい
2まい

12枚の折り紙は，10枚の束と2枚のばらにして，子どもたちに見せる。10枚の束の方を子どもたちに見せながら，「この中から9枚を取って，使います」と，言ってから，問題文を黒板に書く。

このように提示するのは，本時で扱う減加法の考えが必ず出るようにするためである。

> おりがみが12まい
> あります。
> そのうち、9まいを
> つかいました。
> おりがみは、なんまい
> のこっているでしょうか。
>
> （しき）12－9＝3
> （こたえ）3まい

12－9の答えを言える子どもが少ないようであれば，みんなで考えていく。分かる子を中心にして授業を構成すると学力差が開いていくので，気をつけたい。

2 どんな式になるかな？

ひき算だよ
12−9

問題文を読み，残りを求めるということをイメージさせ，ひき算になることを確認する。答えが分かる子どもがたくさんいれば，先に答えを言わせてもよい。答えを出すことがねらいではなく，求め方を考えることが本時のねらいだからである。

3 どうやって計算するのかな？

ぼくは10の束から
9を引いたよ

数え引き，減加法，減々法の他にも，次のような考えも出るかもしれない。

「9＋3＝12だから，答えは3」

「13－10と答えは同じだから答えは3」

このような意見も丁寧に扱っていきたい。前者は繰り上がりのあるたし算から，後者はひき算のきまりからの考えである。

本時の評価

・ブロックなどを使って，問題の求め方について自分の考えや友だちの考えを説明することができたか。

準備物

・折り紙を12枚
・ブロック（提示用）
・ブロック（児童用）

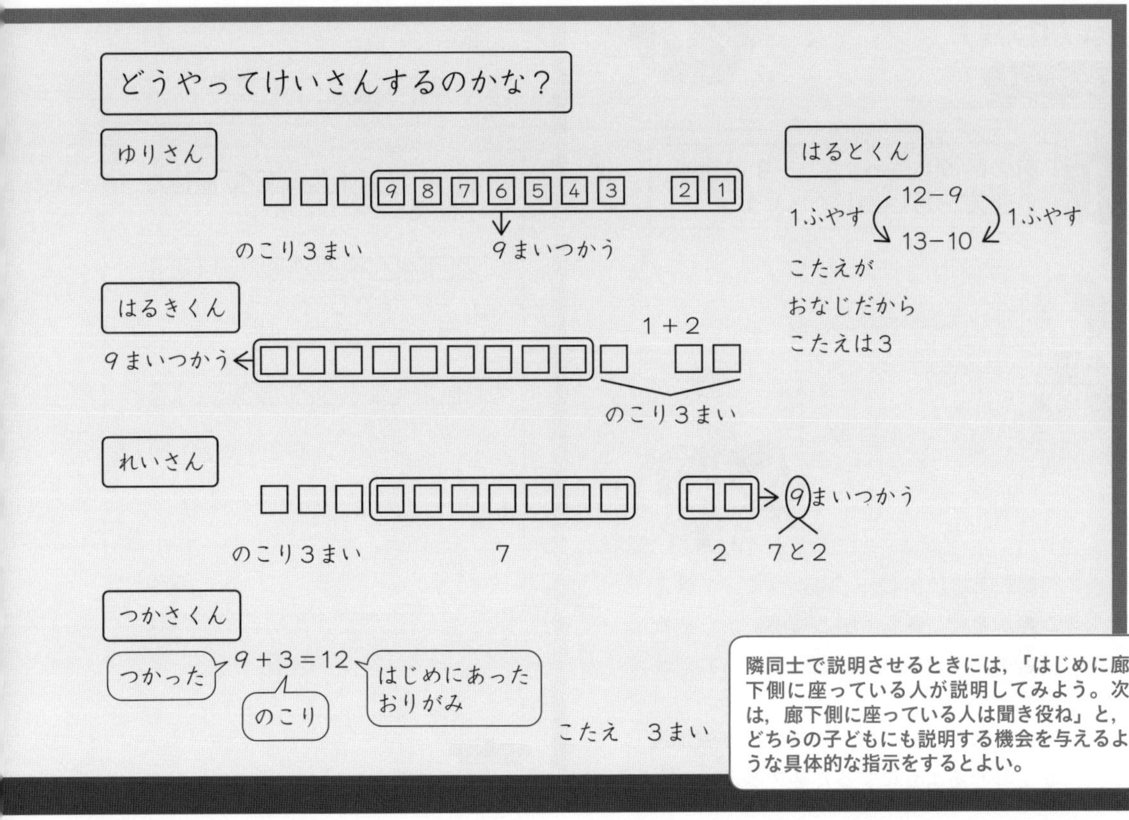

どうやってけいさんするのかな？
ゆりさん
9 8 7 6 5 4 3 2 1
のこり3まい
9まいつかう
はるきくん
9まいつかう
1＋2
のこり3まい
れいさん
9まいつかう
のこり3まい
7
2
7と2
つかさくん
つかった
9＋3＝12
のこり
はじめにあった おりがみ
こたえ　3まい
はるとくん
1ふやす
12－9
13－10
1ふやす
こたえが
おなじだから
こたえは3

隣同士で説明させるときには，「はじめに廊下側に座っている人が説明してみよう。次は，廊下側に座っている人は聞き役ね」と，どちらの子どもにも説明する機会を与えるような具体的な指示をするとよい。

4 ○くんの考えを隣の人に説明してみよう

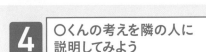

○くんの考え
はね………

子どもたちが発表した考えを板書しておき，それぞれの考えを隣の子どもに説明させる。そのときに，ブロックを使ったり，ノートに絵をかいたりしてお話させる。

10のまとまりから9を引く（減加法）と計算しやすいことに気付かせたい。

まとめ

繰り下がりのあるひき算は1年生の学習の中で大切なポイントになっている。もちろん，繰り下がりのあるひき算の計算ができることは大事なのだが，「計算ができることイコール算数が得意」という間違った価値観を子どもたちにもたせたくはない。

計算の仕方を考えたり，工夫したりする時間を，教師である我々も大切にするようにしたい。

本時案

おなじかんがえでけいさんしよう（減加法）

2/11

本時の目標

・繰り下がりのあるひき算で，減加法の計算の仕方を理解することができる。

授業の流れ

1 前の時間にやった12－９の計算の仕方を思い出してみよう

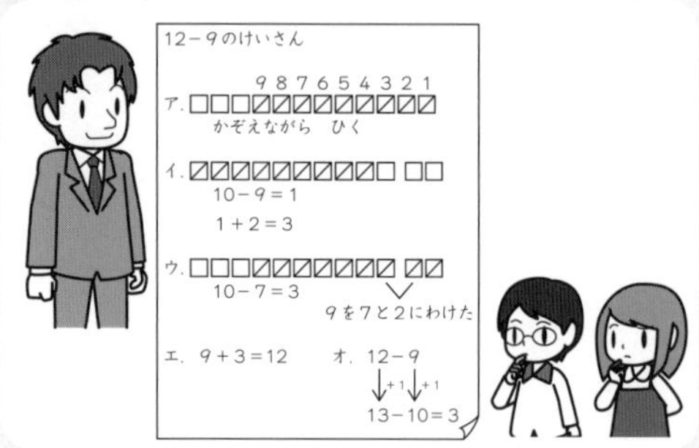

12－9のけいさん
9 8 7 6 5 4 3 2 1
ア.
かぞえながら　ひく
イ.
10－9＝1
1＋2＝3
ウ.
10－7＝3
9を7と2にわけた
エ．9＋3＝12
オ．12－9
+1　+1
13－10＝3

前時の問題を思い出し，どのようにして答えを求めたのかを振り返る。図と言葉にまとめたもの（模造紙）を用意しておき，１つずつ確認していく。

アが数えひき，イが減加法，ウが減々法である。エやオの考えは出ないこともある。

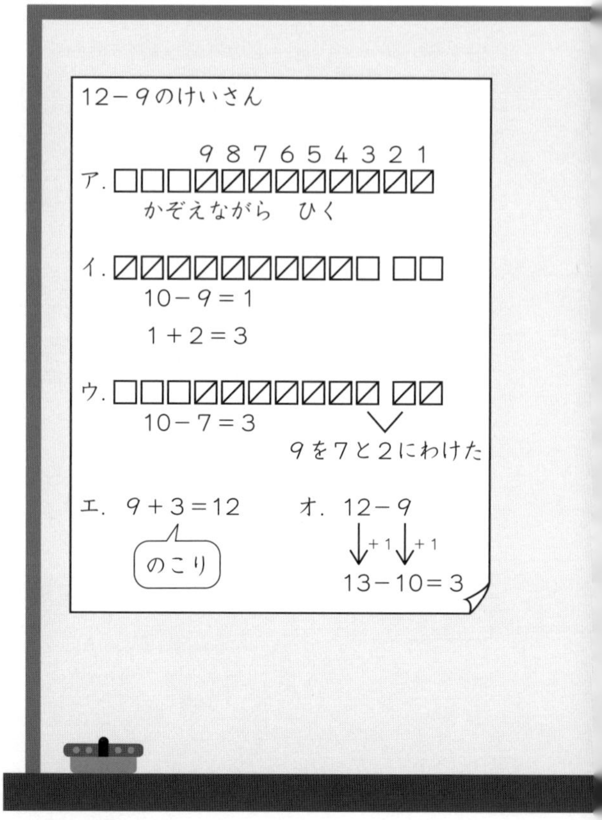

2 イの方法を使って，13－８の答えを出してみよう

先に10から８を引くと思うよ
うんうん

いきなり一人で考えると，困る子どもが出てくるかもしれない。そこで，「どうやって答えを出すのか」隣同士で話し合いをさせる。イと同じ考え方を，ブロックを使ったり，絵をかかせたりして，説明できるようにしたい。何人かの子どもに前で説明させてみる。

3 言葉でまとめてみるよ

13を10と３に分けて……

子どもの説明を聞きながら，減加法についてまとめていく。「どうしてひき算なのに足すのかな」と思う子どももいるはずである。どうして最後に足すのか，ブロックを操作して，計算の仕方を理解できるようにする。

言葉でまとめたら，隣の子どもと，ブロックを使って説明できるようにする。

本時の評価

・減加法の計算の仕方を理解して，計算をすることができたか。

準備物

・前時に出た計算の仕方を模造紙などにまとめたもの
・ブロック（提示・児童用）
・計算練習プリント

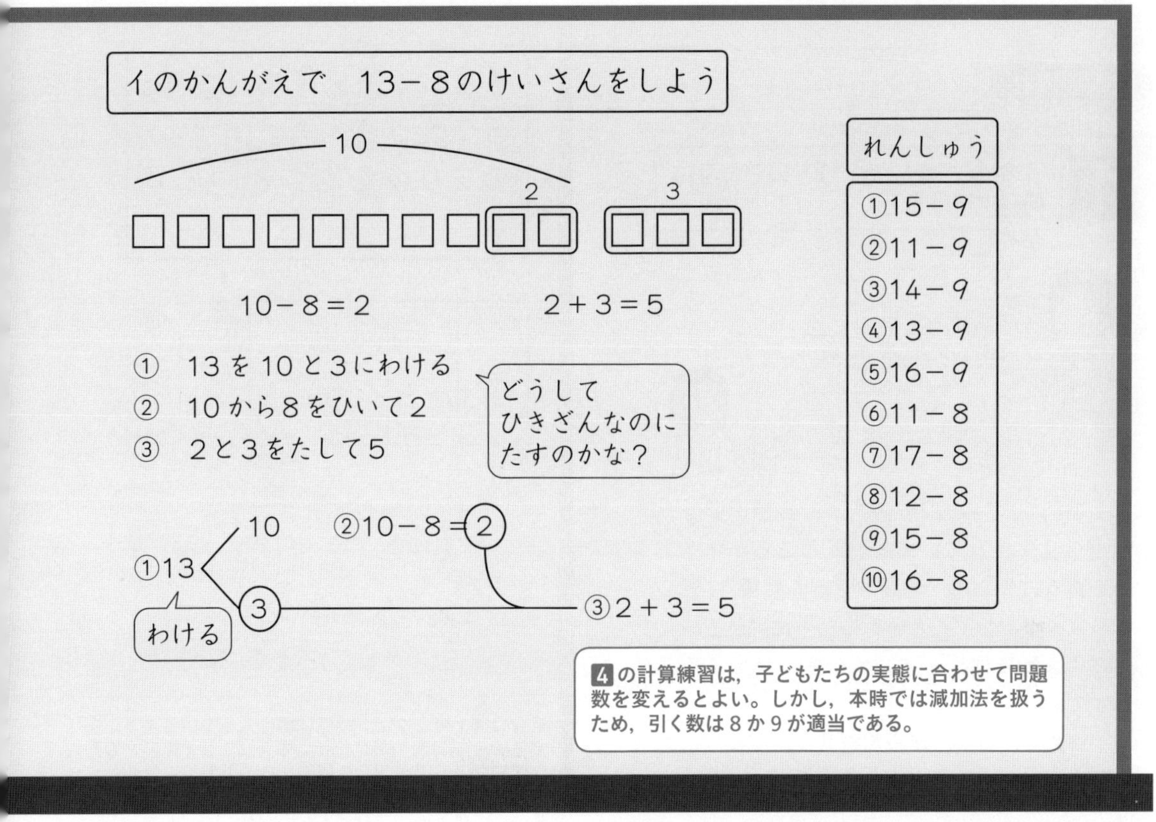
イのかんがえで　13－8のけいさんをしよう
10
2
3
10－8＝2
2＋3＝5
① 13を10と3にわける
② 10から8をひいて2
③ 2と3をたして5
どうして
ひきざんなのに
たすのかな？
①13
10
3
②10－8＝2
③2＋3＝5
わける
れんしゅう
①15－9
②11－9
③14－9
④13－9
⑤16－9
⑥11－8
⑦17－8
⑧12－8
⑨15－8
⑩16－8

4 の計算練習は，子どもたちの実態に合わせて問題数を変えるとよい。しかし，本時では減加法を扱うため，引く数は8か9が適当である。

4 計算練習をしよう

10から9を引いて
1。1と5を足して
6。答えは6だ

引く数が9や8の計算練習を行い，減加法の計算の仕方を定着させる。

あらかじめプリントを準備しておくのもよい。「10－□」の計算の定着がまだの子どもには「10－□」の計算が確実にできるように支援する必要もある。

まとめ

本時では，減加法についての理解を深めることをねらいとしている。習熟の段階になると，繰り下がりのあるひき算は減加法に統一して指導していくことが多い。また，減加法の考え方で繰り下がりのあるひき算をすることは，2桁－2桁の筆算の学習にもつながっていく。

本時案

のこりはなんこ？(12－3・減々法)

3/11

本時の目標

・繰り下がりのあるひき算で，減々法の計算の仕方を理解することができる。

授業の流れ

1 3個食べました。残りのチョコは何個でしょう

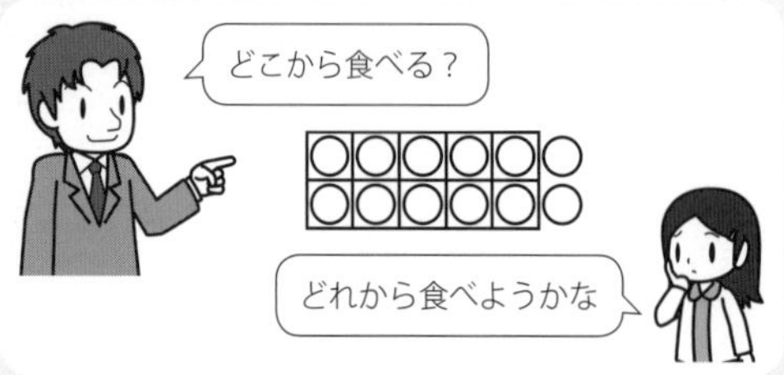
どこから食べる？
どれから食べようかな

上の図のように12個のチョコを提示する。10個は箱に入っているというところがポイントである。そして，問題文を読んだ後，「どこから食べますか？」と子どもたちに問う。

このように問うと，2つの考えが出てくるはずである。

①箱の外のチョコから食べる

②箱の中のチョコから食べる

チョコが12こあります。
3こたべました。
のこりはなんこでしょうか。

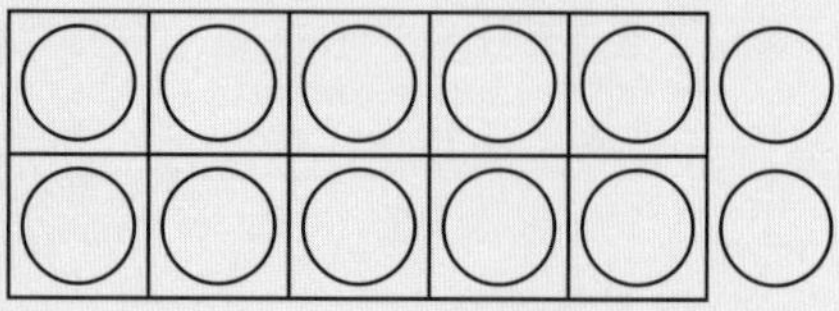

どこから
たべようかな？

(しき)

12－3＝9

(こたえ) 9こ

チョコは上のように，10個は箱に入っているように提示する。2個は箱の外に出ているということを子どもたちに説明する。このように提示することで，子どもたちは「箱の外の2個から食べた方がいい」と言うはずである。この考えが，減々法へとつながっていく。

2 食べたチョコに印をつけましょう

ぼくは箱の外から食べると思う
うんうん

どこから食べるのか，チョコの絵にかき込ませる。

①
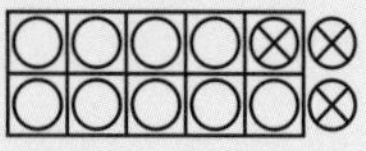
②
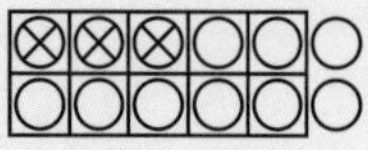

3 絵を見てお話しましょう

こっちの絵は…

2の絵を使って，計算する順序をお話させる。お話したことから式をかいていく。

①の絵	②の絵
・3を2と1に分ける ・12からまず2を引く ・10から1を引く	・12を10と2に分ける ・10から3を引く ・7と2を足す

本時の評価

・減々法の計算の仕方を理解して，計算をすることができたか。

準備物

・ブロック（提示・児童用）
・計算練習プリント

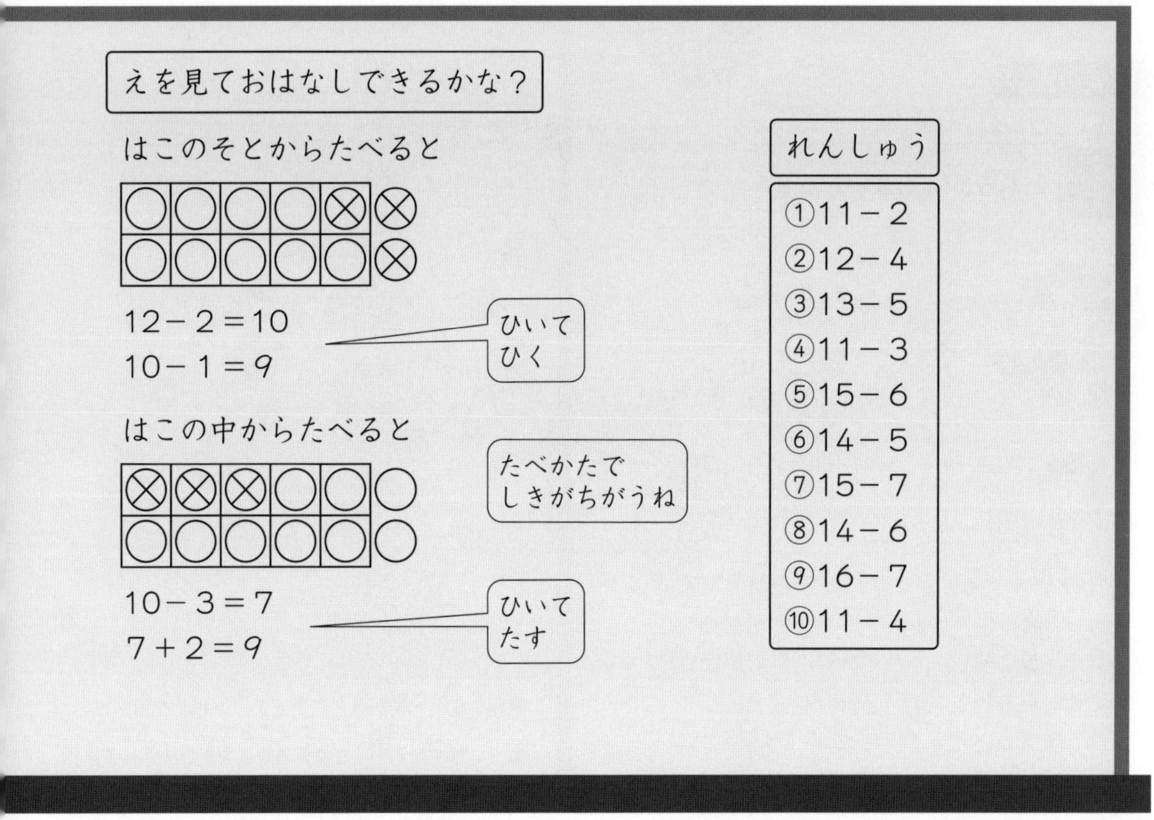

えを見ておはなしできるかな？
はこのそとからたべると
12－2＝10
10－1＝9
ひいて ひく
はこの中からたべると
たべかたで しきがちがうね
10－3＝7
7＋2＝9
ひいて たす
れんしゅう
①11－2
②12－4
③13－5
④11－3
⑤15－6
⑥14－5
⑦15－7
⑧14－6
⑨16－7
⑩11－4

4 計算練習をしよう11－2は？

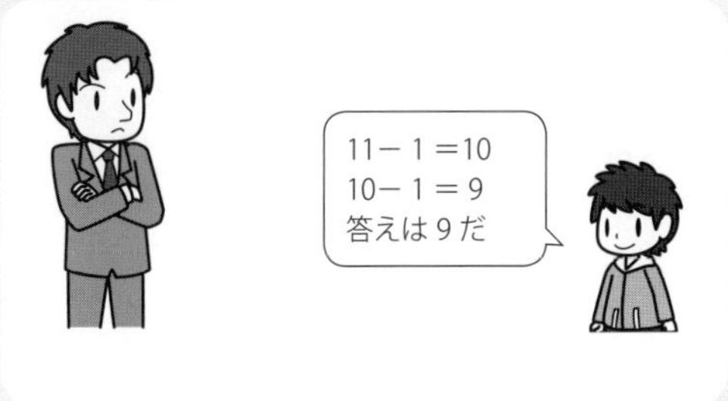

「引いて，引く」という考え（減々法）を使った方が，答えを求めやすい問題を計算練習として扱う。上の①～⑩は答えが8や9になる問題を主に出している。

まとめ

本時では，減々法による計算の仕方についての理解を深めることをねらいとしている。活動4では，減々法の方が答えを出しやすい問題を集めている。引く数が小さいときには，減々法を使った方が考えやすいと考える子どもも多い。そこで，引く数が6や7などの計算も入れている。

時間があれば，練習問題をどのように答えを出したのか説明させるとよい。減々法だけでなく，減加法で説明してもよい。

本時案

ちがいはいくつ？（15－7）

4/11

本時の目標

・求差の問題について考えることで，ひき算を用いる場面の理解を深める。

授業の流れ

1 どちらが何羽多いかな？

並べ替えたい
バラバラだと分かりにくい

「はととすずめがいます。どちらが何羽多いかな」と言って，はととすずめの掲示物をわざとバラバラに貼る。それぞれ何羽いるのかは，はじめから言わない。

そうすると，子どもたちが「並べ替えたい」や「線でつなげたい」などと言う。

はとと すずめが います。どちらが なんわ おおい でしょうか。
バラバラは わかりにくい
ならべたい

問題を書いた後，はと７羽とすずめ15羽を黒板にバラバラに貼る。そうすることで，子どもたちに，１対１対応させて考えるよさを思い出させる。

2 それぞれ何羽いるか数えてみよう

1，2，3，4，5，…
はと７羽，すずめ15羽いるよ

子どもたちのアイデアは認めるが，すぐには動かさずに，「何羽いるか，数えてみよう」と言い，はとが７羽，すずめが15羽いることを確かめる。子どもたちは，15－７という式を立てて答えを求め始める。

3 15－７＝８ すずめが８羽多いと思う

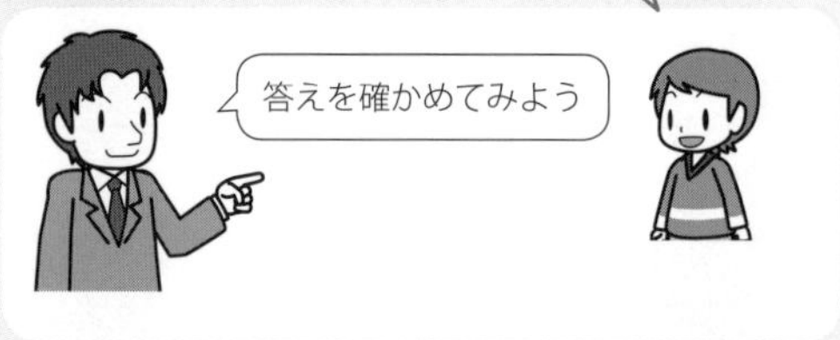

答えを確かめてみよう

15－７の答えが本当に８なのか，掲示物を動かして確かめる。子どもたちのアイデアを生かし，並べたり，線でつないだり，重ねたりする。

答えの確認ができれば，式や図をノートに書かせるとよい。

本時の評価

・求差の場面の問題をつくることができたか。

準備物

・はと７羽，すずめ15羽，ブロック（提示用）

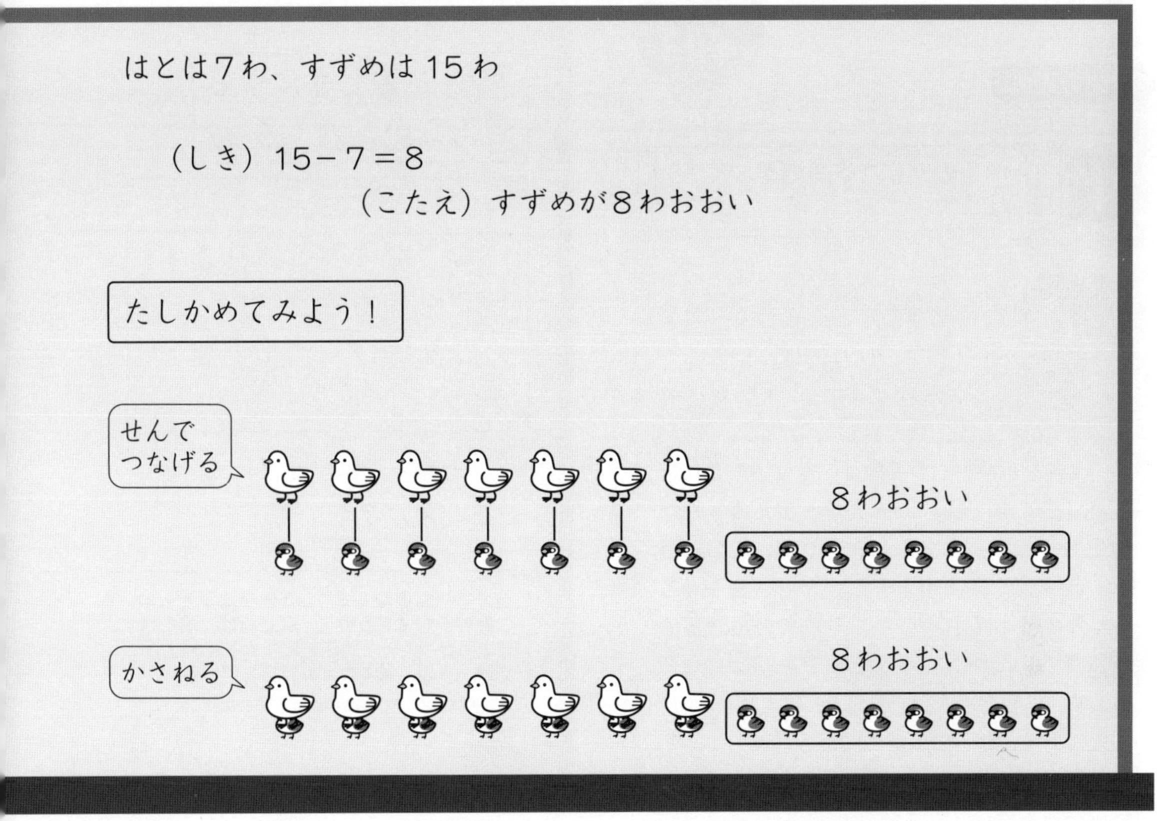
はとは７わ、すずめは 15 わ
（しき）15－７＝８
（こたえ）すずめが８わおおい
たしかめてみよう！
せんで つなげる
８わおおい
かさねる
８わおおい

4 自分で問題をつくってみよう

どんな問題を つくろうかな

求差の場面をより理解するために，求差の問題をいろいろとつくって，友だち同士で解き合う。ノートに問題を書いて，交流するとよい。

まとめ

子どもたちは，１位数同士のひき算を学んでいるので，求残，求差の意味については既習の内容になる。

本時では，求差のひき算を扱っている。子どもたちが１対１対応させることが大切になるので，導入では，あえてはととすずめをバラバラに提示する。このように，前に学んだことを子どもたちが生かすようにしていきたい。

本時案

もんだいをつくろう

5/11

本時の目標

・作問を通して，ひき算の場面の理解を深める。

授業の流れ

1 12－５の式になる問題をつくりましょう

12－５という式を子どもたちに示して，問題づくりに取り組む。はじめに「いちごが12個あります。５個食べると，残りはいくつでしょうか」という例を示す。この問題は，求残の問題になるが，その他にも，「りんごが５個，みかんが12個あります。どちらがいくつ多いでしょうか」という求差の問題や，「たかしくんとゆうきくんの持っているいちごの数を合わせると12個です。たかしくんはいちごを５つ持っています。ゆうきくんはいちごをいくつ持っているでしょう」などの求補の問題も例として，示してもよい。

12－5のしきになる
もんだいをつくろう

（れい）
いちごが12こあります。
5こたべると，
のこりはいくつでしょうか。

（しき）12－5＝7
（こたえ）7こ

自分で問題をつくることが苦手な子どもがいることも予想できるので，はじめは，例を示す。子どもがつくった問題を紹介するときは，求残，求差，求補などの問題を選ぶとよい。

2 次は13－６の式になる問題をつくろう

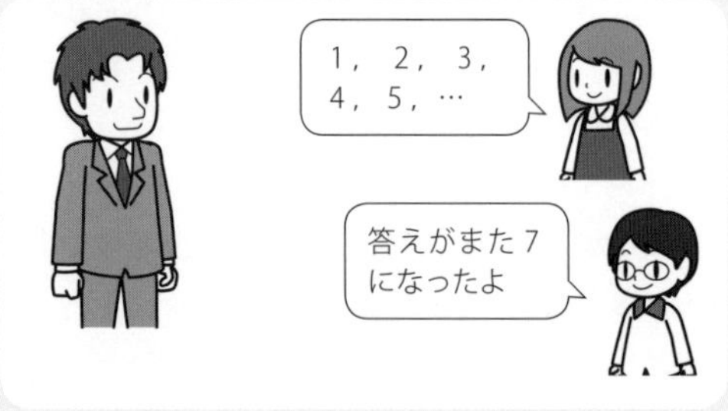

1，2，3，
4，5，…
答えがまた７
になったよ

12－５の問題がつくれたことを確認したら，「次は13－６や14－７の式になる問題をつくろう」と言う。子どもたちは「また答えが７になったよ」「次は15－８かな」などと言うだろう。

3 答えが７になる式は他にもあるよ

答えが７になる式を
つくってみよう

子どもたちが15－８も答えが７になることが分かれば，「答えが７になる式をつくってみよう」と言い，発表させる。16－９や７－０などの式を短冊に書いていき，黒板に発表の順に貼っていく（範囲は，既習にあたる７－０から16－９に絞るとよい）。

本時の評価

・繰り下がりのあるひき算の問題をつくることができたか。

準備物

・短冊（提示用）

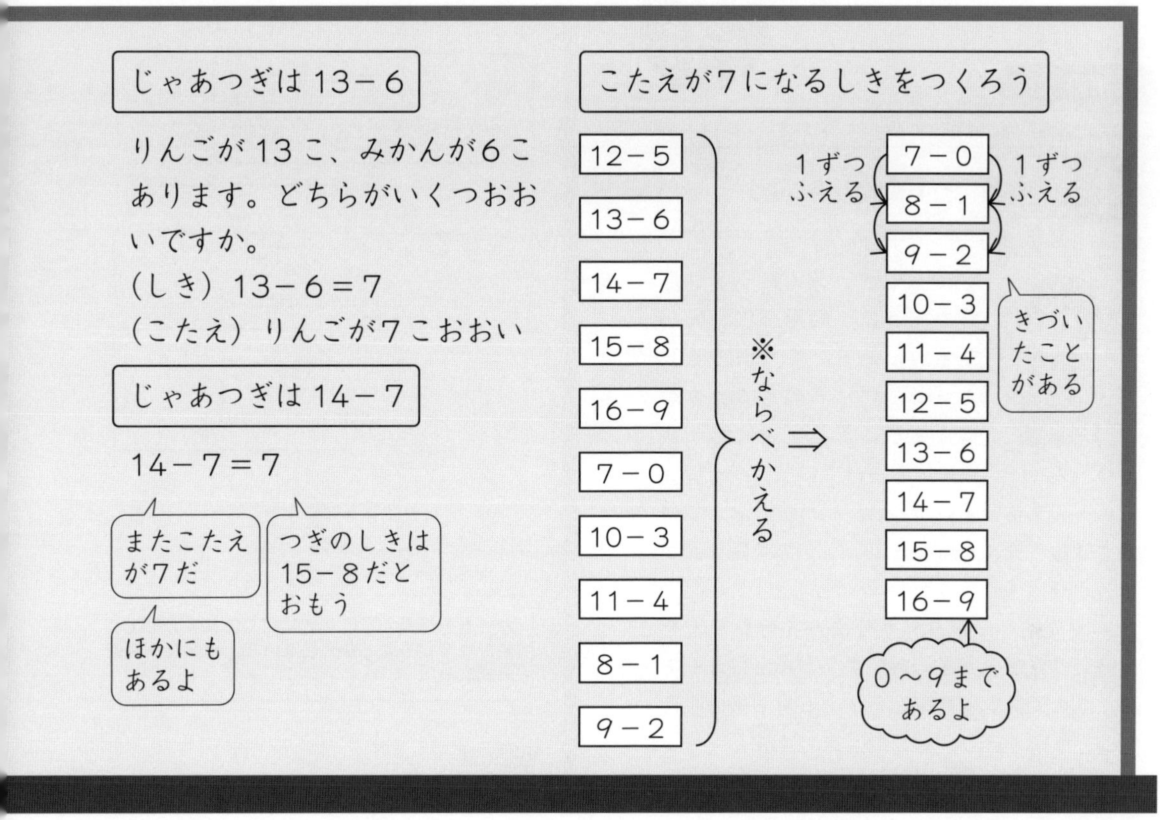
じゃあつぎは 13－6
りんごが 13 こ、みかんが 6 こ ありますす。どちらがいくつおおいですか。
(しき) 13－6＝7
(こたえ) りんごが 7 こおおい
じゃあつぎは 14－7
14－7＝7
またこたえが 7 だ
つぎのしきは 15－8 だと おもう
ほかにも あるよ
こたえが 7 になるしきをつくろう
12－5
13－6
14－7
15－8
16－9
7－0
10－3
11－4
8－1
9－2
※ならべかえる
1 ずつ ふえる
7－0
8－1
9－2
10－3
11－4
12－5
13－6
14－7
15－8
16－9
1 ずつ ふえる
きづいたことがある
0～9 まで あるよ

4 式を並べ替えたい

面白いことに気付いたよ

式をバラバラに貼っていくと，「順番にした方が分かりやすい」という意見が出ると思うので，並べ替える。並べ替えると，子どもたちは，次のようなことに気付いていく。

・引かれる数が 1 増えると引く数も 1 増える
・引く数が 0 ～ 9 まである　など

子どもから出た考えを価値付けていく。

まとめ

子どもたちは，12－ 5，13－ 6，14－ 7 という答えが 7 になる 3 つの式を見れば，その次の式を考えたくなるだろう。

そうして，答えが 7 になるひき算の式をたくさんつくっていくうちに，「引かれる数と引く数が同じ数ずつ増えても，減っても答えは変わらない」というひき算のきまりに気付いていく。本時では，1 年生なりにひき算のきまりに気付くことができるとよい。

本時案

ひきざんカードを つくってあそぼう 6/11

本時の目標

・ひき算カードを使って，繰り下がりのあるひき算の習熟を図る。

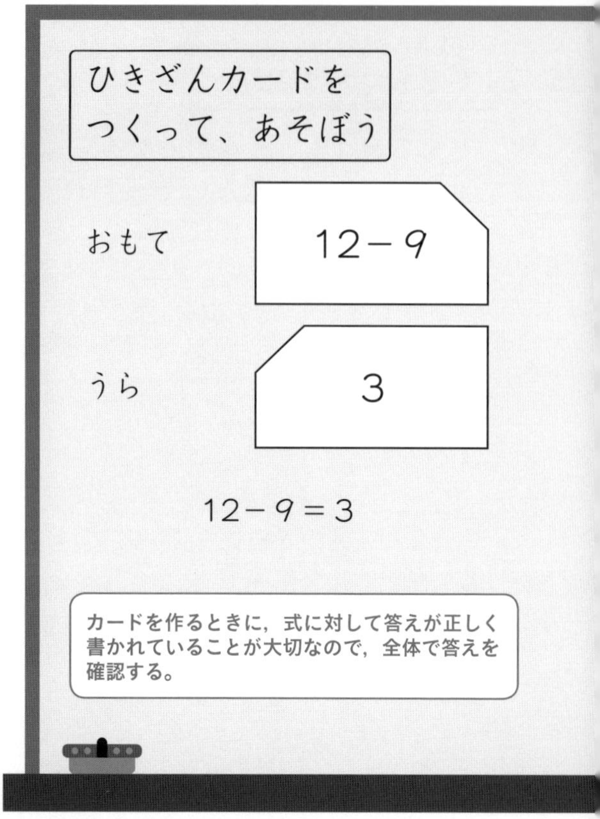
ひきざんカードを
つくって、あそぼう
おもて
12－9
うら
3
12－9＝3
カードを作るときに，式に対して答えが正しく書かれていることが大切なので，全体で答えを確認する。

授業の流れ

1 ひき算カードを作りましょう

80～81ページにある「ひき算カード」を画用紙に印刷して全員に配る。切り取らせ，カードの裏に表の式の答えを書くことにする（※習熟が進めば，カードの裏に何も書いていないバージョンのものも準備するとよい。ババ抜きなどで遊ぶときは，答えが書かれていない方が盛り上がる）。

本時では，このカードを使って計算練習を行ったり，ゲームをしたりする。場合によっては，次の時間も習熟を図るゲームをするのもよい。

2 ひき算の式を見て，答えを言いましょう

13－５？
8

ひき算カードをよく切ってから，表向きに重ねる。上から順に式を見て答えを言ったら，裏返して答えを確かめる。

正しく言えたカードと、間違えたり，時間がかかったりしたカードを分けておき，２回目は間違えたり，時間がかかったりしたカードの練習をする。２人１組でするとよい。

3 ひき算カードでカルタをしよう

３～４人でカルタのようにして遊ぶ。

机の上にカードの式が見えるように広げて並べる。次に，２～９の数字カードをよく切り，裏返しにして重ねておき，上から順にめくる。「５」が出たら，「11－６」などのカードを取るが，一度に取れるカードは１枚として，「５」は２～９のカードに戻す。（※一度に何枚でも取れるやり方もある）

本時の評価

・繰り下がりのあるひき算の計算が正確にできたか。

準備物

・ひき算カードを画用紙に印刷したもの（80～81ページの補充資料）
・２～９の数字カードを数セット

ひきざんカードであそぼう

いろいろなあそびかた

①こたえはいくつ？

②ひきざんカルタ

③大きいのはどっち？

④しんけいすいじゃく

⑤ババぬき

4 答えが大きい方が勝ちです

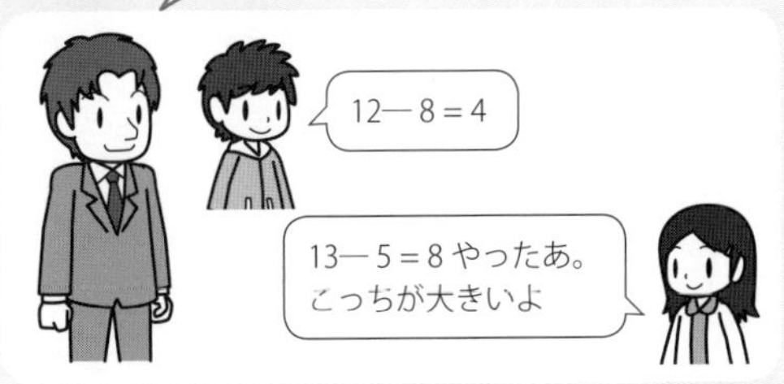
12ー8＝4
13ー5＝8 やったあ。
こっちが大きいよ

２人で行うゲームである。

お互いにカードの式が見えるように見せ合い，答えの大きい方が勝ちとする。裏の答えを見ないで，式だけで勝敗が判定できるようにする。

他にも，裏に答えが書かれていないカードで，ババ抜きや神経衰弱をするとよい。

まとめ

本時では，子どもたちがドリル練習ばかりではなく，ゲームをしながら，楽しくひき算の習熟を図ることを目的としている。

２人組や３～４人でゲームを進めていると，計算が速い子どもばかりが答えを言うことが多い。そこで，答えの確認をする人は交替にするとか，順番にするなどの工夫をしたい。「苦手な子どもを待ってあげる」というクラスの雰囲気は担任がつくっていく。クラスの実態によっては次の時間も続きをする。

本時案

しきのかずは いくつあるかな？

7/11

本時の目標

・1□－□＝□の形の式をつくることを通して，引く数と式の個数の関係について考えることができる。

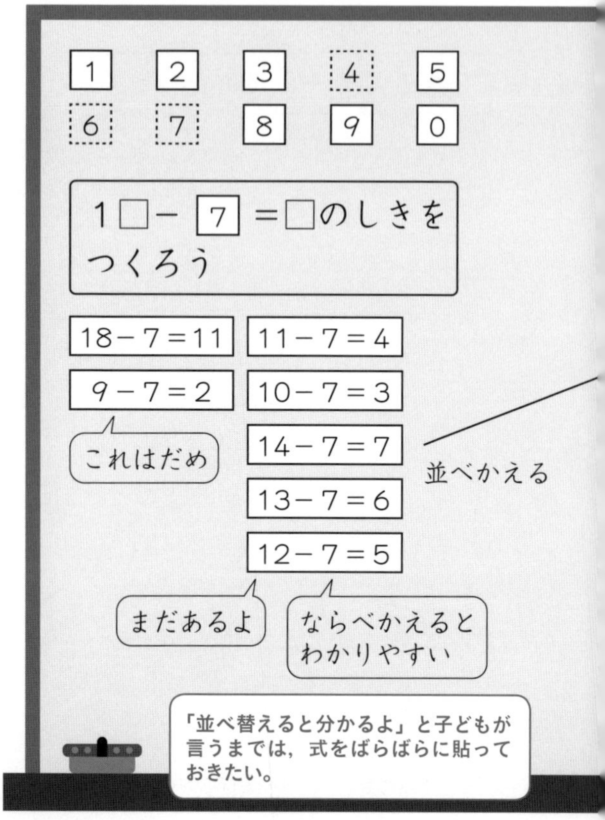

1 2 3 4 5
6 7 8 9 0
1□－ 7 ＝□のしきをつくろう
18－7＝11
9－7＝2
これはだめ
11－7＝4
10－7＝3
14－7＝7
13－7＝6
12－7＝5
並べかえる
まだあるよ
ならべかえるとわかりやすい
「並べ替えると分かるよ」と子どもが言うまでは，式をばらばらに貼っておきたい。

授業の流れ

1 「1□－□＝□」の□に数字を入れて式を完成させよう

まず，黒板に0～9の数カードを貼り付ける。そして，「ここに0～9の数字カードがあるよ。まずは，引く数に7を入れてみます」と言って，引く数に7の数カードを置く。

その後に，「1□－7＝□の□に数字を入れて，式を完成させましょう」と言う。

このとき，18－7＝11や9－7＝2などの式は条件に合わないことを全体で確認する。

はじめに黒板に数カードを貼ると，後から問題を広げやすくなる。

2 1□－7＝□の式は全部でいくつできるかな？

11－7＝4，
10－7＝3
まだあるよ

引く数に7を入れたときの「1□－7＝□」の式を子どもたちにつくらせる。

はじめに2つくらい式を言わせて，その式を短冊に書いて黒板に貼る。その後，他の式を一人で見つける時間を2～3分取る。

3 これで全部だね

子どもたちが発表した式をバラバラに貼っていき，5つか6つ出てきたときに「これで全部だね」とわざと言ってみる。

すると，「まだあるよ」「並べ替えると分かるよ」という子どもが出てくる。順序よく並べ替えて，全部で7つの式ができることを確認する。

本時の評価

・ひき算カードを「答えが同じ」という観点で並べたとき，ひき算のきまりなどについて，気付くことができたか。

準備物

・ひき算のカード
児童用・提示用
（第７時に使ったもの）

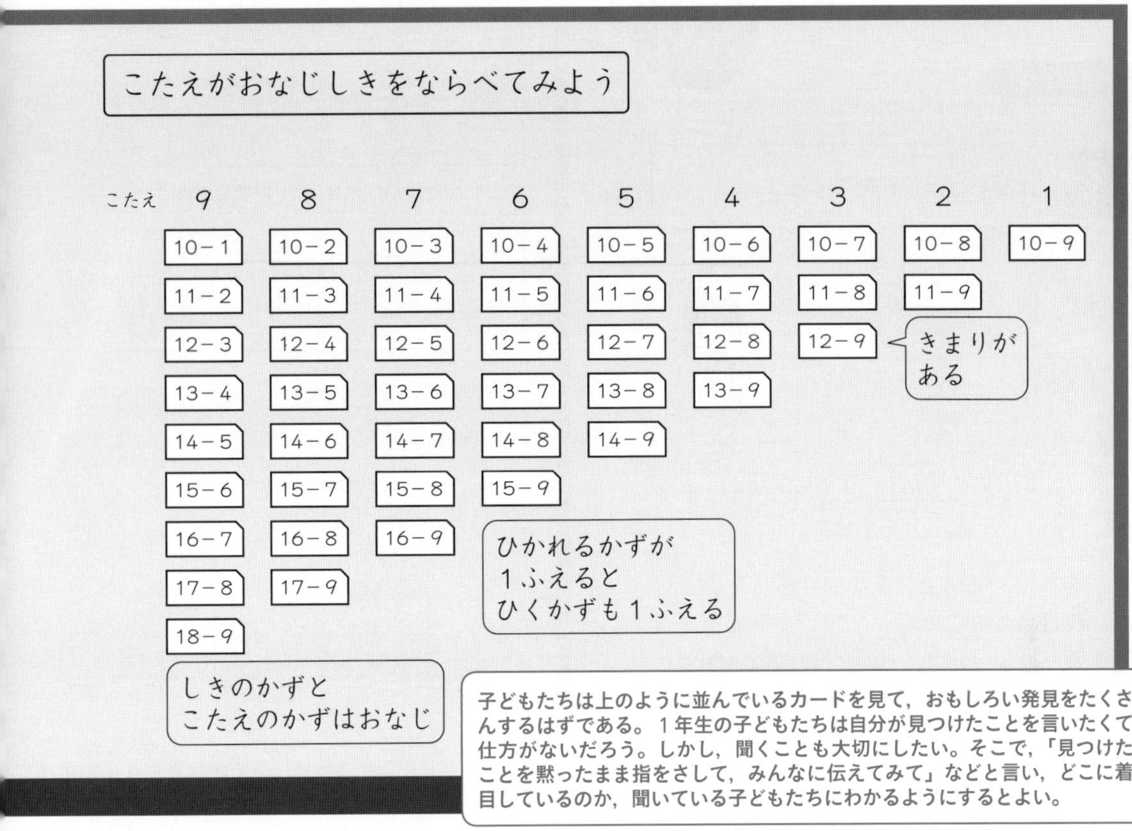

こたえがおなじしきをならべてみよう
こたえ 9 8 7 6 5 4 3 2 1
10－1 10－2 10－3 10－4 10－5 10－6 10－7 10－8 10－9
11－2 11－3 11－4 11－5 11－6 11－7 11－8 11－9
12－3 12－4 12－5 12－6 12－7 12－8 12－9
13－4 13－5 13－6 13－7 13－8 13－9
14－5 14－6 14－7 14－8 14－9
15－6 15－7 15－8 15－9
16－7 16－8 16－9
17－8 17－9
18－9
きまりがある
ひかれるかずが１ふえるとひくかずも１ふえる
しきのかずとこたえのかずはおなじ

子どもたちは上のように並んでいるカードを見て，おもしろい発見をたくさんするはずである。１年生の子どもたちは自分が見つけたことを言いたくて仕方がないだろう。しかし，聞くことも大切にしたい。そこで，「見つけたことを黙ったまま指をさして，みんなに伝えてみて」などと言い，どこに着目しているのか，聞いている子どもたちにわかるようにするとよい。

4 並べたカードを見て何か言いたいことがあるかな？

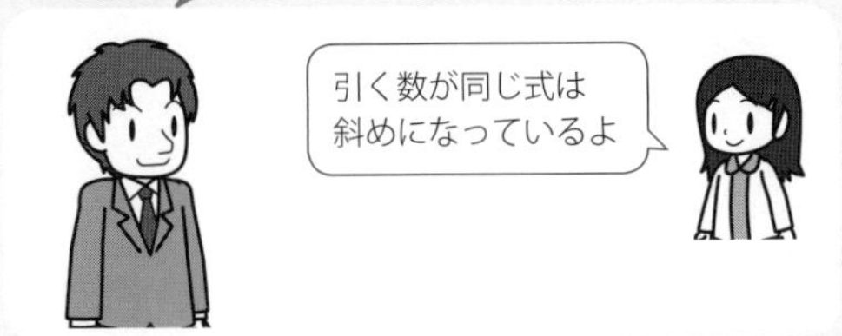

引く数が同じ式は
斜めになっているよ

「引かれる数が１増えると，引く数も１増えている」「10－□になっている式が１番多いよ」「引かれる数が18の式は一つしかない」「引く数が同じ式は斜めに並んでいる」「答えが９になる式は９個ある」「答えの数と式の数が同じになっている」など，子どもたちが発見したことをしっかりと言わせる。

まとめ

本時では，答えが同じカードを並べたとき，子どもたちが見つけた発見を発表することをメインの活動とする。

ひき算の様々なきまりに気付いて，友だちの意見からも算数を楽しんでほしい。

そのとき，子どもたちは曖昧な言葉で表現するだろうが，「引かれる数」や「引く数」という算数の言葉を使って，説明することができれば，しっかりとほめてあげたい。

本時案

けいさんピラミッドをつくろう

9/11

本時の目標

・「計算ピラミッド」をつくることを通して，繰り下がりのあるひき算を含む計算をすることができる。

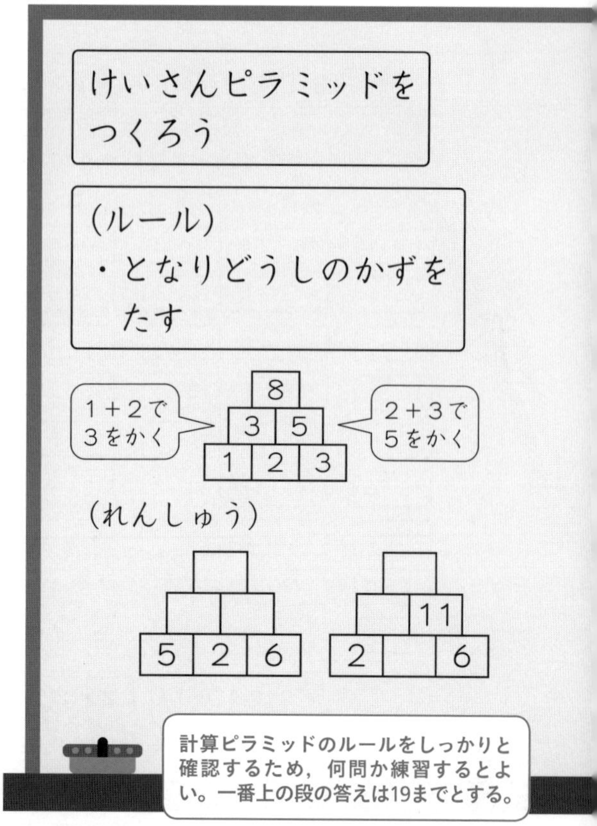

けいさんピラミッドをつくろう
(ルール)
・となりどうしのかずをたす
1＋2で 3をかく
8
3 5
1 2 3
2＋3で 5をかく
(れんしゅう)
5 2 6
11
2 6
計算ピラミッドのルールをしっかりと確認するため，何問か練習するとよい。一番上の段の答えは19までとする。

授業の流れ

1 計算ピラミッドをつくろう

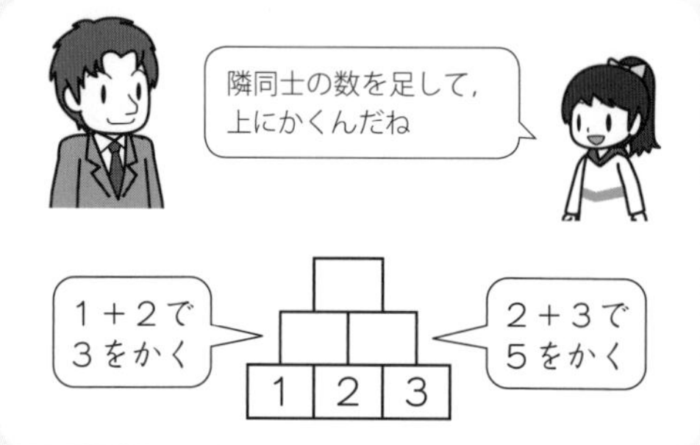

隣同士の数を足して，上にかくんだね
1＋2で 3をかく
1 2 3
2＋3で 5をかく

□を3つ，その上に2つ，さらにその上に1つ，合計で3段の□を書き，「計算ピラミッドをつくろう」と言い，ルールの説明をする。

ルールは「隣同士の数を足す」という単純なものである。上のように提示して，順に□をうめていく。

2 練習をしてみよう

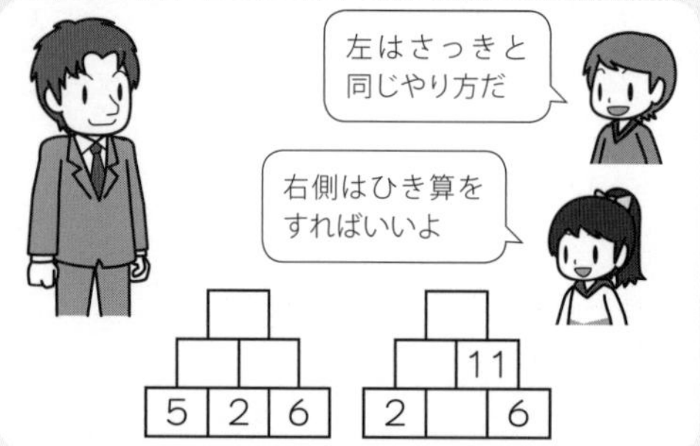

左はさっきと同じやり方だ
右側はひき算をすればいいよ
5 2 6
11
2 6

練習として，右のようにひき算（11－6）をしないといけない問題も入れておく。ここまでは，計算ピラミッドのルールが分かるように，全員で少しずつ進めていく。

3 計算ピラミッドを完成させよう

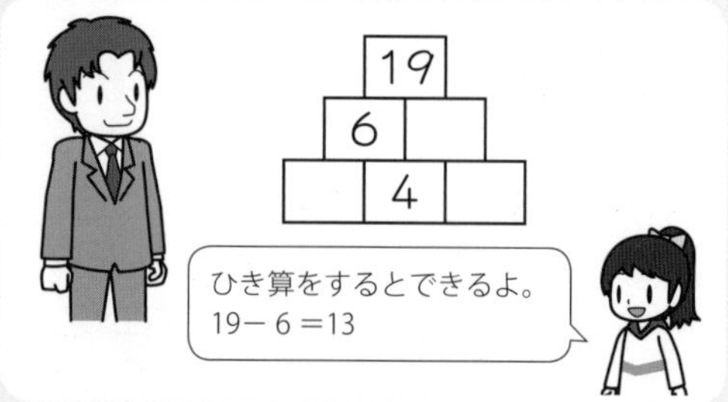

19
6
4
ひき算をするとできるよ。19－6＝13

「ピラミッドを完成させよう」と言い，上のピラミッドを見せる。

19－6＝13，13－4＝9，6－4＝2をするとピラミッドは完成する。

本時の評価

・繰り下がりのあるひき算や既習の計算を正確にすることができたか。

準備物

・特になし

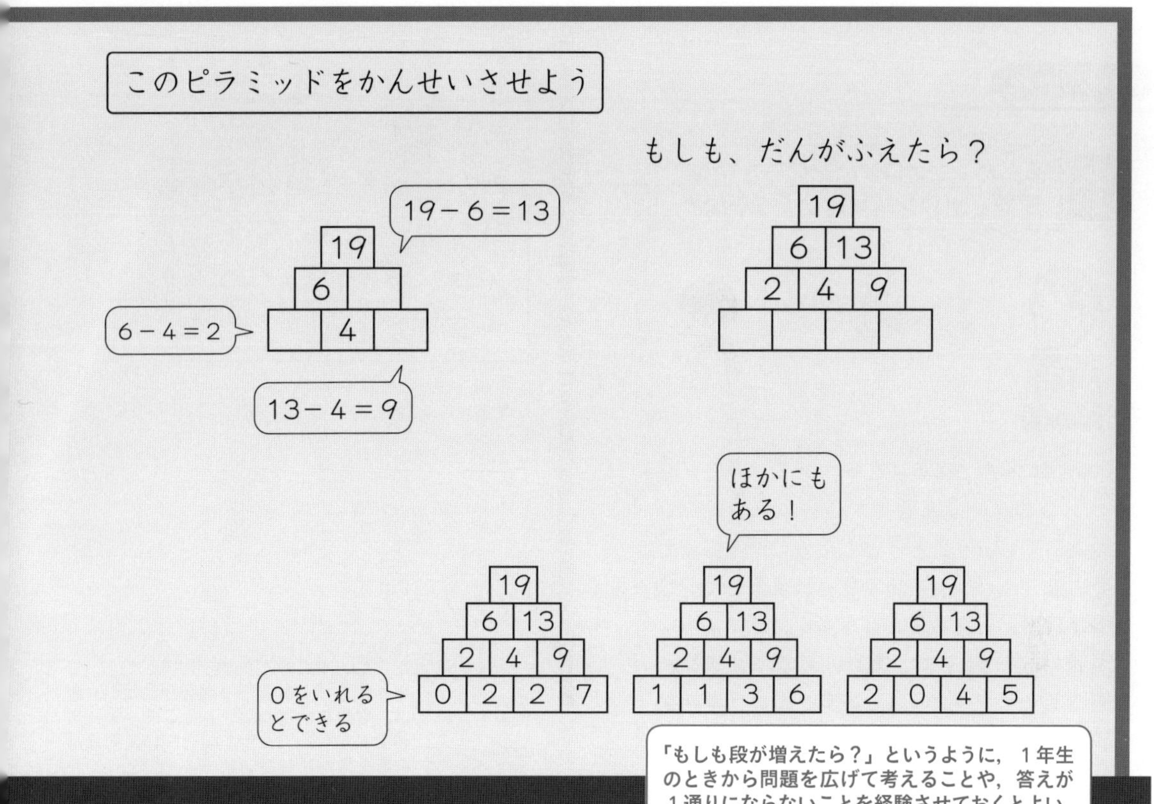

「もしも段が増えたら？」というように，１年生のときから問題を広げて考えることや，答えが１通りにならないことを経験させておくとよい。

4 段が増えてもできるかな？

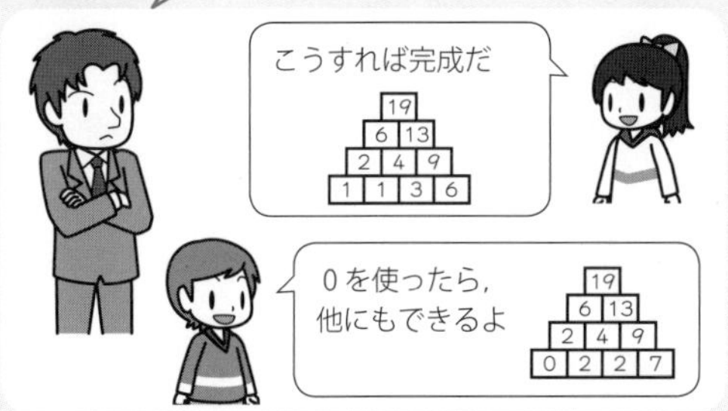

「段を増やしてもできるかな」と言い，問題を広げていく。この場合，全部で３パターンのピラミッドをつくることができる。「算数は答えは１つしかない」と思っている子どもたちに，そうではないことに気付かせていく。

まとめ

本時では，**4** に時間がかかることが予想できる。**3** までは，既習の計算が多いのでなるべくスムーズに進められるとよい。

4 の問題の答えは１つではない。１つ目の答えが出たときに，「他にもできるよ」という子どもが現れないときは，教師が数を１つだけ示し，子どもたちに考えさせてもよい。

本時案

メロンパンはいくつ？

10/11

本時の目標

・問題文にあてはまる場面（求小，求大）の図をかいて，それぞれについて式を立て，答えを求めることができる。

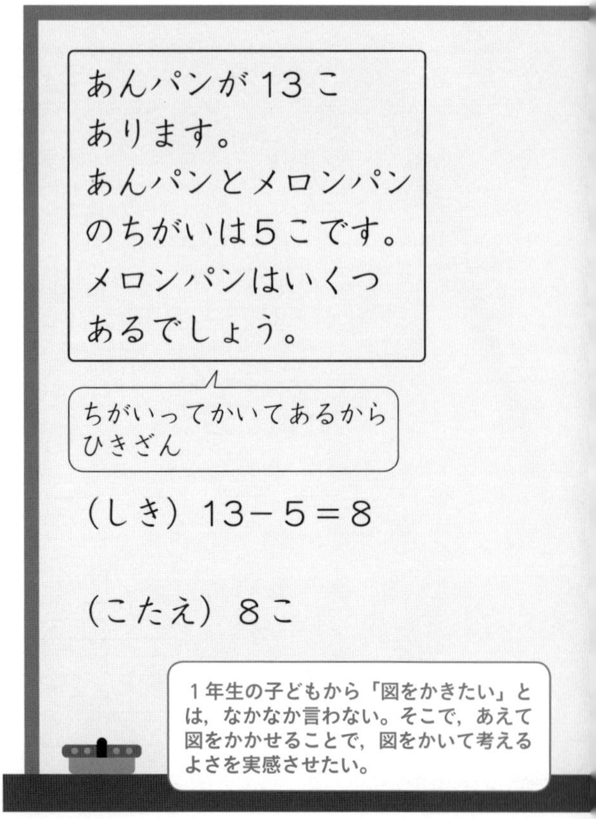
あんパンが13こ
あります。
あんパンとメロンパン
のちがいは5こです。
メロンパンはいくつ
あるでしょう。
ちがいってかいてあるから
ひきざん
（しき）13－5＝8
（こたえ）8こ
1年生の子どもから「図をかきたい」とは，なかなか言わない。そこで，あえて図をかかせることで，図をかいて考えるよさを実感させたい。

授業の流れ

1 あんパンとメロンパンのちがいは5個。メロンパンはいくつかな？

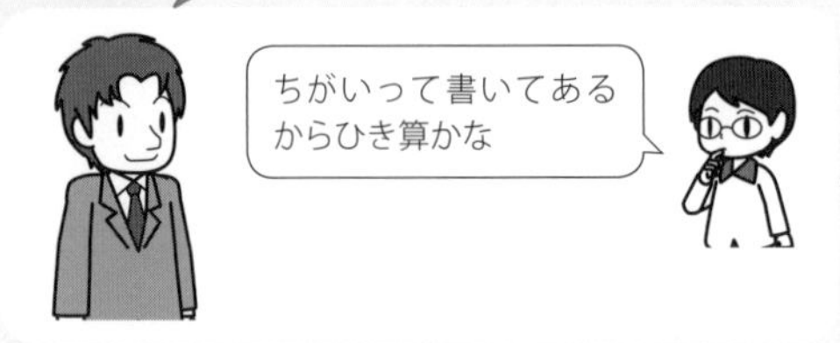
ちがいって書いてあるからひき算かな

「あんパンが13個あります。あんパンとメロンパンのちがいは5個です。メロンパンはいくつあるでしょう」と子どもたちに問う。子どもたちは「ちがい」という言葉に反応して，ひき算になると考える子どもが多いはずである。

ちがいが5個になればよいので，メロンパンは8個になるときと，18個になるときがある。まずは，ひき算をしてメロンパンが8個になる場合から扱う。

2 13－5＝8　答えは8個だよ

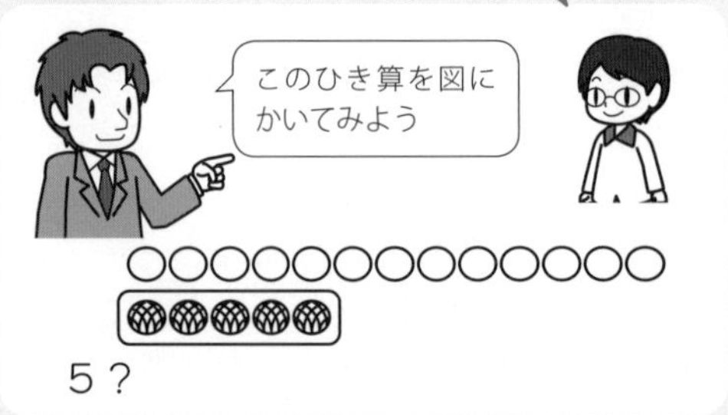
このひき算を図にかいてみよう
5？

ここでは，子どもたちの理解を図るため，図をかくように促す。問題文にある13と5という数に反応して，上のような図をかく子どももいるはずである。「5」はメロンパンの数ではないことを考えさせていく。

3 ちがいが5個だからこの図が正しいよ

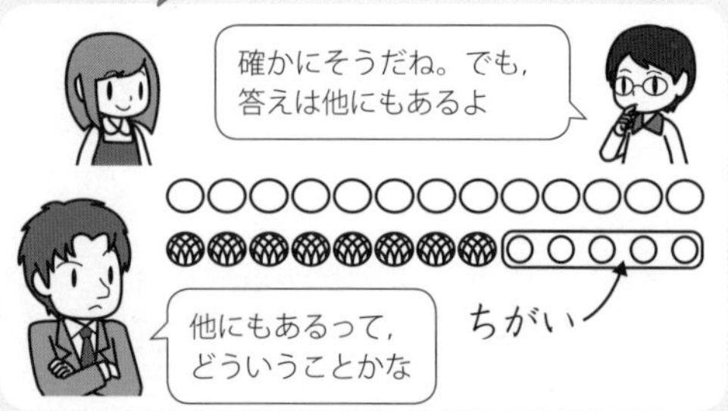
確かにそうだね。でも，答えは他にもあるよ
ちがい
他にもあるって，どういうことかな

13－5＝8の「5」がちがいを表していることを全体で確認する。子どもたちの中には，「答えは他にもある」「メロンパンが多いときもある」などと言う子どもがいれば，すぐに説明をさせるのではなく，全員で考えてみる。

本時の評価

・問題文にあてはまる場面について考えて，それぞれの図をかくことができたか。

準備物

・特になし

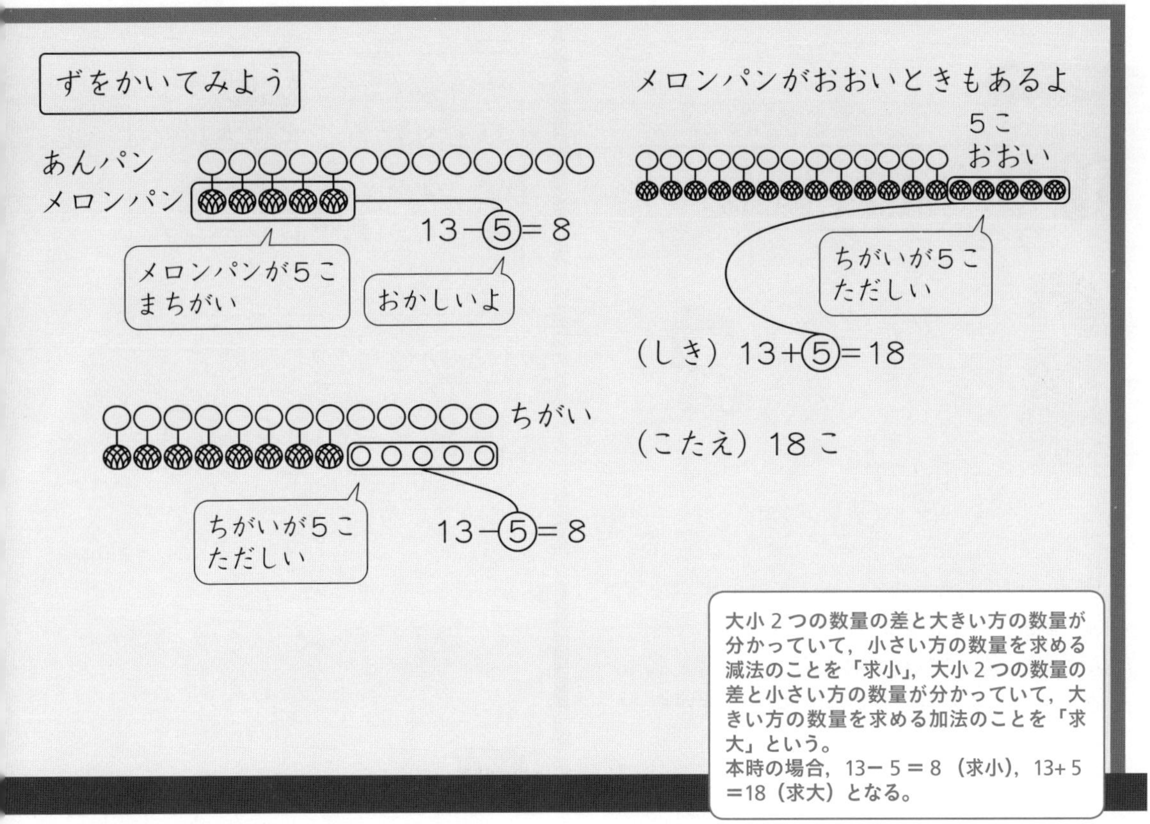
ずをかいてみよう
あんパン
メロンパン
13－⑤＝8
メロンパンが5こ まちがい
おかしいよ
ちがい
ちがいが5こ ただしい
13－⑤＝8
メロンパンがおおいときもあるよ
5こ おおい
ちがいが5こ ただしい
（しき）13＋⑤＝18
（こたえ）18こ

大小２つの数量の差と大きい方の数量が分かっていて，小さい方の数量を求める減法のことを「求小」，大小２つの数量の差と小さい方の数量が分かっていて，大きい方の数量を求める加法のことを「求大」という。
本時の場合，13－５＝８（求小），13＋５＝18（求大）となる。

4 メロンパンが少ないときだけでなく，メロンパンが多いときもあるよ

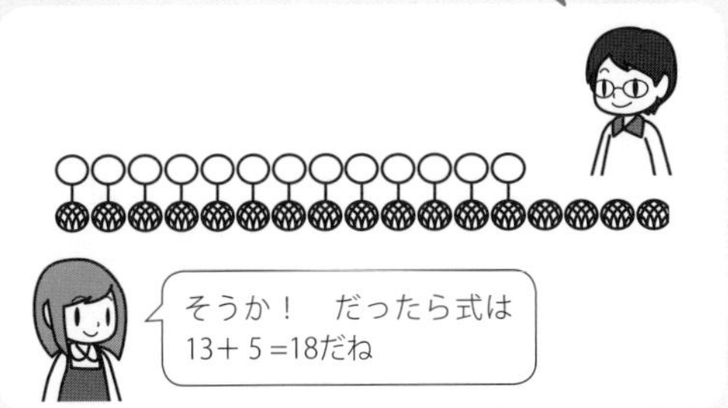
そうか！　だったら式は
13＋５=18だね

全員で考えた後，メロンパンが多くなる場合について，式を立てて，答えを出す。

１つの問題に対して，答えが２通りあってもよいことを１年生の子どもたちにしっかりと伝えたい。

まとめ

本時では，「『ちがい』という言葉があればひき算になる」というように，形式的に考えている子どもたちに，そうではないことを実感させたい。そういう意味でもはじめに扱うのは，13－５＝８というひき算になる。

また，式の中に出てくる５という数が何を表しているのか，図をかくことで考えさせていくことも大切である。

本時案

あまらなければあたり！

11/11

本時の目標

・引くことができるところまで，□にあてはまる数から決まった数を引いていくことができる。

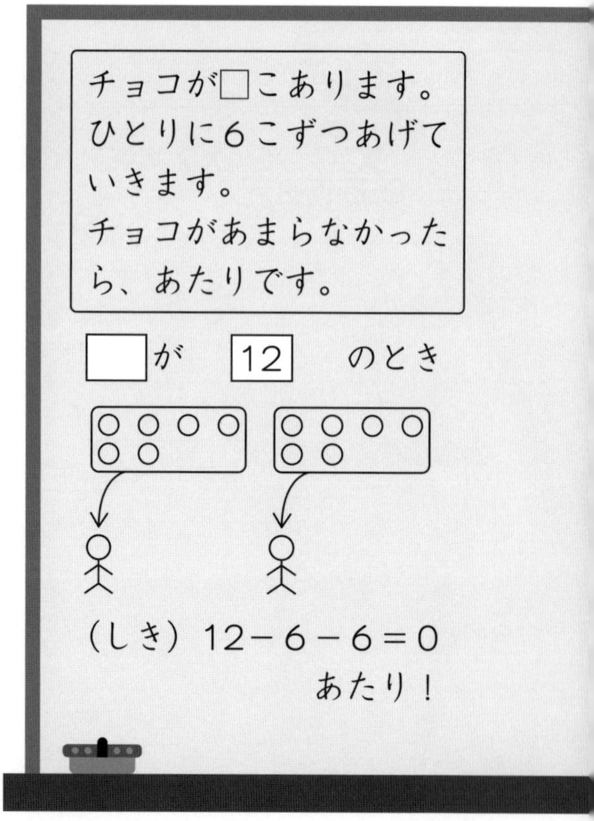
チョコが□こあります。ひとりに6こずつあげていきます。チョコがあまらなかったら、あたりです。
□が 12 のとき
(しき) 12−6−6＝0
あたり！

授業の流れ

1 チョコがあまらなかったらあたりだよ。□の数はくじで決めるよ

□は何になるかな。あたるといいな
18
11
15
14
16
13
17
12
19

「チョコが□こあります。一人に６個ずつあげていきます。チョコがあまらなかったら，あたりです」と板書する。

そして，□に入る数をくじ（袋に11～19の数カードを入れておく）で決めることを子どもたちに告げる。

2 12を引いたよ。12−６−６＝0 やった，あたりだ

例えば12を引いた場合，はじめに12個のおはじきを黒板に貼る。次に６個ずつ動かしたり，人の絵をかいたりしていき，操作したことを式に表していく。

この場合，12−６−６＝０となり，12のくじを引いた子はあたりとなる。

3 19を引いたよ。19−6−6−6＝1残念，はずれだ

13を引いたよ。絶対にはずれるよ。だって，12があたりだったから

何回かくじを引かせていく。子どもたちは３口の計算しか習っていないので，きちんとおはじきで操作をして，４口以上のひき算も式に表してよいことを教える。

本時の評価

・4口以上のひき算の計算を式に表して計算することができたか。

準備物

・11～19の数カード（袋に入れてくじにする）
・おはじき（提示用）

□ が 19 のとき

（しき）19－6－6－6＝1
はずれ！

□ が 13 のとき

はずれ　だとおもう

（しき）
13－6－6＝1
やっぱりはずれ

ひとりにあげるかずをかえてみよう

2にしたら
あたりがふえそう

1だとぜんぶ
あたりになる

あげるかずを2にしてみよう

□ が 14 のとき

14－2－2－2－2－2－2－2＝0
あたり！

□ が 16 のとき

16－2－2－2－2－2－2－2－2＝0
あたり！

ここでは，問題を広げるという意味で，一人にあげる数を2にしている。しかし，必ずしも2にする必要はない。子どもたちに数を決めさせることが大事なので，どうしてその数にしたいのか，少し考えさせてから決めていくとよい。

4 一人にあげる数を変えてみよう

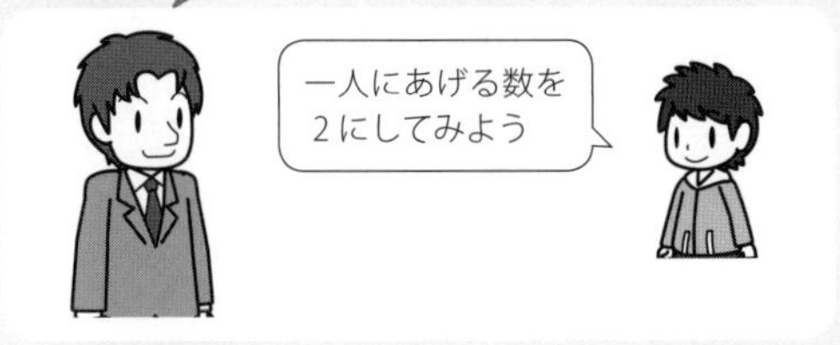
一人にあげる数を
2にしてみよう

「一人にあげる数を変えてみよう」と子どもたちに提案する。「一人にあげる数を2にしたい」などと子どもが言ったとき，根拠を尋ねてみる。ひょっとすれば，「2の方があたりが多くなるから」などと言う子どもも現れるかもしれない。あまり深入りしない方がよいがとてもよい意見である。

まとめ

本時の内容は3年の包含除の考え方と同じである。しかし，ここでは「わり算」として扱うのではなく，あくまでも「ひき算」として扱う。4口以上のひき算も式にしてよいこと，それから，わり算の考えに触れておくことを大切にしている。

資料1 第8時の図（ひき算カード［ひかれる数が10］）

10－1	10－2	10－3
10－4	10－5	10－6
10－7	10－8	10－9

資料2 第8時の図（ひき算カード）

11－9	11－8	12－9
11－7	12－8	13－9
11－6	12－7	13－8
14－9	11－5	12－6

資料3 第8時の図（ひき算カード［つづき］）

13－7	14－8	15－9
11－4	12－5	13－6
14－7	15－8	16－9
11－3	12－4	13－5
14－6	15－7	16－8
17－9	11－2	12－3
13－4	14－5	15－6
16－7	17－8	18－9

14 大きなかず （13時間扱い）

単元の目標

・２位数や簡単な３位数について，十進位取り記数法による数の表し方の基礎を理解し，10を単位として数を捉える力及び数の構成に着目して計算の仕方を考える力を養うとともに，数に親しみ，算数で学んだことのよさや楽しさを感じながら学ぶ態度を養う。

評価規準

知識・技能	①２位数の表し方，数の大小や順序を理解するとともに，120程度までの数を数えたり表したり比べたりすることができる。また，簡単な場合について，２位数などの加法及び減法の計算ができる。
思考・判断・表現	②数のまとまりに着目し，数の大きさの比べ方や数え方を考えたり，簡単な場合の２位数の加法，減法の計算の仕方を考え，言葉やブロックなどを用いて説明することができる。
主体的に学習に取り組む態度	③数の表し方や，簡単な２位数の加法，減法の計算の仕方を考えた過程と結果を振り返り，そのよさや楽しさを感じながら学ぼうとしている。

指導計画 全13時間

次	時	主な学習活動
第１次 ２位数の表し方の理解	1	どんぐりの数の数え方と表し方を考える。
	2	あさがおの種の数え方と表し方を考える。
	3	２位数の数のものを数え表す。
	4	おはじきをつかみ取り，その数を分かりやすく表す。
	5	おはじきの数を，言葉や図，半具体物などを用いて説明する。
第２次 100についての理解	6	100の構成を理解する。
第３次 数の並び方の理解	7	数表から数の並び方の規則性を捉え，数の規則性や構成を説明する。
	8	100までの数の系列や大小を理解する。
第４次 120程度までの数の理解	9	120程度までの数の数え方，よみ方，表し方，順序，大小について理解する。
	10	数の並びから120程度までの数の順序や系列を理解する。
第５次 たし算とひき算	11	繰り上がりや繰り下がりのない２位数と１位数との加減計算の仕方を，数の構成に着目して考え，説明する。
	12	２位数の数の構成（10がいくつ）を基にした何十±何十の計算の仕方を考える。
第６次 まとめ	13	身の周りのものの個数を数えたり，数えたものを数字で表す。

単元の基礎・基本と見方・考え方

(1)十進位取り記数法の基礎的な理解

第１学年では，十進位取り記数法の基礎的な理解を図ることをねらいとしている。十進位取り記数法とは，０～９までの10個の数字を用いて，その数字の書かれた位置によって大きさを表す方法である。２位数については，10のまとまりの個数と端数という数え方を基にして表現されていることを理解し，数の構成についての感覚を豊かにしていく。そのためにも，具体物を数えて考える場を多く設けることが必要である。

また，例えば42であったら，「十の位は４，一の位は２」であり，「10のまとまりが４個と１が２個」という意味である。数の構成と関連させて，「十の位」「一の位」の意味と，位取り記数法の理解を図れるようにすることも大切である。

(2)100までの数の指導

これまでに，20までの数の数え方，よみ方，表し方を理解するとともに，数の大小，順序，系列についても学習してきている。本単元では，それらの既習事項を基に，数の構成，命数法，記数法について見方を広げていく。100については，「10が10個」という十進法の原理に基づいた見方と，「99より１大きい数」という数の系列からの見方の２点から捉えさせる。

(3)簡単な場合の３位数の表し方

120程度までの簡単な３位数の表し方を扱う。具体物を数えて，100のまとまりや10のまとまりの個数，端数によって個数を表す活動などに取り組み，100と１位数や２位数の合成と捉えられるようにする。そして，第２学年で３位数のしくみを学習する際に，連続性や発展性をもって接続できるようにしていく。

(4)簡単な場合の２位数などの加法，減法

１位数の場合と同様に，２位数の加法，減法についても，加法，減法が用いられることを知り，計算の仕方を考える。

繰り上がりや繰り下がりのない２位数と１位数との加法，減法では，数の構成に着目し，操作や図などを用いて計算の仕方を考えていく。

また，10を単位として見られる数の加法，減法では，例えば，20＋30や，50－20などの計算において，10を単位とした数の見方を用いると，それぞれ２＋３，５－２を基にして考えていることに気付かせることが大切である。

本時案

いくつあるかな？①

授業の流れ

1 どんぐりはいくつあるかな？

こういちさんの方がたくさんありそうだな

2人とも，20個以上ありそうだよ

どんぐりのプリントを配布する。ひろこさんとこういちさんではどちらがたくさんどんぐりを拾ったか問い，既習の数の学習を想起させ，数を予想させる。

どんぐりは　いくつある　かな？

ひろこ　　　　　　こういち

たくさんのかずを　かぞえるくふう
・しるしをつけて　かぞえる。
・2、4、6、8、10と　かぞえる
・5こずつ　かぞえる
・10こずつ　まとまりをつくる

10こずつ　かこんでみよう！

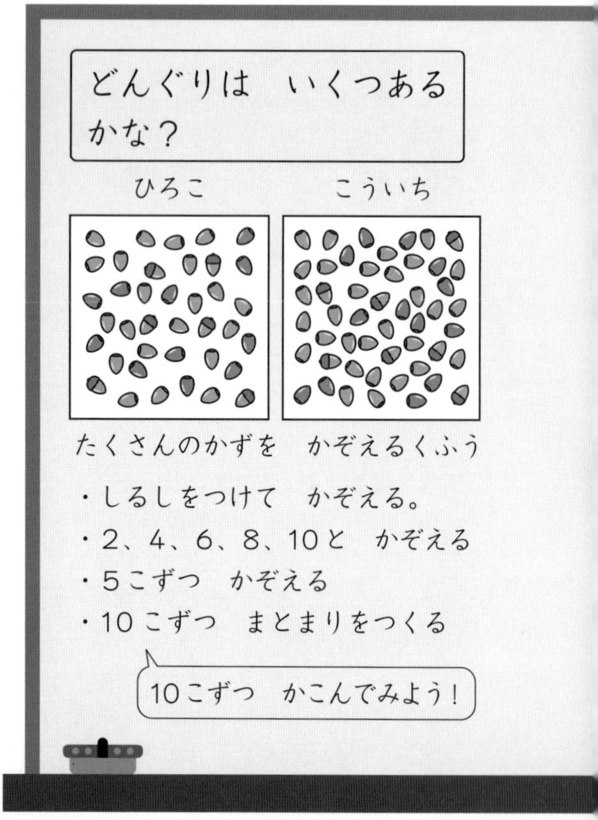

2 正しく数えるにはどうしたらいいかな？

数え間違えないようにしるしをつけて考えたらいいんじゃないかな

10のまとまりをつくると簡単に数えられたよね

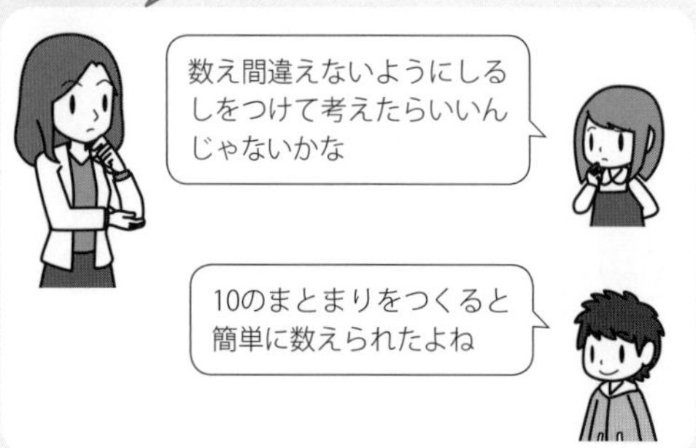

正しく数えるための工夫を聞く。子どもの様々な考えを取り上げながら，既習の10のまとまりをつくって数える方法にまとめていく。

3 どんぐりは何個ありましたか？

10のまとまりが3個だから，30

1が8個だから，30と8で38個です

拡大した絵を10個ずつ囲んでいき，全部でいくつあるか個数を確認する。10のまとまりとばらがいくつあるかを数えさせる。

本時の評価

・「10のまとまりがいくつと端数がいくつ」という数の見方を用いて，２位数の数え方や表し方を考えることができたか。

準備物

・どんぐりのイラストのプリント（２種類）とその拡大コピー
・位取り板　・ブロックやタイル図
・数字カード

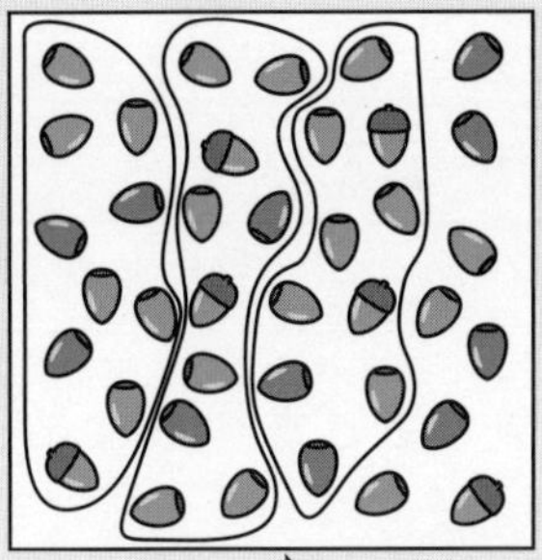

10が3こと　1が8こ

3	8
十のくらい	一のくらい
3	8

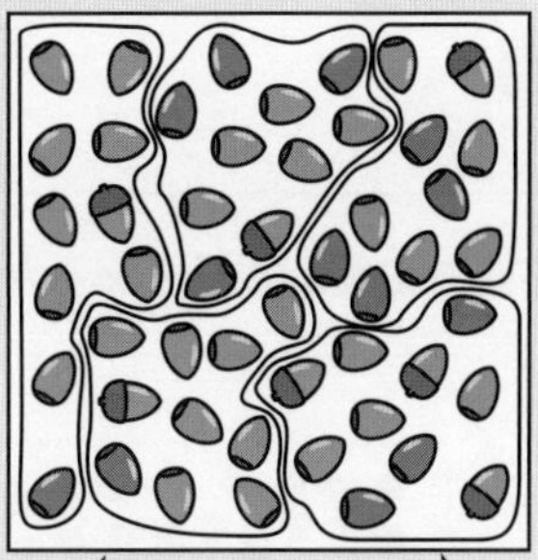

10が5こ　1が0こ

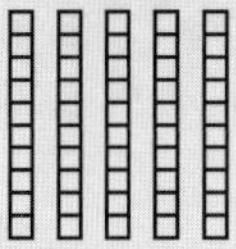	ばらがない ➡0こ
5	0
十のくらい	一のくらい
5	0

4 どんぐりの数を数字で書こう

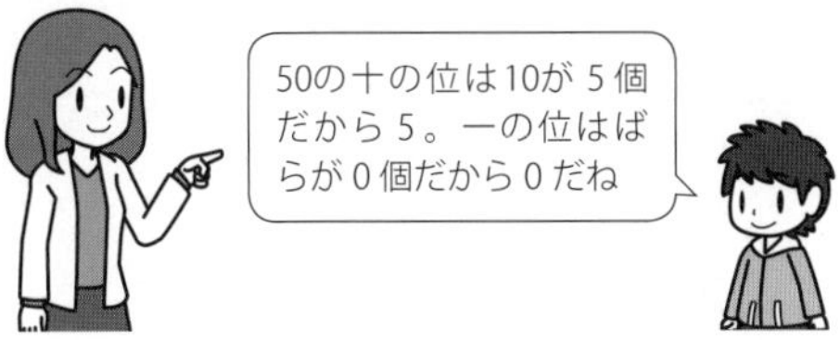
50の十の位は10が５個だから５。一の位はばらが０個だから０だね

半具体物や数カードを用いて38を表す。そして３が「十の位」，８が「一の位」であることを知らせる。50も同様に確認する。

空位を表す０

50を半具体物で表すと，ばらのブロックがない。「何もない」とは「０個ある」ということを確認し，一の位には０の数字カードを置く。一の位が０以外の場合と対比させて捉えさせるとよい。

０については，既習として，無の意味を表す０，基準の位置としての０を扱ってきている。空位を表す０については，本単元で初めての扱いとなる。

本時案

いくつあるかな？②

2/13

本時の目標

・２位数の数の数え方，よみ方，表し方，十進位取り記数法の基礎を理解する。

授業の流れ

1 あさがおの種はいくつあるかな？

10こずつ，
まとまりをつくって
数えてみよう！

あさがおの種のプリント（２種類あり，数がそれぞれ72個と70個になっている）を，隣の子と違うプリントになるように配る。前時の学習を想起させながら，数を数えさせる。

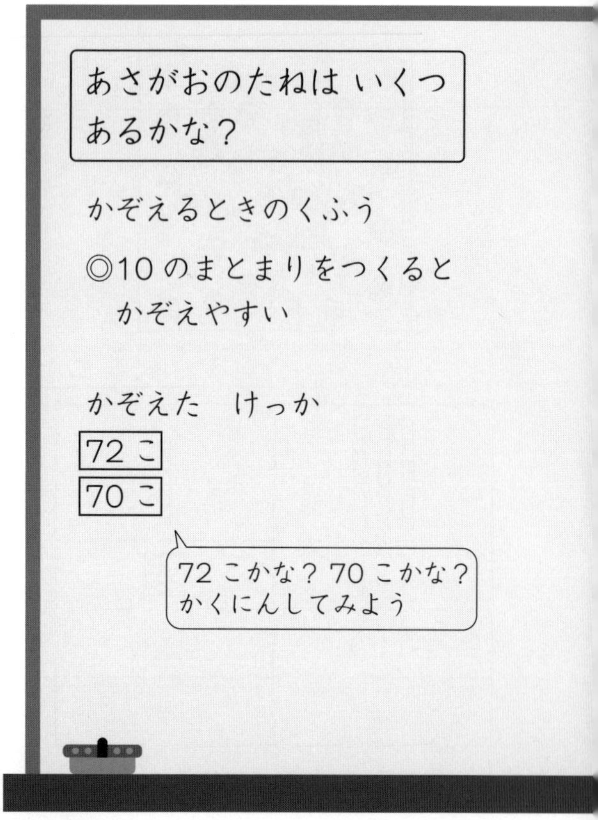

あさがおのたねは いくつ
あるかな？
かぞえるときのくふう
◎10 のまとまりをつくると
かぞえやすい
かぞえた けっか
72 こ
70 こ
72 こかな？ 70 こかな？
かくにんしてみよう

2 本当は何個かな？

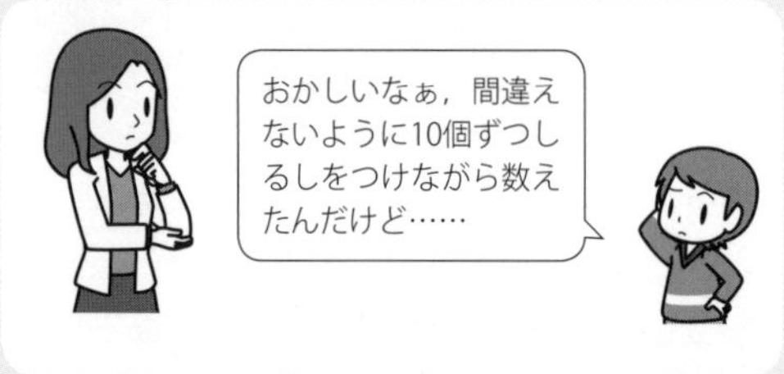

おかしいなぁ，間違えないように10個ずつしるしをつけながら数えたんだけど……

「72」「70」と答えが分かれるだろう。そこで，「本当は何個だろう？」と投げかけ，自分のプリントの種の数をどのように数えたか聞く。

3 72個（70個）の説明をしよう

72（または70）の説明をさせる。

「10が７個と１が２個だったから72個」

など，10のまとまりと端数がいくつあるかを確認する。また，前時に扱った２位数のよみ方や表し方についても，理解を定着させるため繰り返し扱う。

・72（ななじゅうに）
・10のまとまりが７個と１が２個
・十の位が７，一の位は２

本時の評価

・「10のまとまりがいくつと端数がいくつ」という数の見方を用いて，２位数の数え方や表し方を考えることができたか。

準備物

・あさがおの種のイラストのプリント（２種類）とその拡大コピー（２種類）
・位取り板　・ブロックやタイル図
・数字カード

72 こだよ

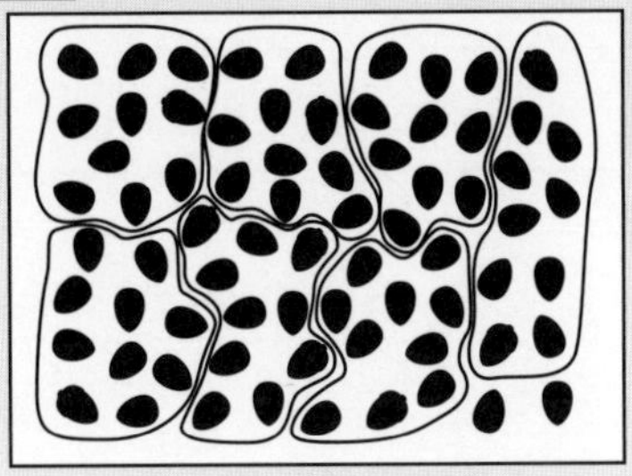

10が7こと　1が2こ

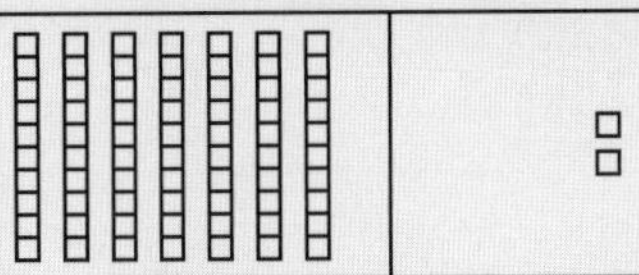

十の位	一の位
7	2
7	2

70 こだよ

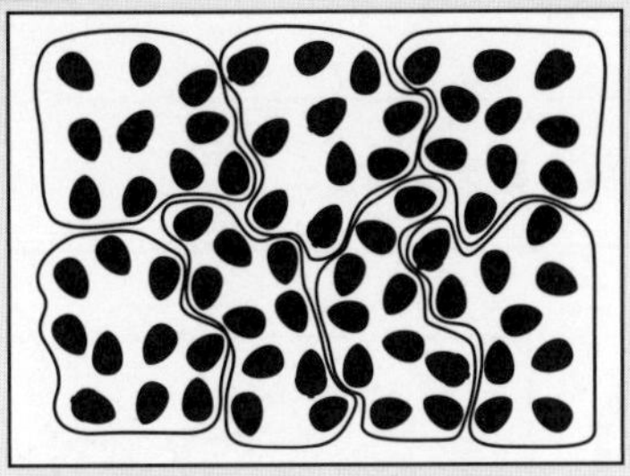

10が7こ

1が0こ

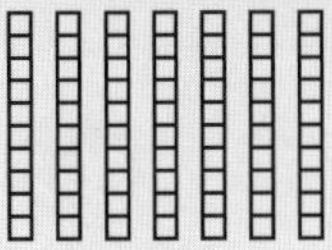

十の位	一の位
7	0
7	0

4 種の数を確認しよう

隣の人とプリントが違っていたことを確かめるために，数えていない方のプリントを配布し数えさせる。

時間があったら，70〜90までの数カードを子どもに１枚引かせ，その個数の種をノートにかかせる。その際，「数が分かりやすくなるようにノートにかこう」と投げかけ，10のまとまりをつくってかくなど工夫してノートに表現させる。

10のまとまりをつくるよさを味わわせる

10のまとまりをつくると簡単に数えられるね！

数えるものの個数が多くなった場合，10のまとまりをつくると簡単に数えられることのよさや，数を表す際の便利さに気付かせながら，数の構成や数え方，よみ方，書き方を指導していく。数える活動を繰り返し行い，数に親しみながら10のまとまりをつくるよさを味わわせていきたい。

本時案

いくつあるかな？③

本時の目標

・２位数の構成を理解する。

3/13

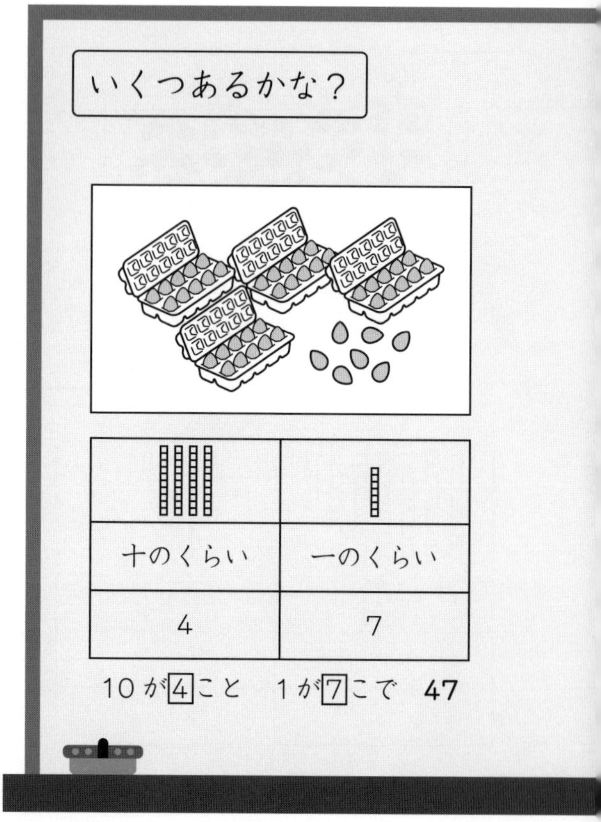

いくつあるかな？
十のくらい
一のくらい
4
7
10が4こと　1が7こで　47

授業の流れ

1 数を数えましょう

数が多いものを
数えるときは
10のまとまりを
つくるといいね

プリント（または教科書）の絵の数を数えさせる。ばらばらに並んでいる問題だけではなく，10のまとまりと端数になっているものや「何十」とばらがない問題など，いろいろ扱う。

2 数えた数をノートに表そう

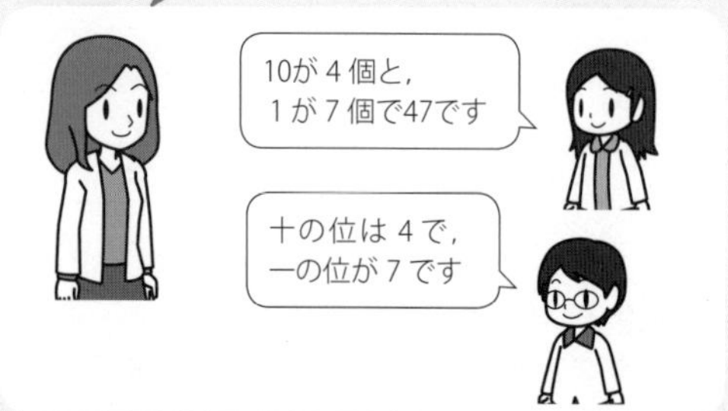

10が４個と，
１が７個で47です
十の位は４で，
一の位が７です

10のまとまりがいくつと，端数がいくつという数の見方を用いて，２位数をいろいろな表現方法で表す。

3 位取り板にも表そう

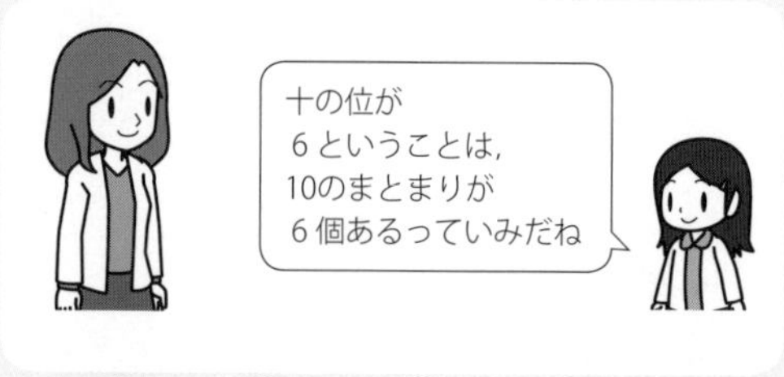

十の位が
６ということは，
10のまとまりが
６個あるっていみだね

位取り板に表すことで，一，十などの単位の大きさを，位置で表現することができるよさを感じられるようにする。

本時の評価

・「10のまとまりがいくつと端数がいくつ」という数の見方を用いて，２位数の数え方や表し方を考え説明することができたか。

準備物

・絵が印刷されたプリント（教科書の絵でもよい）と拡大したプリント
・位取り板　・ブロックやタイル図
・数字カード

かぞえかたのくふう

・10 のまとまりと　ばらがいくつか　かぞえる

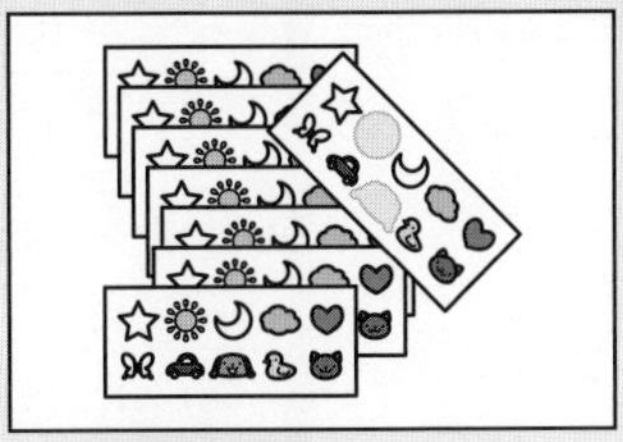

十のくらい	一のくらい
6	0

10 が 6 こで　60

十のくらい	一のくらい
7	8

10 が 7 こと　1 が 8 こで 78

いろいろなものの かずをしらべよう

・トランプ　53 まい
・かるた　48 まい
・とけいの目もり　60 こ
・ロッカーのかず　40 こ

4 いろいろなものを数えてみよう

教室の中にある20～100の間の数を見つけ，数える活動を行う。

・トランプやカルタの枚数
・50音表
・ロッカーやフックの数
・時計の目盛りの数
・本棚の本　など

乗法的な見方で数の構成を捉える

既習の「10より大きいかず」の単元では，「10と４で14」，つまり「10＋４」といった加法的な見方を中心に扱ってきている。

本単元では，「10が４個と１が７個」を「10×４＋１×７」という乗法的な見方で数の構成を捉えていく。

例えば，子どもが「10が４個で40」と言ったら，教師が後唱するときに「10と４で14だね」とわざと間違えてみせると，子どもは，修正しながら確かめていくことができる。

つかみどりゲームを しよう①

4/13

授業の流れ

1 70個に近いペアが勝ちゲーム

おはじきのつかみ取りをする。2人ペアになり，それぞれがつかみ取った数を合わせて，70個に近いペアが勝ちとなる。

ルール
・片手でおはじきをつかむ。
・机の上にぱっと見て数がわかるように並べる。
・2人合わせたおはじきの個数が70個に近いペアが勝ち。

おはじきつかみどりゲーム をしよう

ルール
①2人ペア
②かた手でつかむ
③ぱっと見てかずがわかるように つくえの上におく
④2人のおはじきをあわせる
⑤70 こにちかいペアがかち

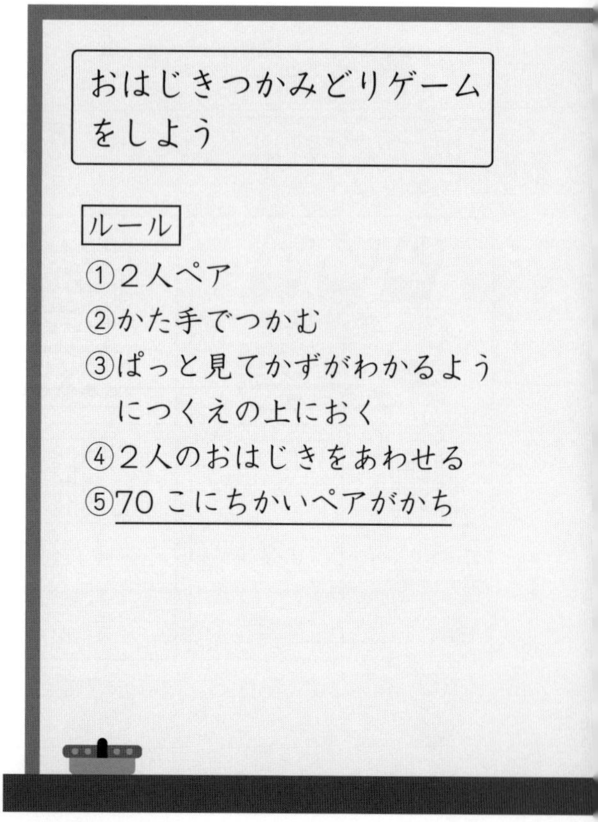

2 ぱっと見て数が分かるように 置きましょう

10のまとまりが3個と1が 2個だから32個です

まず，1人目の子がつかんだおはじきの個数を数える。「ぱっと見て何個か分かるように並べよう」と投げかけ，机の上に何個あるか分かりやすく並べさせる。

3 あといくつ取ればいいかな

あと，40個とると，72個だから…

次に，2人目の子がおはじきをつかみ取る。2人の個数を合わせて70になるようにするために，だいたいあと何個つかめばいいのか予想させてから取らせるとよい。

本時の評価

・「10のまとまりがいくつと端数がいくつ」という数の見方を用いて，２位数の数え方や表し方を考え説明することができたか。

準備物

・おはじき（50個 × 人数分以上）
・数直線の図

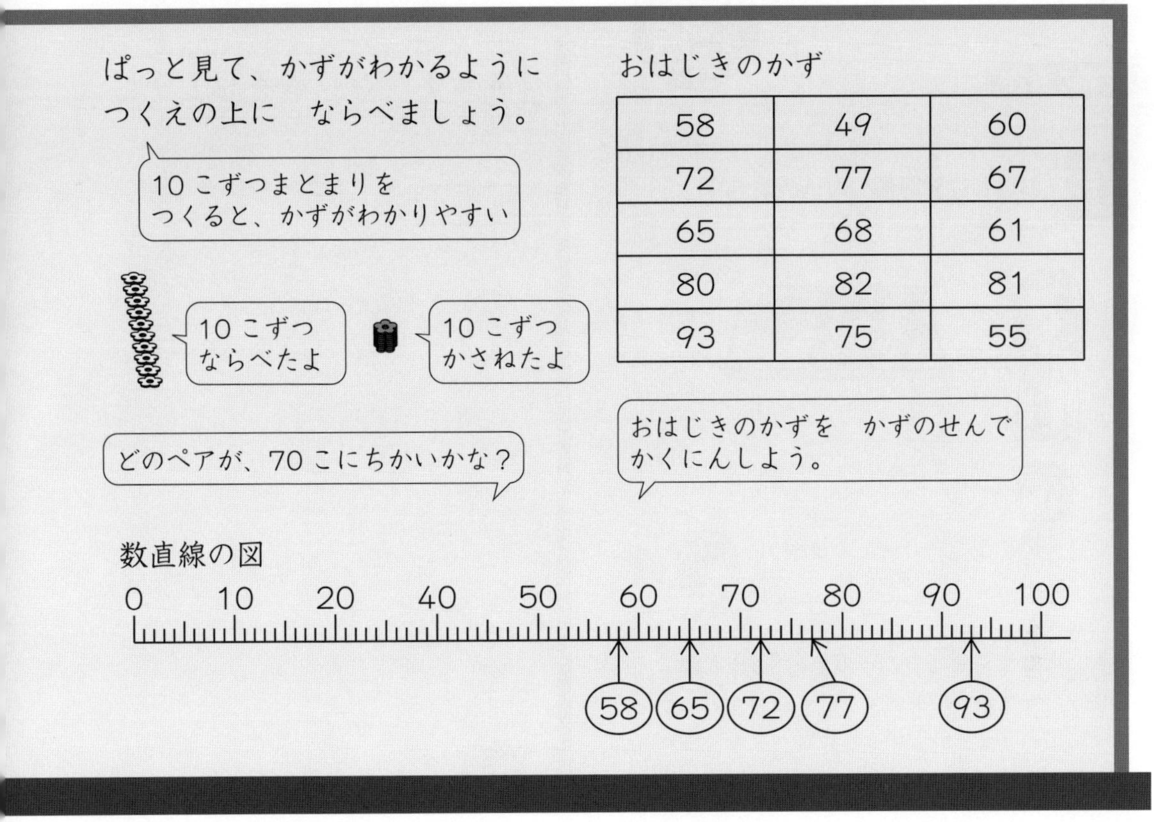
ぱっと見て、かずがわかるように
つくえの上に　ならべましょう。
10 こずつまとまりを
つくると、かずがわかりやすい
10 こずつ
ならべたよ
10 こずつ
かさねたよ
どのペアが、70 こにちかいかな？
おはじきのかず
58 49 60
72 77 67
65 68 61
80 82 81
93 75 55
おはじきのかずを　かずのせんで
かくにんしよう。
数直線の図
0 10 20 40 50 60 70 80 90 100
58 65 72 77 93

4 おはじきは何個かな？

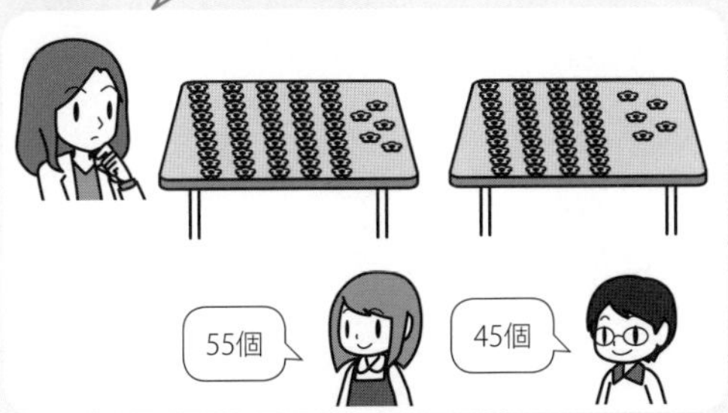

２人のつかみ取ったおはじきを合わせていくつあるか，数を数える。机の上に何個あるか分かりやすく並べさせる。

数え終わったペアから，黒板に書かれた座席表の自分たちの場所にその個数を書かせる。

5 70に近いペアはどのペアかな

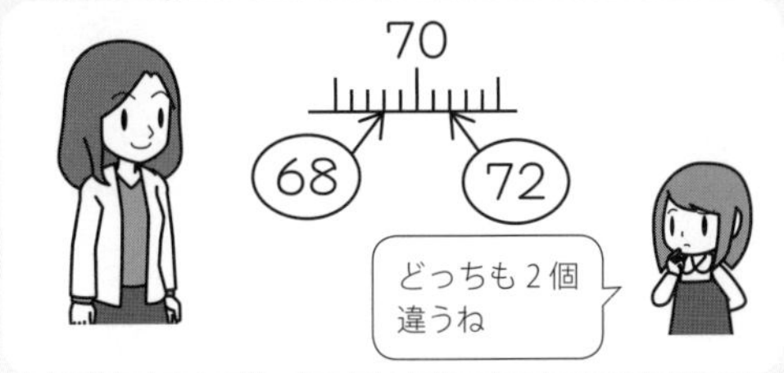

数直線上につかんだおはじきの数を記入し，70に近いペアを探す。例えば，68個と72個だったら，70から２個違うので，同じであることも，数直線を使いながら確認する。

数直線上に表すと，70にどのペアが近いかよりはっきりしてくるよさに気付かせる。

本時案

つかみどりゲームをしよう②

5/13

本時の目標

・２位数の構成を理解する。

授業の流れ

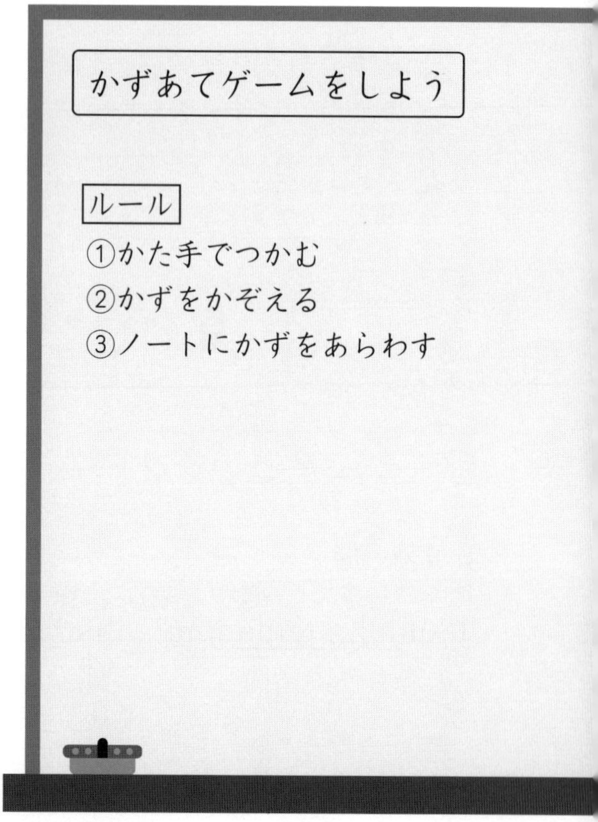

②かずをかぞえる
③ノートにかずをあらわす

1 おはじきを何個つかんだかな？

10枚ずつ並べてみよう
わたしは，10枚ずつ重ねたよ

おはじきを片手でつかみ取る。「ぱっと見て何個か分かるように並べよう」と投げかけ，机の上に並べさせる。どのように並べたか，並べ方の工夫を発表させる。

2 ノートに数を表そう

ノートにおはじきの数を表現させる。

（言葉）・10が４個と１が５個

・十の位が４，一の位が５

（図）

（数直線）

3 数あてゲームをしよう

自分のつかんだ数をもとに，数あてゲームを行う。

ルール

・つかんだ数を，言葉や図，位取り板など，いろいろな方法でノートに表す。

・ノートに表した言葉や図をもとに，クイズを出す。

本時の評価

・「10のまとまりがいくつと端数がいくつ」という数の見方を用いて，２位数の数え方や表し方を考え，表現できたか。

準備物

・おはじき（50個 × 人数分以上）
・数直線の図
・画用紙を４等分した紙のカード

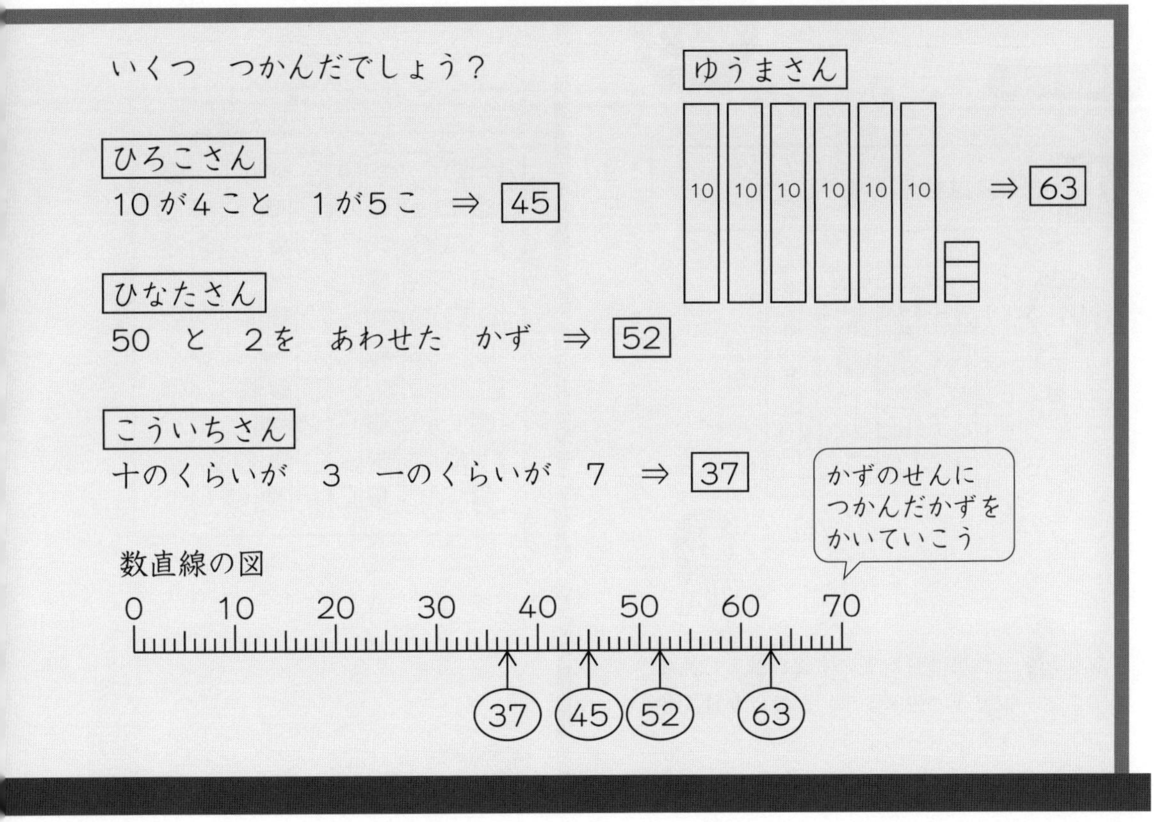

4 数の線に表そう

答え合わせをするごとに，数直線にその数を記入していく。

5 小さい順に並ぼう

最後に，自分がつかんだ数をカードに書き，そのカードをもとに，小さい数から順番に並ぶゲームを行う。並ぶ際に，「おしゃべり禁止」「ジェスチャーは OK」などのルールを伝え，全員並べたら座るよう指示する。一番小さい数の子から，数を言って立っていき，順番通り並べたか確認する。

本時案

100はどんなかず？

本時の目標

・100の数え方，よみ方，書き方を理解する。

6/13

授業の流れ

1 ビーズは何個あるでしょう?

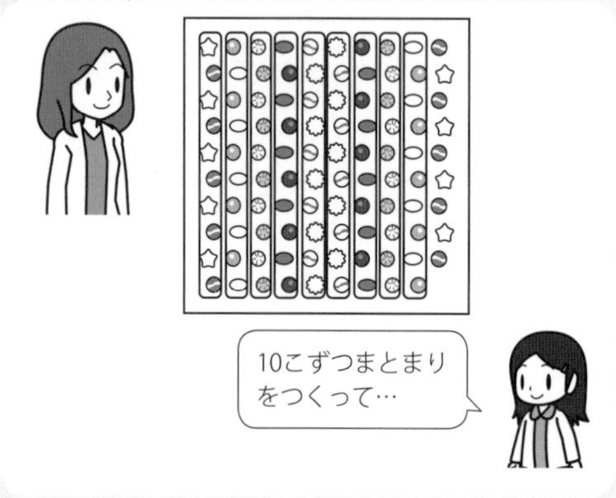

10こずつまとまり
をつくって…

　プリント（または教科書）の絵の数を数えさせる。ビーズの数が99個であることを確認する。

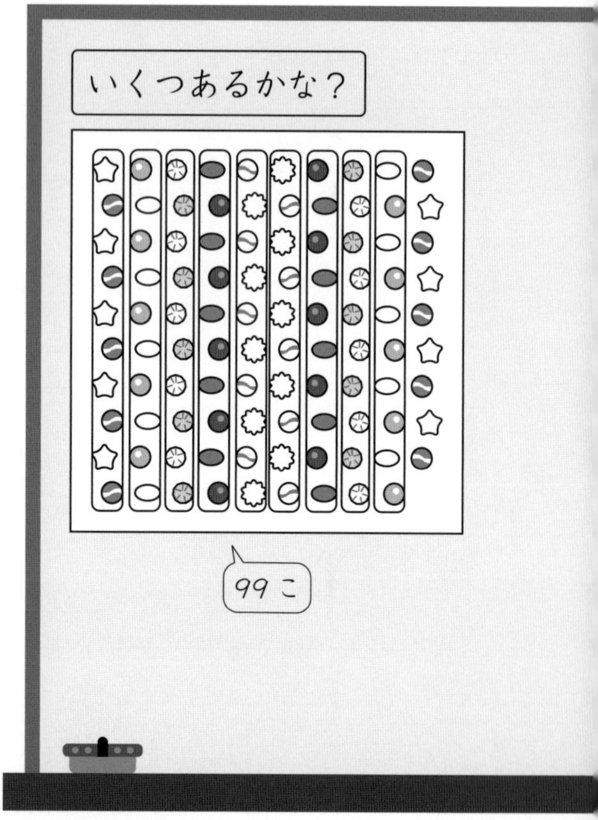

いくつあるかな？
99 こ

2 99を表そう

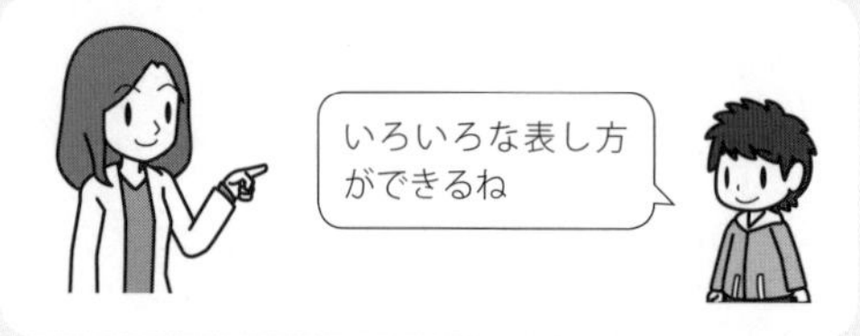

いろいろな表し方
ができるね

99を言葉や図などを用いて表現させる。

・10が９個と１が９個
・90と９を合わせた数
・90＋９
・十の位が９，一の位が９
・100より１小さい数

3 99の次の数は何だろう

99の次の数だから…
ぴったり10が
10個になったね

「１つビーズがないところがあるね。あと１個，ビーズを増やしたら，何個になるかな？」と問いかけ，イラストの中にビーズを１個かき加える。

本時の評価

・百について知り，100の数え方，よみ方，書き方を理解できたか。

準備物

・絵が印刷されたプリント（教科書の絵でもよい）と拡大したプリント
・位取り板

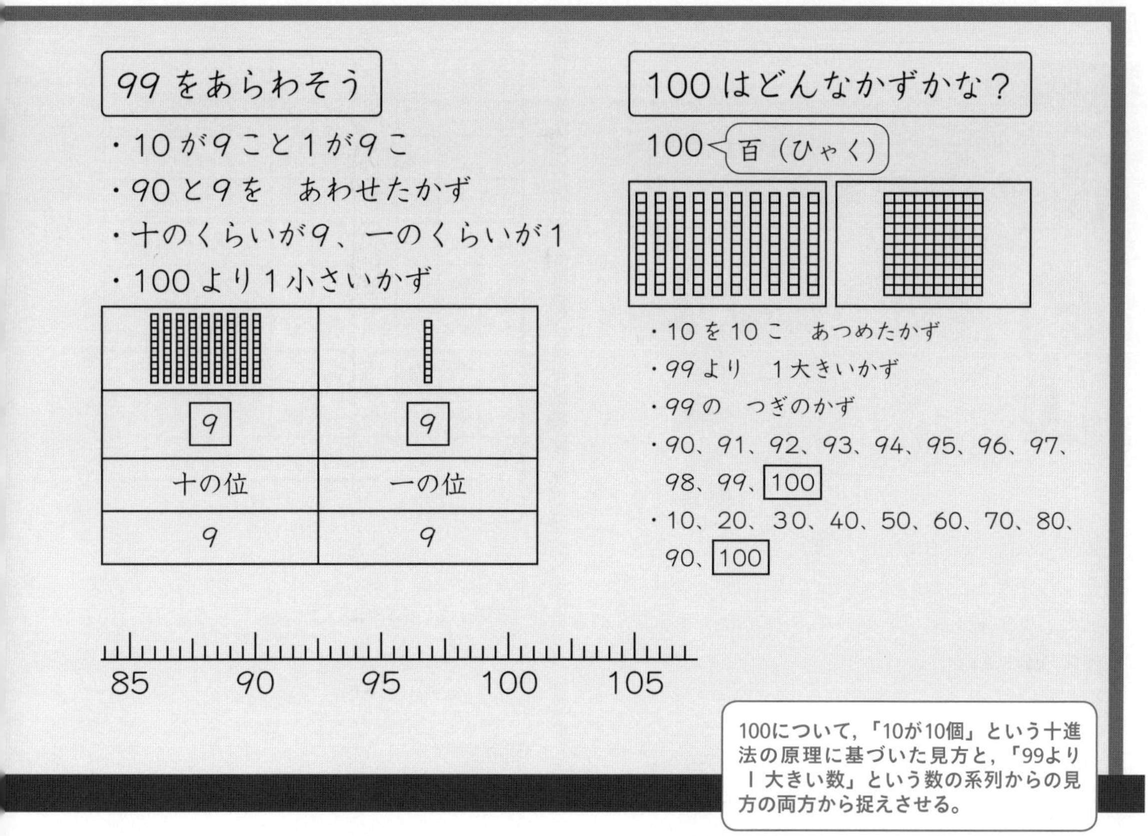

99 をあらわそう
・10 が 9 こと 1 が 9 こ
・90 と 9 を　あわせたかず
・十のくらいが 9、一のくらいが 1
・100 より 1 小さいかず
9
9
十の位
一の位
9
9
85
90
95
100
105
100 はどんなかずかな？
100 百（ひゃく）
・10 を 10 こ　あつめたかず
・99 より　1 大きいかず
・99 の　つぎのかず
・90、91、92、93、94、95、96、97、98、99、100
・10、20、30、40、50、60、70、80、90、100

100について，「10が10個」という十進法の原理に基づいた見方と，「99より１大きい数」という数の系列からの見方の両方から捉えさせる。

4 100はどんな数だろう？

99個から１個増えた数を，「百」と言い，100と書くことを教える。その後，「100はどんな数だろう？」と問い，言葉や数直線，具体物などで確認していく。

・99より１大きい数
・10が10個集まった数
・99の次の数

100まで唱えよう

100までの数に慣れ親しむために，順番に100までの数を数えてみる活動も有効である。「1，2，3，4…98，99，100」と１ずつ数えたり，「5，10，15，20，…85，90，95，100」と５とびで数えたり，「10，20，30…80，90，100」と10とびで数えたりと，声を出して唱えることで１年生でも楽しく授業に参加することができる。

本時案

すうひょうの
ひみつ

7/13

本時の目標

・数表から数の並び方の規則性を捉え，数の規則性や構成を説明することができる。

0	1	2	3	4	5	6	7	8	9
10	11	12	13	14	15	16	17	18	19
20	21	22	23	24	25	26	27	28	29
30	31	32	33	34	35	36	37	38	39
40	41	42	43	44	45	46	47	48	49
50	51	52	53	54	55	56	57	58	59
60	61	62	63	64	65	66	67	68	69
70	71	72	73	74	75	76	77	78	79
80	81	82	83	84	85	86	87	88	89
90	91	92	93	94	95	96	97	98	99
100									

かずのひょうを
かんせいさせよう

授業の流れ

1 80から100まで数を書こう

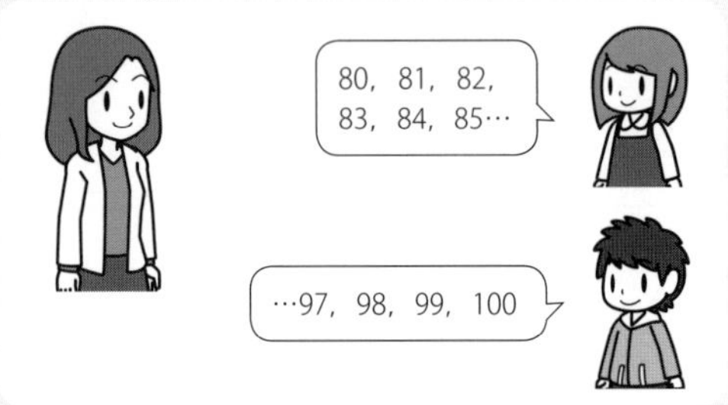
80，81，82，
83，84，85…
…97，98，99，100

数表（80から100までは空欄）を配布し，空欄をうめさせる。

拡大した数表も黒板に貼り，全員で数を唱えながらうめていく。

2 ★はいくつかな？

45，46，47
27，37，47
49，48，47

数表の上に，十字の形のカードを置き，★のマークの数はいくつか考えさせる。

3 どうして★の数が分かったのかな？

★の数をどうやって見つけたか理由を聞く。見つけ方を整理し，黒板にまとめていく。

「縦に見ると……」「横に見ると……」「一の位は同じだから」「十の位は……」など数の見方を引き出していく。

何か所かカードを動かして，繰り返すことで，いつも言えるきまりを見つけさせる。

本時の評価

・位の数字に着目するなどして，数表のきまりを見つけ，説明することができたか。

準備物

・数表（空欄）のプリント（児童用のプリントと拡大したもの）
・数表を隠す十字形のカード
・数表の一部が書かれていないプリント

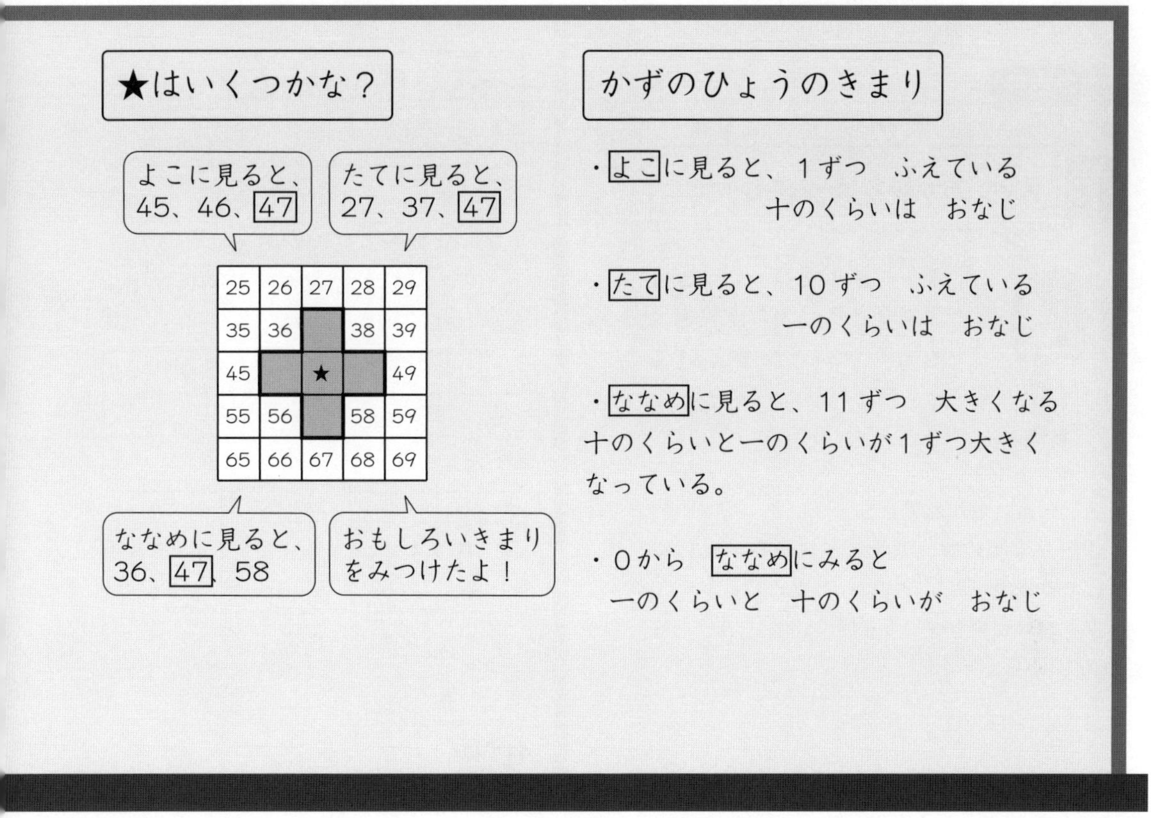

★はいくつかな？
よこに見ると、45、46、47
たてに見ると、27、37、47
25 26 27 28 29
35 36 38 39
45 ★ 49
55 56 58 59
65 66 67 68 69
ななめに見ると、36、47、58
おもしろいきまりをみつけたよ！
かずのひょうのきまり
・よこに見ると、1ずつ ふえている 十のくらいは おなじ
・たてに見ると、10ずつ ふえている 一のくらいは おなじ
・ななめに見ると、11ずつ 大きくなる 十のくらいと一のくらいが1ずつ大きくなっている。
・0から ななめにみると 一のくらいと 十のくらいが おなじ

4 数表のきまりをまとめる

縦に見るといつも一の位は同じです
横に見ると十の位は同じです

子どもたちが見つけたきまりを数表で確認しながらまとめていく。

5 プリントの空いているところを埋めましょう

30	31	32	33	34	35	36	37	38	39
40				44	45	46	47	48	49
50	51		53	54	55	56	57	58	59
60	61		63	64				68	69
70	71	72	73	74		76		78	79
80	81	82	83	84				88	89
90	91	92	93	94	95	96	97	98	99
100									

数表の一部が空いているプリントを配布し，隠れた数を書き込む活動を行う。埋める際に，「縦に見ると…」「横に見ると…」など，見つけたきまりを使って，書いていくように促す。

本時案

大きいかずを つくろう

8/13

本時の目標

・100までの数の系列や大小を理解する。

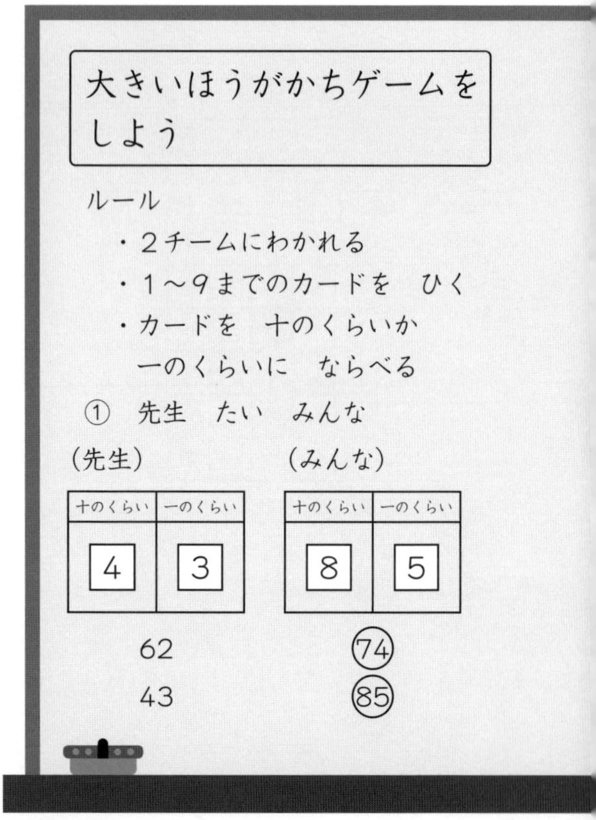

大きいほうがかちゲームを しよう
ルール
・2チームにわかれる
・1～9までのカードを ひく
・カードを 十のくらいか 一のくらいに ならべる
① 先生 たい みんな
(先生)
十のくらい
一のくらい
4
3
(みんな)
十のくらい
一のくらい
8
5
62
43
74
85

授業の流れ

1 大きい方が勝ちゲームをしよう

カードを2枚引いて，2桁の数をつくり，大きい数をつくれたチームが勝ちというゲームを行う。

ルール

・2チームに分かれて行う。
・1～9までのカードを順番に引き，一の位と十の位の好きな方にカードを入れる。
・大きい数をつくった方が勝ち。

2 どちらが大きいかな？

9を引きたいな！
8は十の位に入れようかな？

最初に，教師対子どもで対戦する。

1枚カードを引くごとに，一の位か十の位にカードを置くようにする。

3 2チームに分かれて対戦しよう

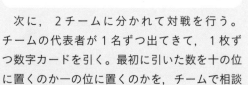

7
十の位に入れよう！

次に，2チームに分かれて対戦を行う。チームの代表者が1名ずつ出てきて，1枚ずつ数字カードを引く。最初に引いた数を十の位に置くのか一の位に置くのかを，チームで相談させてもよい。

本時の評価

・100までの数の系列を理解し，大小を比数することができたか。

準備物

・１～９の数字カード（教師用）
・１～９の数字カード（児童用）

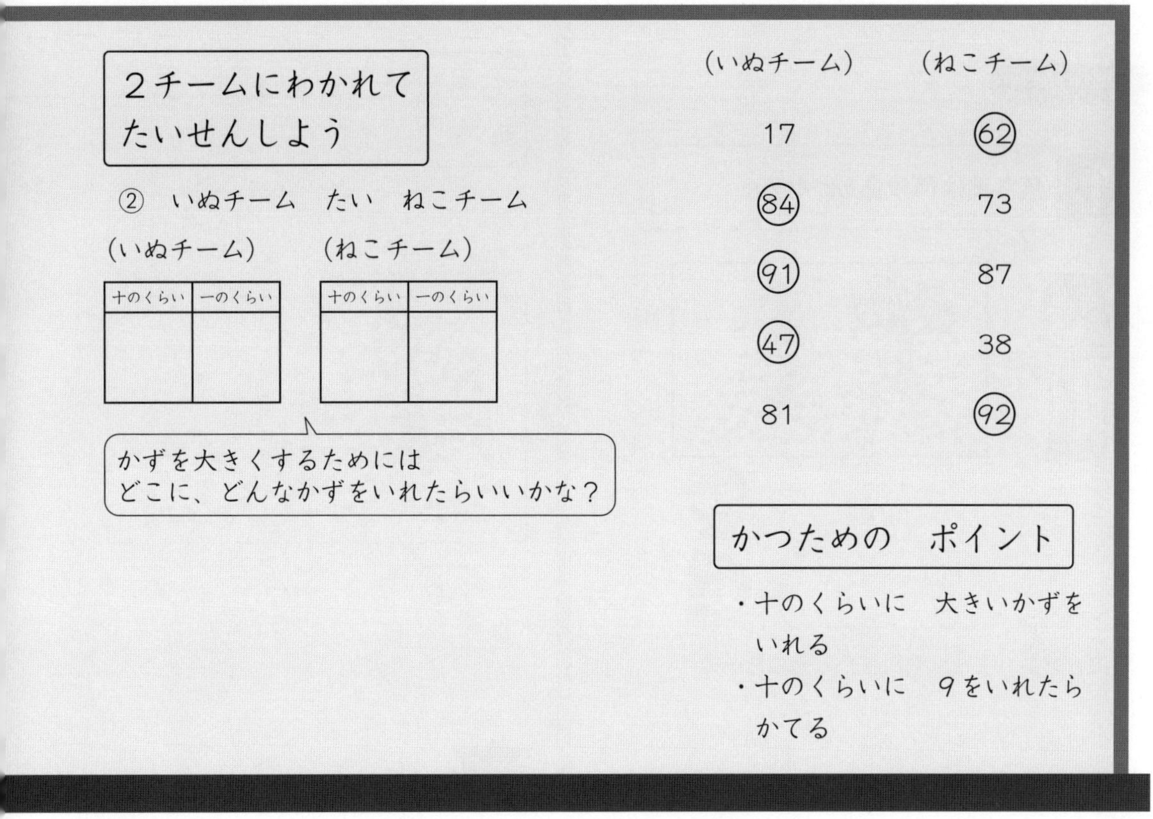

２チームにわかれて
たいせんしよう
② いぬチーム たい ねこチーム
（いぬチーム）
（ねこチーム）
十のくらい
一のくらい
十のくらい
一のくらい
かずを大きくするためには
どこに、どんなかずをいれたらいいかな？
（いぬチーム） （ねこチーム）
17 62
84 73
91 87
47 38
81 92
かつための ポイント
・十のくらいに 大きいかずを いれる
・十のくらいに ９をいれたら かてる

4 勝つためのポイントは？

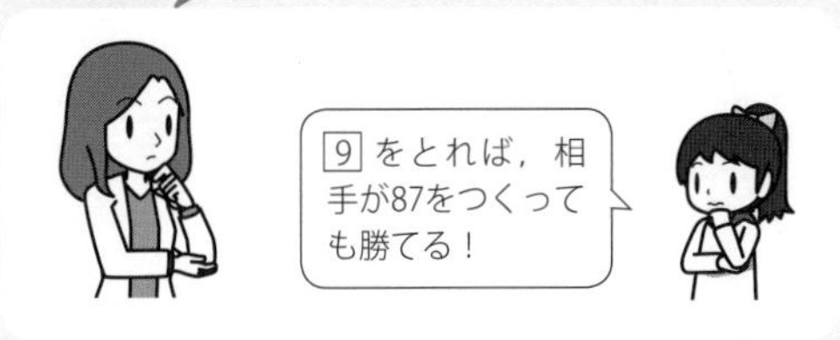

9 をとれば，相手が87をつくっても勝てる！

子どもたちは，どんなカードをどの位に置いたらいいのか，ゲームを繰り返していくうちに気付くだろう。「十の位に大きい数を入れるようにしたい」「９を取ったら，もう１枚が小さい数でも絶対勝てるよ。だって……」など，ゲームを通して，論理的に考える場をつくっていく。

5 ペアで対戦しよう

ぼくの方が50に近いから勝ちだね
37
49

最後に，２人ペアをつくり対戦する。相手の数と自分の数をノートにメモし，大きい数には○をつけるようにする。

時間があったら，「小さい方が勝ち」「50に近い方が勝ち」など，ルールを変えてゲームをしてもよい。

本時案

100より大きいかず①

9/13

本時の目標

・120程度までの数の数え方，よみ方，表し方，順序，大小，系列を理解する。

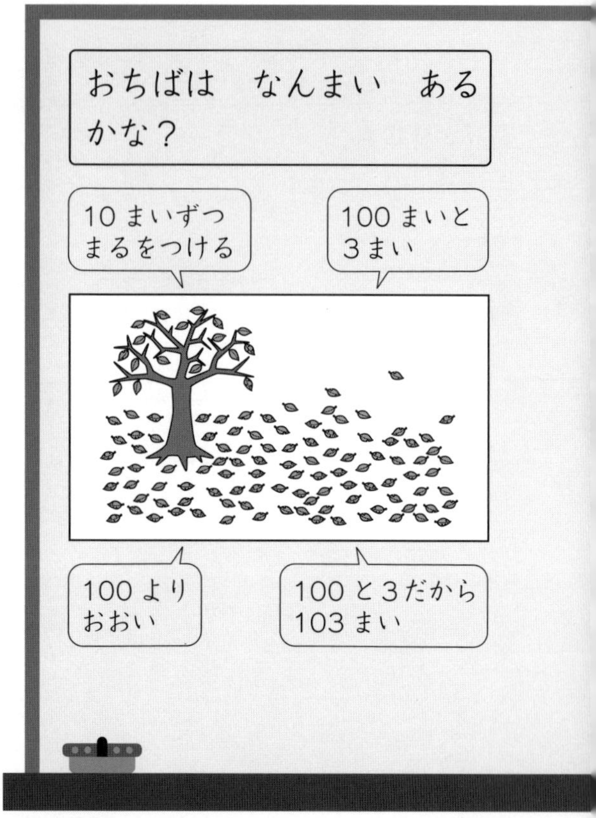

おちばは　なんまい　あるかな？
10 まいずつ まるをつける
100 まいと 3まい
100 より おおい
100 と 3だから 103 まい

授業の流れ

1 落ち葉は何枚あるかな？

10のまとまりをつくれば簡単だよ
100より大きい数になりそう…

プリント（または教科書）の絵の数を数えさせる。

10のまとまりをつくることや，100といくつかといった見方を引き出す。

2 103の表し方を確認する

100と 3 だから 103枚あります
100が 1 個と，10が 0 個と 1 が 3 個の図だね

100と 3で「ひゃくさん」と読むことや，「103」と書くことを確認する。また，図や数直線でも表す。

3 葉っぱが全部木から落ちたら何枚になるかな？

103から順番に数えてみよう。103，104，105……117，118，119，120
落ちている葉っぱが103枚で，木についている葉っぱは17枚。ぜんぶで120枚あるよ

木についている葉っぱが 1 枚ずつ落ちてくる場面を想定して，1 枚ずつ落ち葉を唱えながら数えていく。また，ノートにも，100から120まで数を書かせる。

本時の評価

・100より大きい数について，100と１，２位数の合成と捉えられることを理解し，100より大きい数を数えたり，表したりすることができたか。

準備物

・90から120までの数直線
・ブロックの図（100のブロック２枚，10のブロック２本，１のブロック３個）
・葉っぱの絵のプリント（児童用と拡大した掲示用）

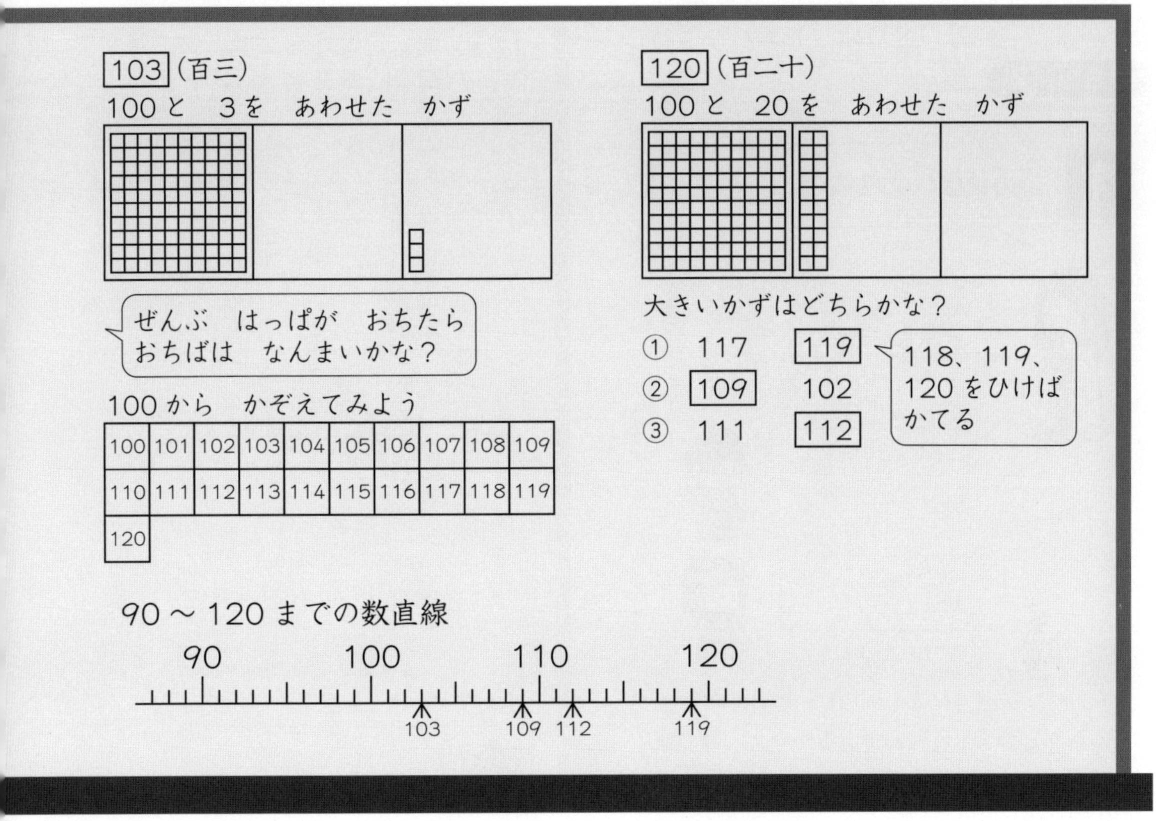

103（百三）
100と　3を　あわせた　かず
ぜんぶ　はっぱが　おちたら　おちばは　なんまいかな？
100から　かぞえてみよう
100 101 102 103 104 105 106 107 108 109
110 111 112 113 114 115 116 117 118 119
120
90～120までの数直線
90
100
110
120
103
109
112
119
120（百二十）
100と　20を　あわせた　かず
大きいかずはどちらかな？
① 117　119
② 109　102
③ 111　112
118、119、120をひけば　かてる

4 120の表し方を確認する

119より１大きい数が120だね
100が１個と，10が２個と１が０個の図だね

100と20で「百二十」と読むことや，「120」と書くことを確認する。また，図や数直線でも表す。

5 大きい方が勝ちゲームをしよう

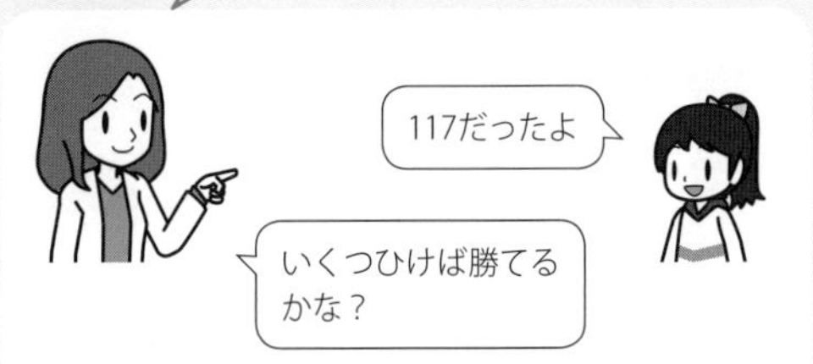

117だったよ
いくつひけば勝てるかな？

最後に，100から120まで書かれたカードを引き，大きい方が勝ちゲームをする。先に引いた子が117だったら，後から引く子は何を引いたら勝てるかなど問いながらゲームを進める。また，引いた数を数直線に書き込んでいき数の順序や大小を確認する。

本時案

100より大きいかず②

10/13

本時の目標

・120程度までの数の順序や系列を理解する。

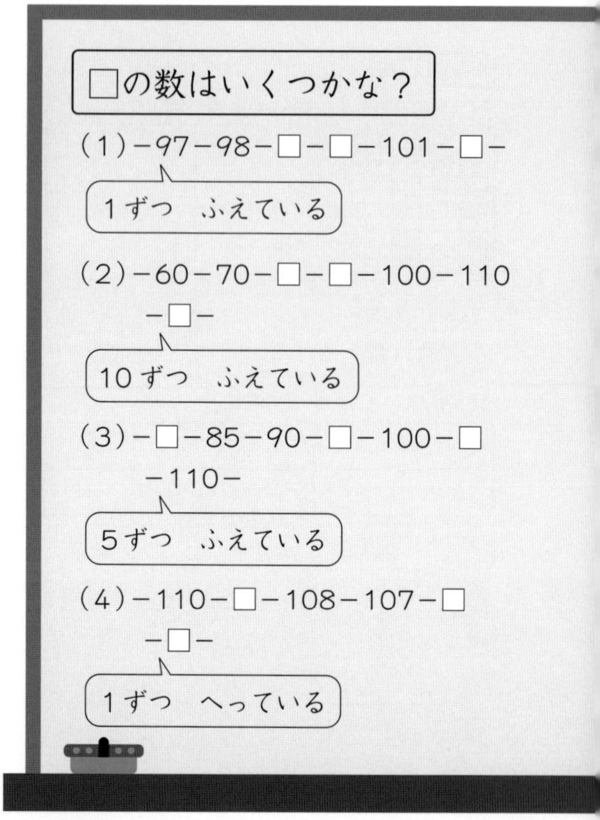
□の数はいくつかな？
(1)−97−98−□−□−101−□−
1ずつ　ふえている
(2)−60−70−□−□−100−110−□−
10ずつ　ふえている
(3)−□−85−90−□−100−□−110−
5ずつ　ふえている
(4)−110−□−108−107−□−□−
1ずつ　へっている

授業の流れ

1 □の数はいくつかな?

−97−98−□−□−101−□−
−60−70−□−□−100−110−□−
97，98と１増えているから…
60，70，100，110と10ずつ増えているから…

（1）から（4）の□の中に入る数を考える。数がどのように並んでいるか考え，数の並びの規則性を見つけさせる。

2 いろいろな数が考えられるよ

80の次は81かな
80の次は90かもしれないよ
答えは１つに決まらないね

次に，（5）の問題を扱う。（4）までの問題は，数の並びの変化が決まっていたが，（5）は数が１つしか書いていないので，多様な考え方ができる。子どもから，「いろいろな数が考えられそう」という言葉を引き出す。

3 もしも，□ずつ増えたら……

「例えば，どんな数が考えられますか？」と問いかける。そして，「もしも，○ずつ増えたら…」など，子どもに条件を設定させる。

・１ずつ増えていったら
・２ずつ増えていったら
・５ずつ増えていったら
・10ずつ増えていったら
・１ずつ減っていったら　など

本時の評価

・数の前後の関係について考えることを通して，120までの数の順序や系列について考えることができたか。

準備物

・□のカード（黒板に貼れるようマグネットを貼る）40枚程度
・ペン
・—□—80—□—□—□—□—と書かれたプリント

(5)−□−80−□−□−□−□−

いろいろなかずが かんがえられるよ！

もしも
1ずつ　ふえたら…
5ずつ　ふえたら…
10ずつ　ふえたら…

ほかにも　できそう！

1ずつ　ふえたら
−79−80−81−82−83−84−
5ずつ　ふえたら
−75−80−85−90−95−100−
10ずつ　ふえたら
−70−80−90−100−110−120−

ひろこさんは　どのようにかんがえたのかな？
−90−80−70−60−50−40−

10ずつ　へっている

4 ○○さんはどのように考えたのかな？

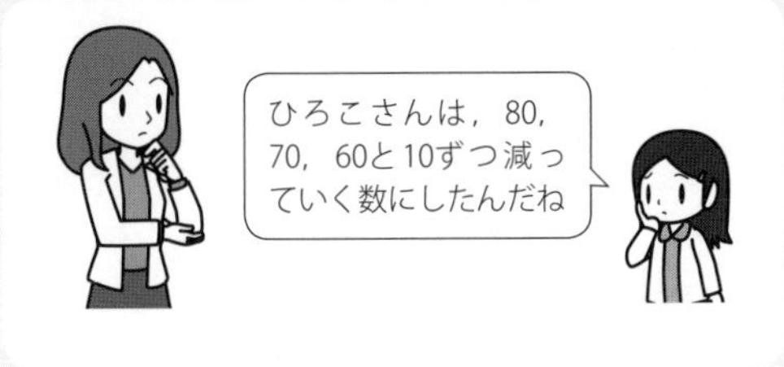
ひろこさんは，80，70，60と10ずつ減っていく数にしたんだね

「1ずつ増えていくと……」などの条件を子どもに発表させ，その条件だったら□にどんな数が入るか，別の子どもに発表させる。

また，逆に，あてはめた□の中の数を発表させ、その子どもがどのような条件を設定したのか考えさせる。

オープンエンド

答えはいろいろ考えられるね。おもしろいな！

答えが1つに決まらず，多様に考えられる問題をオープンエンドの問題という。（5）の問題は，「□ずつ増えると……」「□ずつ減ると……」など，自分で条件を考えることで，いろいろな考え方ができる。そして，「もしも○○だったら……」と1年生なりに条件を考え，答えを出す経験や，答えは1つとは限らない問題を扱うことで，柔軟に考える力が育まれていく。

本時案

たしざんとひきざん①

11/13

本時の目標

・簡単な２位数と１位数の加法，減法の計算の仕方を理解する。

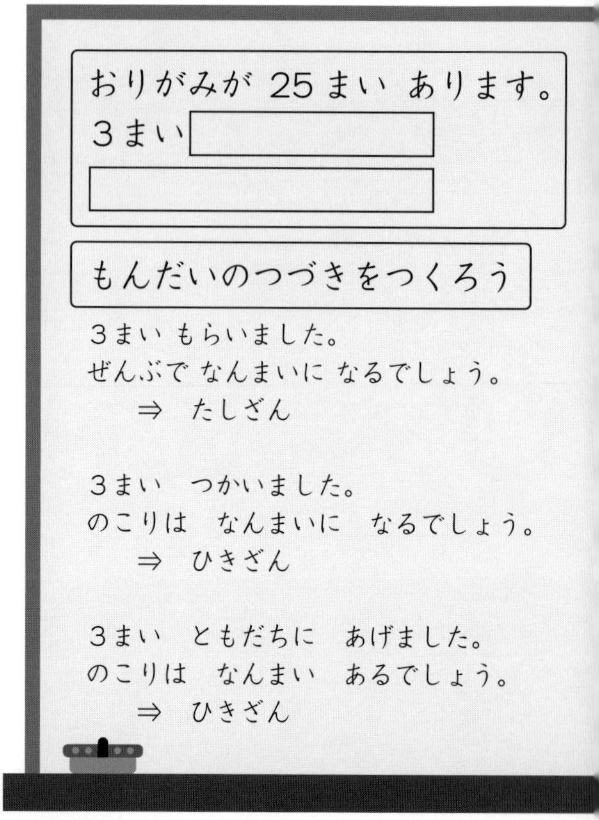
おりがみが 25まい あります。
3まい
もんだいのつづきをつくろう
3まい もらいました。
ぜんぶで なんまいに なるでしょう。
⇒ たしざん
3まい つかいました。
のこりは なんまいに なるでしょう。
⇒ ひきざん
3まい ともだちに あげました。
のこりは なんまい あるでしょう。
⇒ ひきざん

授業の流れ

1 問題の続きを作ろう！

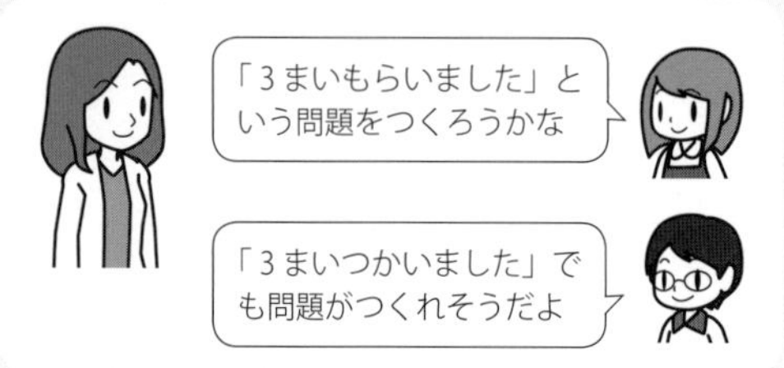
「３まいもらいました」という問題をつくろうかな
「３まいつかいました」でも問題がつくれそうだよ

「折り紙が25枚あります。３枚……」の問題の続きを考えさせる（問題の続きには，数を入れないように伝える）。
（例）たし算になる問題文「３枚もらいました。全部で何枚になるでしょう」など
（例）ひき算になる問題文「３枚使いました。残りは何枚になるでしょう」など

2 つくった問題を発表しよう

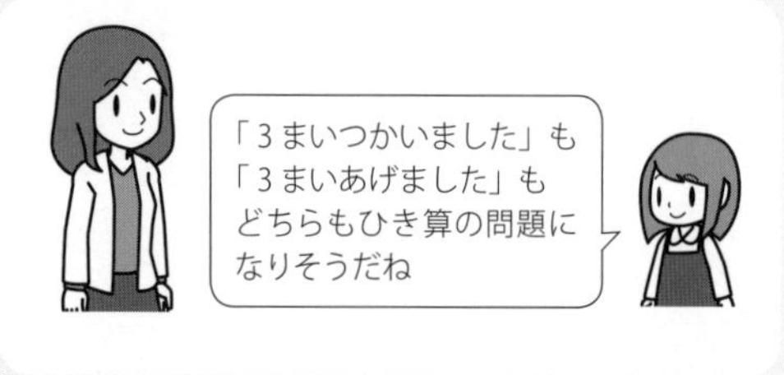
「３まいつかいました」も「３まいあげました」もどちらもひき算の問題になりそうだね

たし算の問題とひき算の問題の両方を取り上げる。同じひき算の問題でも，子どもたちはいろいろつくるので，複数取り上げる。

3 どんな式になるかな？

25と３を合わせるからたし算の式だ！

子どもたちがつくった問題の式を発表させる。同じ式になる問題があったら，その場で取り上げ，同じたし算の問題やひき算の問題として一緒に扱っていく。

本時の評価

・数の構成に着目して計算の仕方を考えることができたか。

準備物

・ブロックやタイル図

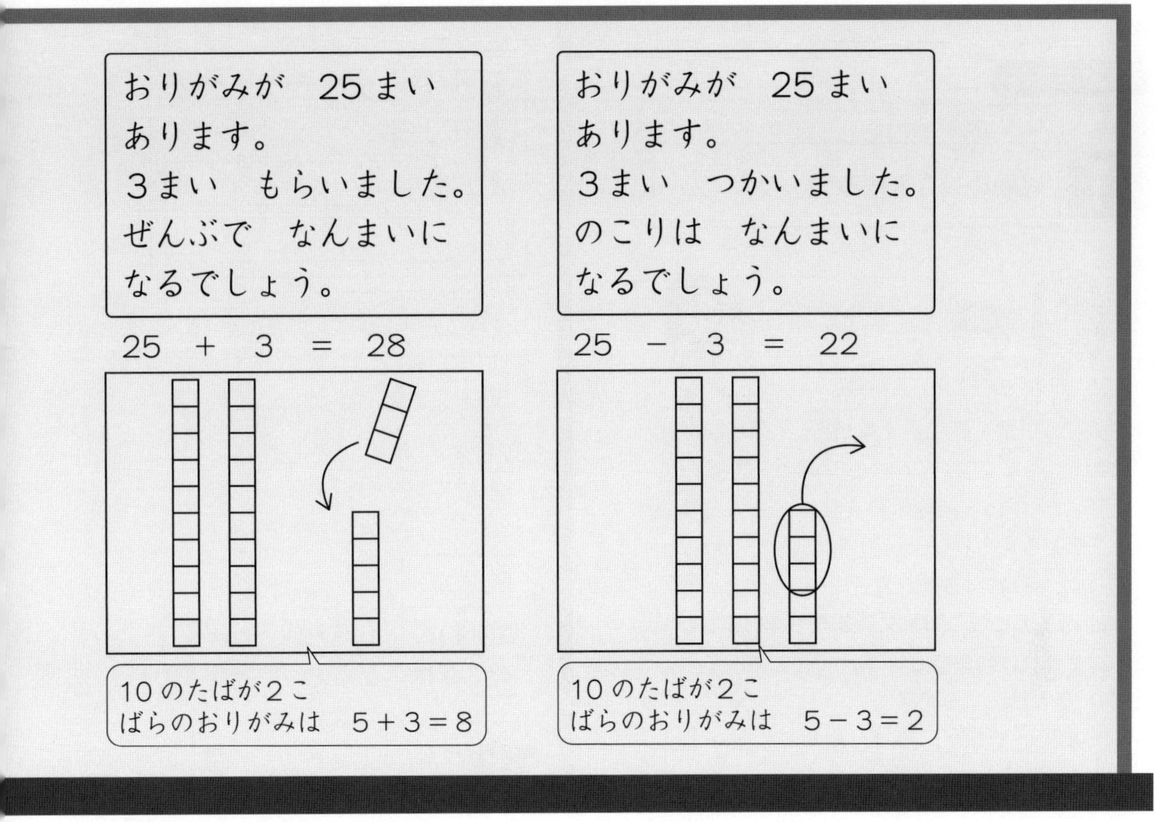
おりがみが　25 まい
あります。
3まい　もらいました。
ぜんぶで　なんまいに
なるでしょう。
25　+　3　=　28
10 のたばが2こ
ばらのおりがみは　5＋3＝8
おりがみが　25 まい
あります。
3まい　つかいました。
のこりは　なんまいに
なるでしょう。
25　−　3　=　22
10 のたばが2こ
ばらのおりがみは　5－3＝2

4 計算のしかたを考えよう

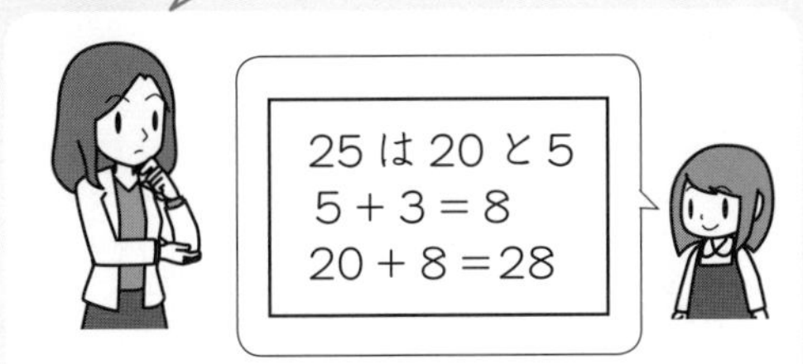
25 は 20 と 5
5＋3＝8
20＋8＝28

25＋３の計算のしかたを考えさせる。

おはじきや，ブロックを使って考えたり，図をかいて考えさせたりして，答えが28になることを確認する。計算のしかたをブロックの操作や図と対応させながら説明させる。

5 3 個のブロックは，どのブロックと合わせると分かりやすいかな？

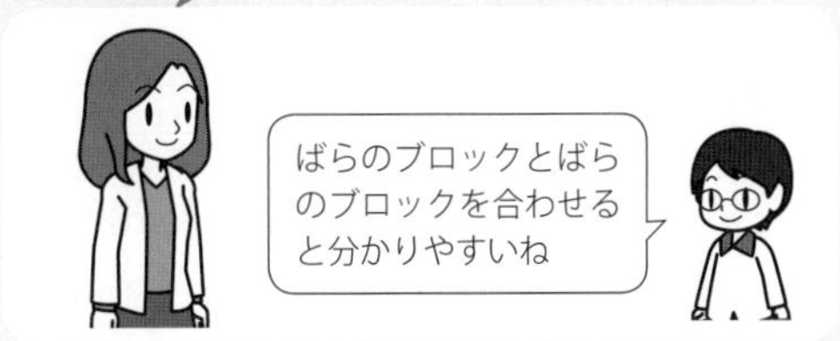
ばらのブロックとばらのブロックを合わせると分かりやすいね

25＋３を考える際に，10のまとまりのブロック２本とばらのブロックを５個並べる。後から３個のブロックを出し，「どのブロックと合わせたい？」と発問する。そして，10個のまとまりはおいておき，ばらのブロックと合わせるとよいことを確認する。ひき算も同様に行う。

本時案

たしざんと ひきざん②

12/13

本時の目標

・10を単位として見られる数の加法，減法の計算の仕方を理解する。

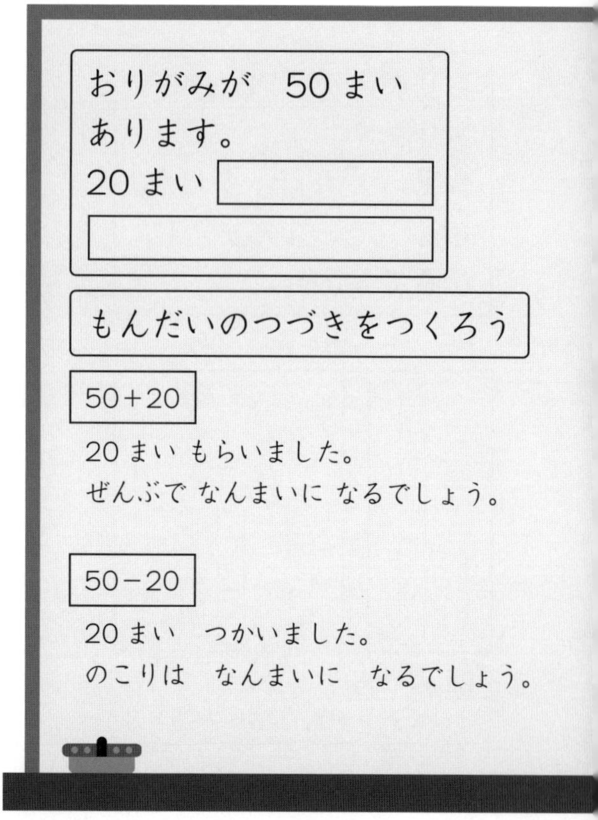
おりがみが　50 まい
あります。
20 まい
もんだいのつづきをつくろう
50＋20
20 まい もらいました。
ぜんぶで なんまいに なるでしょう。
50－20
20 まい　つかいました。
のこりは　なんまいに　なるでしょう。

授業の流れ

1 問題の続きを作ろう！

ひき算でもできるよ
たし算になるよ

前時の学習を想起させながら，「折り紙が50枚あります。20枚……」の問題の続きと，式を考えさせる。（問題の続きには数を入れないよう伝える）

（例）たし算になる問題文

・20枚もらいました。全部で何枚になるでしょう。 ⇒50+20

（例）ひき算になる問題文

・20枚使いました。残りは何枚になるでしょう。 ⇒50−20

2 どんな式になるかな？

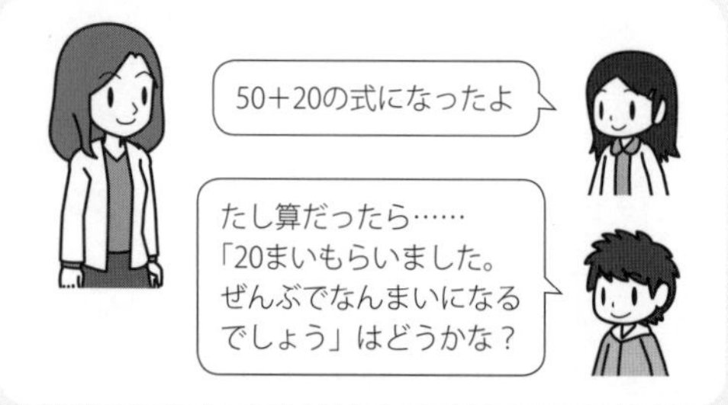
50+20の式になったよ
たし算だったら……
「20まいもらいました。
ぜんぶでなんまいになる
でしょう」はどうかな？

本時では，最初に式を確認する。「50＋20」「50－20」の２つの式から，それぞれどんな問題をつくったか発表させる。

3 計算のしかたを考えよう

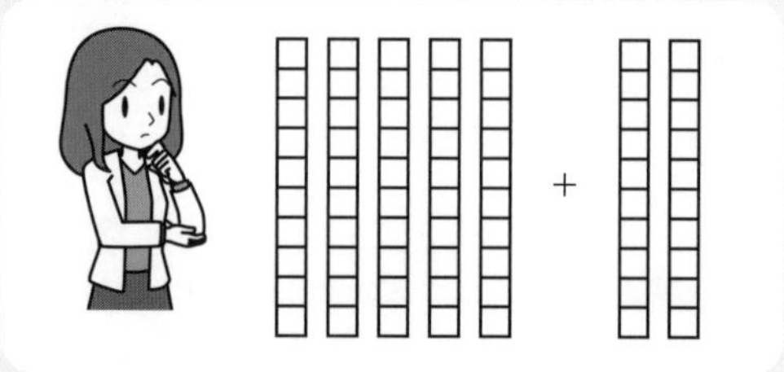

50＋20の計算のしかたを考えさせる。その際，「ノートに絵や図をかいて考えてみよう」と投げかける。１枚ずつ折り紙をかくのは大変なため，10枚ずつの束になっている絵や，10のまとまりの図をかいた子どものアイデアを紹介する。

本時の評価

・何十±何十の計算において，10を単位として計算の仕方を考えていたか。

準備物

・ブロックやタイル図

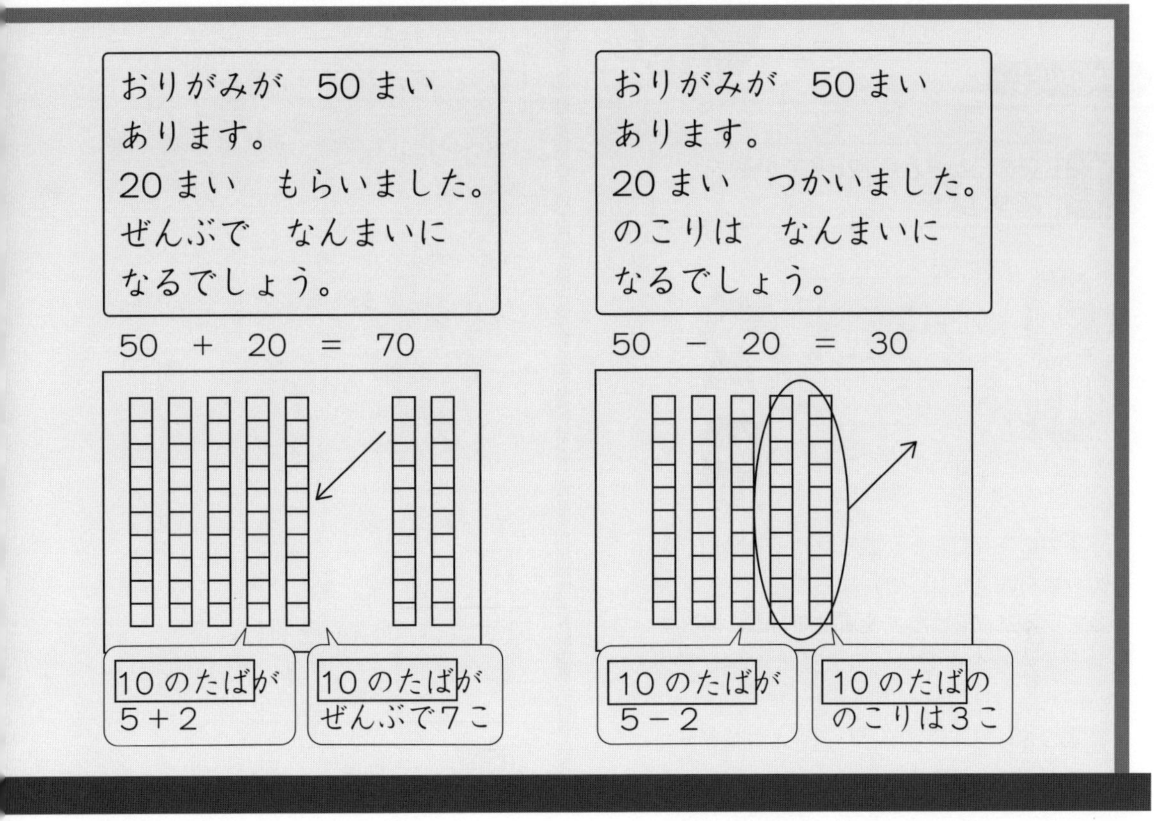

おりがみが　50 まい
あります。
20 まい　もらいました。
ぜんぶで　なんまいに
なるでしょう。
50 ＋ 20 ＝ 70
10 のたばが
5＋2
10 のたばが
ぜんぶで７こ
おりがみが　50 まい
あります。
20 まい　つかいました。
のこりは　なんまいに
なるでしょう。
50 － 20 ＝ 30
10 のたばが
5－2
10 のたばの
のこりは３こ

4　10の束で考えると？

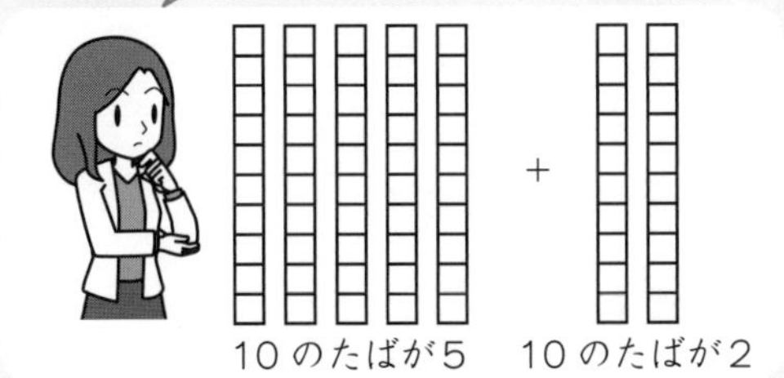

＋
10 のたばが５
10 のたばが２

50＋20＝70になることを確認する。10の束やまとまりの図を提示し，「10の束の数で考えるとどんな式ができるかな？」と問いかけ，10の束が５＋２＝７だから，答えは10が７個で70と出せることを，丁寧に扱う。

10を単位として見る

計算の仕方を聞くと，「０を消して計算して，０を戻す」と答える子どもがいる。しかし，なぜ，０を消して計算したのかよく分からずに，形式的に計算している場合が多く見受けられる。これは，10をもとにして考えるような「単位の考え」の意識が低いことが原因と考えられる。「５は何が５こあるの？」「２は何が２こあるの？」と聞くなどして，10をもとにして考えていることを，授業の中で意識させていくことが大切である。

本時案

かずみつけをしよう

13/13

本時の目標

・身の周りのものの数に興味をもち，120程度までの数字を探したり，個数を数えたりできる。

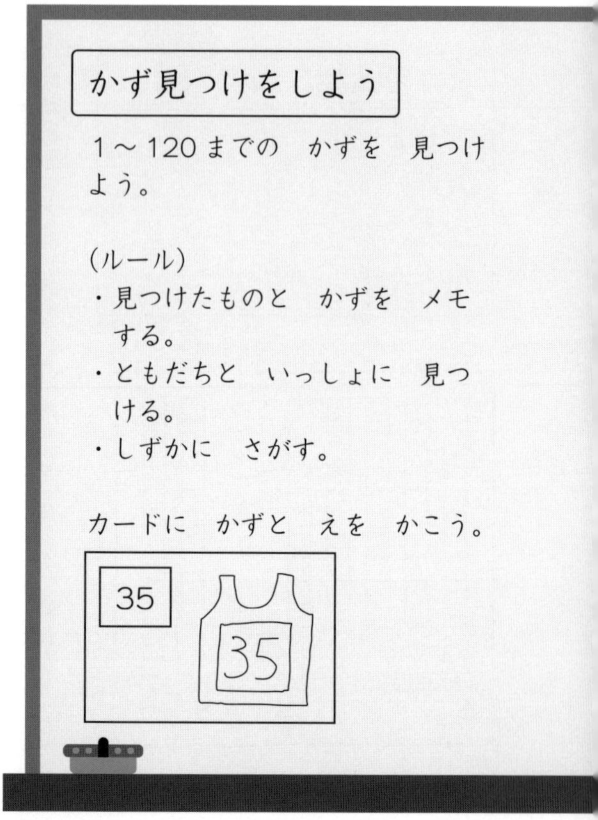

かず見つけをしよう
1～120までの　かずを　見つけよう。
(ルール)
・見つけたものと　かずを　メモする。
・ともだちと　いっしょに　見つける。
・しずかに　さがす。
カードに　かずと　えを　かこう。
35
35

授業の流れ

1 身のまわりから120までの数を見つけよう

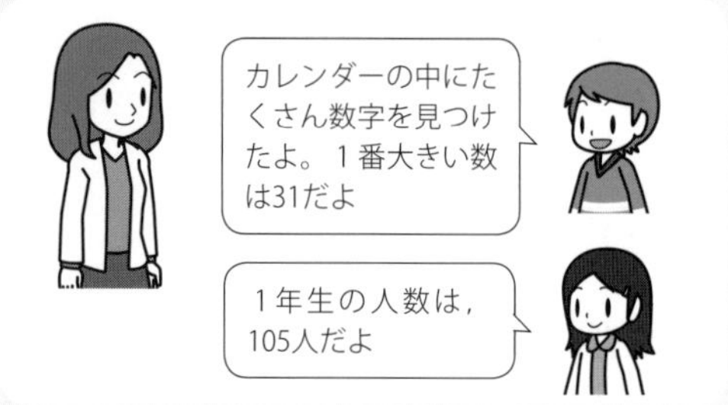

カレンダーの中にたくさん数字を見つけたよ。１番大きい数は31だよ
１年生の人数は，105人だよ

今まで学習したことを振り返り，身の周りのものの数を数えたり，どんなところに数字が使われているか探したりする活動を行う。

教室の中の数を見つけて全員で確認していく。

教室の外に出ればもっとたくさんの数が見つけられそうだと意欲を高めていく。

2 数を見つけに行こう

110があった！

２人１組や，グループで活動する。見つけた数を記録する用紙を配布する（算数ノートでもよい）。また，数見つけをするときの約束を確認し，学校の中のいろいろな場所で数見つけを行う。

3 見つけた数をカードにかこう

体育館のゼッケンの数字は……

教室に戻ってきたら，カードを配付し，見つけた数とその絵をかく。一緒に見つけた友だちと分担してカードを完成させる。どこで見つけた数なのか，場所もかいておくとよい。絵に表しきれないところは，言葉でおぎなっていく。

本時の評価

・数に親しみ，身の周りにあるものの数に興味をもち，表すことができたか。

準備物

・数を記録する用紙（算数ノートでもよい）
・大きな数表
・数えたものの数と絵をかくためのカード（１人５枚程度×人数分）

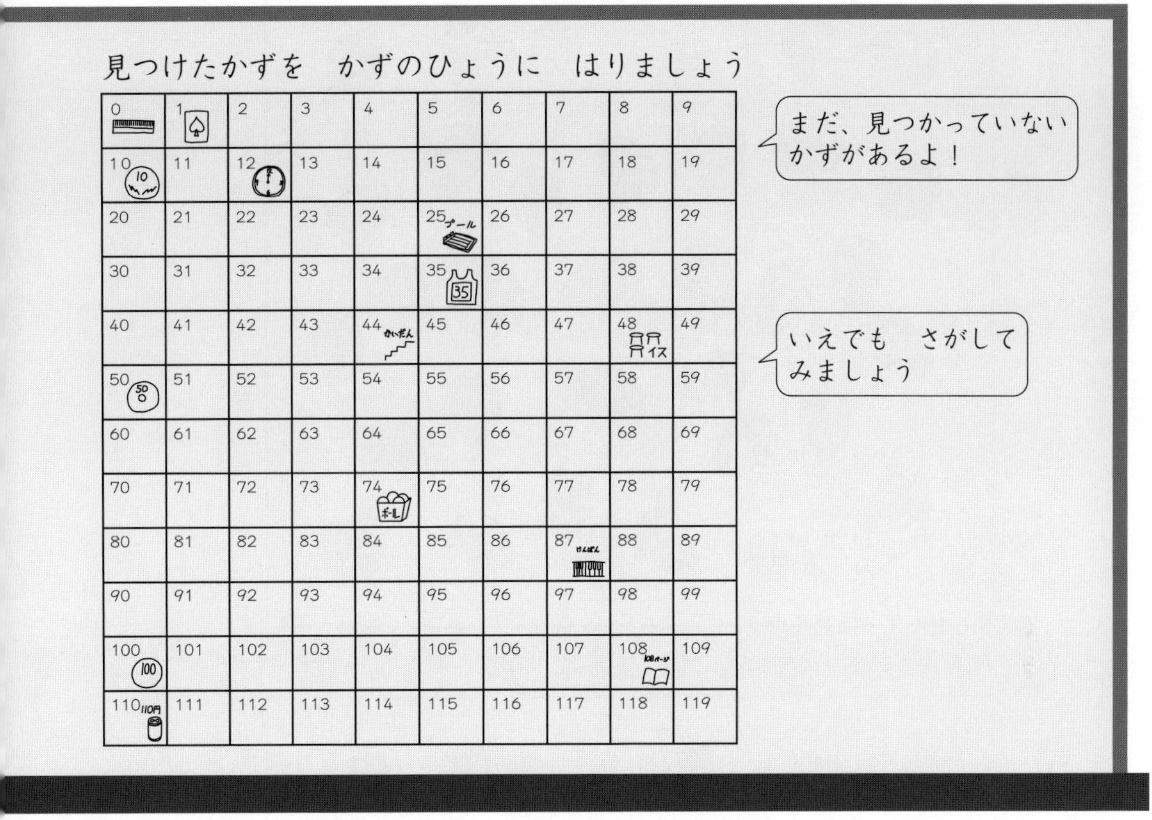

見つけたかずを　かずのひょうに　はりましょう
0 1 2 3 4 5 6 7 8 9
10 11 12 13 14 15 16 17 18 19
20 21 22 23 24 25 プール 26 27 28 29
30 31 32 33 34 35 36 37 38 39
40 41 42 43 44 かいだん 45 46 47 48 イス 49
50 51 52 53 54 55 56 57 58 59
60 61 62 63 64 65 66 67 68 69
70 71 72 73 74 ボール 75 76 77 78 79
80 81 82 83 84 85 86 87 けんばん 88 89
90 91 92 93 94 95 96 97 98 99
100 101 102 103 104 105 106 107 108 108ページ 109
110 110円 111 112 113 114 115 116 117 118 119
まだ、見つかっていないかずがあるよ！
いえでも　さがしてみましょう

4 見つけた数を発表しよう

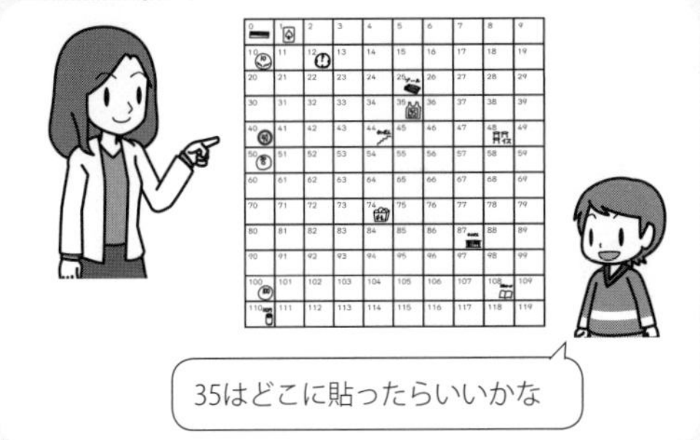

35はどこに貼ったらいいかな

見つけた数を発表させる。発表した数のカードを，大きな数表に貼っていく。左上の角が０であることを伝え，自分の見つけた数がどこに貼ったらよいか考えさせる。

5 帰り道や家でも探してみよう

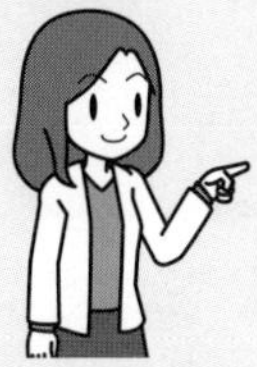

１時間の授業では，数表の１～120まですべて見つけることは難しい。そこで，「帰り道や家でも探してみよう」と投げかける。そして，教室にいつでもかけるようにカードを置いておき，次の日から見つけた数を自由にかいて，数表に貼ってよいことを伝える。

お買い物に行くと，「キャベツ88円」などたくさんの数を見つけられるだろう。

資料1 第1時の図（ドングリ）

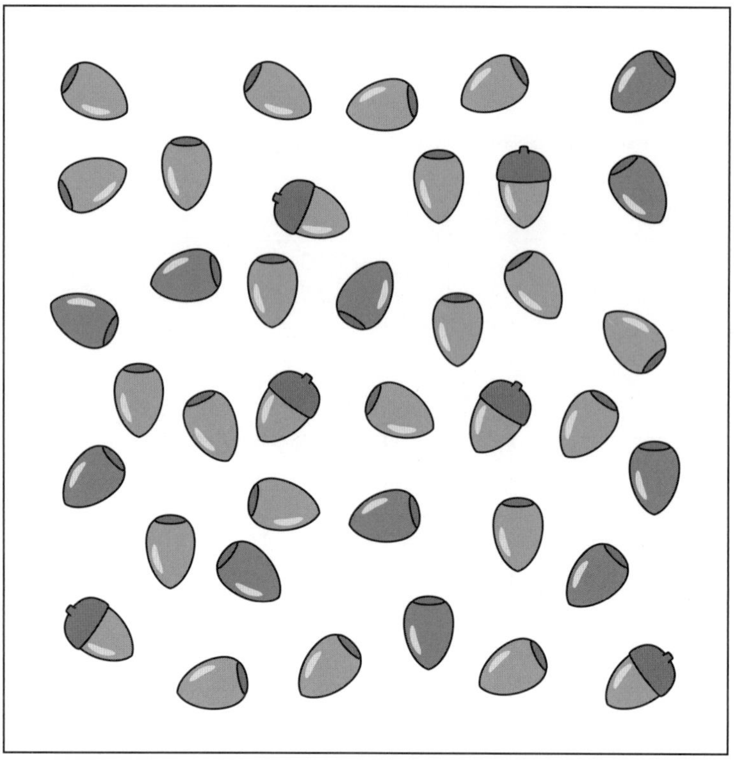

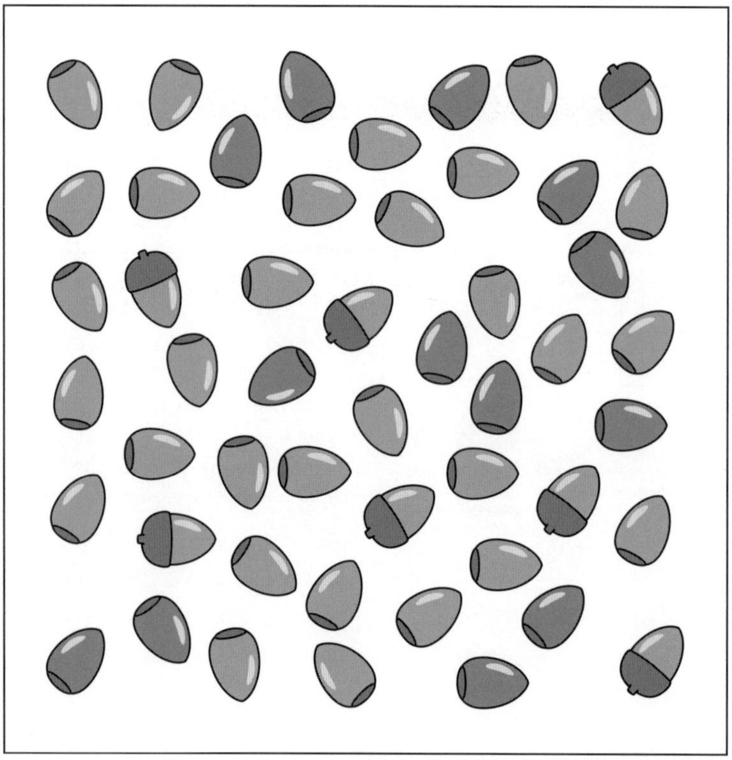

資料2 第2時の図（あさがおの種）

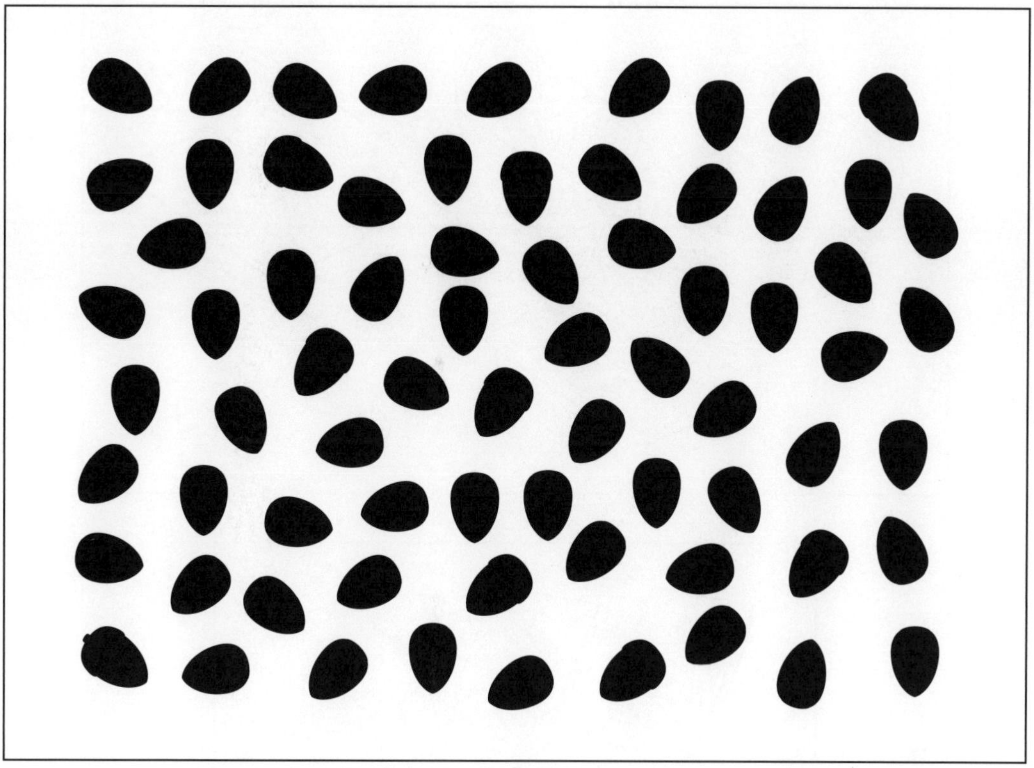

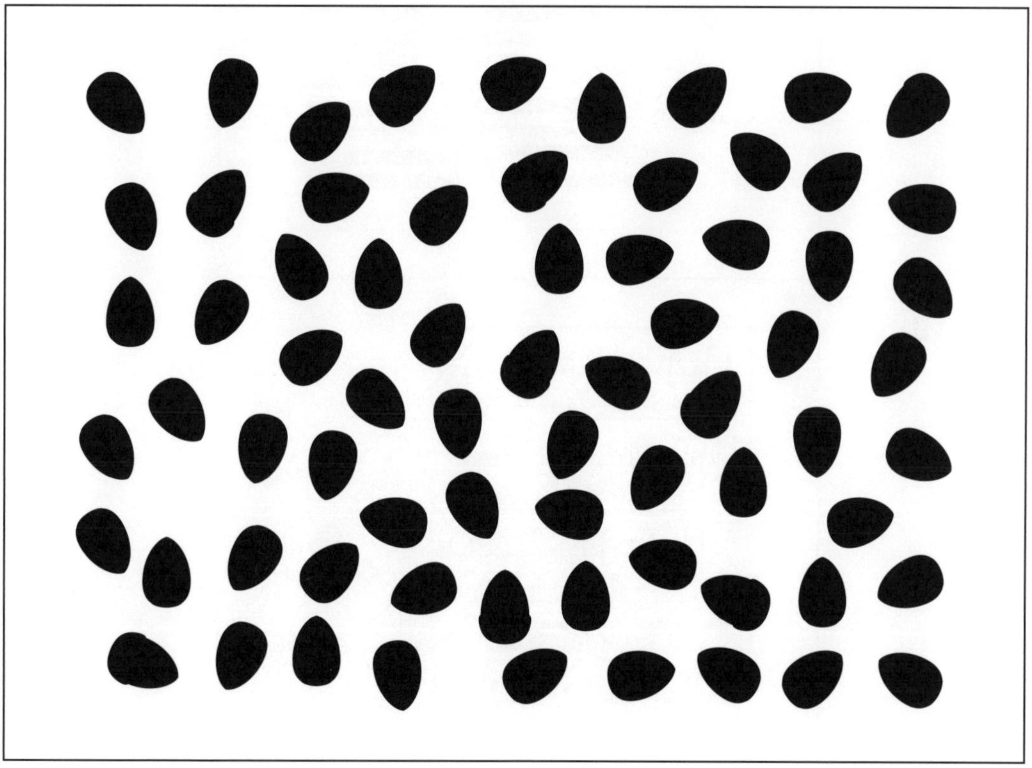

資料3 第3時の図

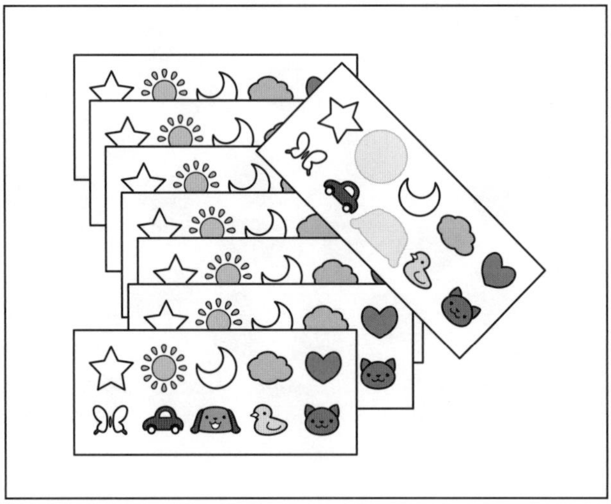

資料 4　第 6 時の図

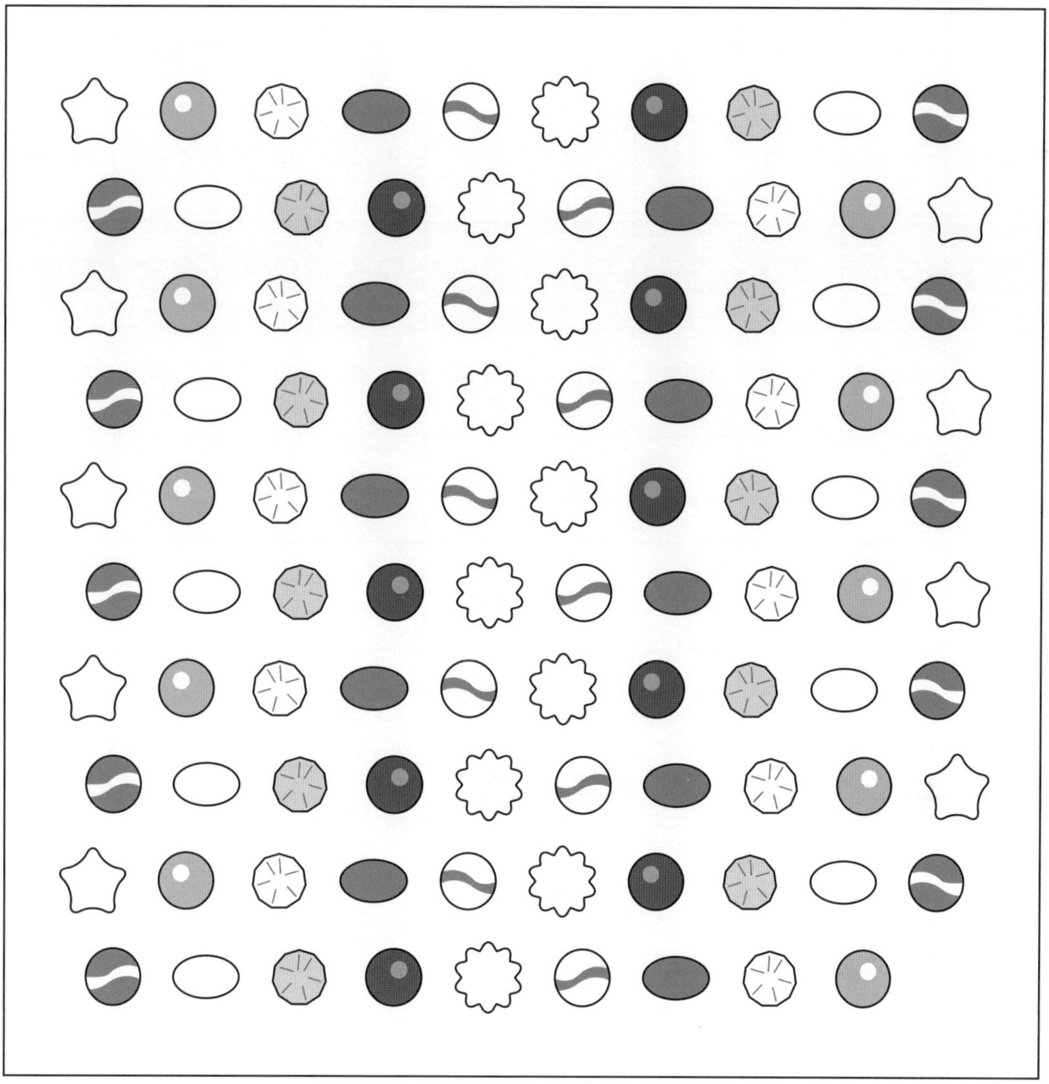

資料5 第7時の図（数表）

0	1	2	3	4	5	6	7	8	9
10	11	12	13	14	15	16	17	18	19
20	21	22	23	24	25	26	27	28	29
30	31	32	33	34	35	36	37	38	39
40	41	42	43	44	45	46	47	48	49
50	51	52	53	54	55	56	57	58	59
60	61	62	63	64	65	66	67	68	69
70	71	72	73	74	75	76	77	78	79
80	81	82	83	84	85	86	87	88	89
90	91	92	93	94	95	96	97	98	99
100									

資料6　第９時の図（葉っぱの絵）

15 たしざんとひきざん　4時間扱い

単元の目標

・順序数を含む問題解決場面において，加法や減法を用いることができる。
・異種のものの数量を含む問題解決場面において，同種のものの数量に置き換えて，加法や減法の式に表すことができる。
・求大や求小の場面についても加減の計算が適用できることを理解する。
・数量の関係を図に表し，加法や減法の式と結びつけることができる。

評価規準

知識・技能	○順序数や異種のものの数量を含む場面，求大や求小の場面でも加減法が使えることを知る。また，正しく答えを求めることができる。
思考・判断・表現	○数量の関係を図などに表しながら捉え，加法や減法の式に表したり，加法や減法の式に表せることを説明したりする。
主体的に学習に取り組む態度	○順序数や異種のものの数量を含む場面，求大や求小の場面を図などに表して，その答えを求める過程を楽しんでいる。

指導計画　全4時間

次	時	主な学習活動
第1次 たしざんとひきざん	1	12人が並んでいる列の，前から7番目と後ろから2番目の子の間の人数を求める。次に，前から7番目と前から2番目の子の間の人数を求める。
	2	5人の子に1枚ずつ折り紙を配る場面で，余りの数（4枚）を手掛かりに，はじめの枚数を求める。次に，はじめの枚数（7枚）が分かっているときに余りの数を求める。
	3	白組対赤組のドッジボールで，白組の内野の人数が分かっていて，赤組と白組の内野の人数の差が分かっているときに，赤組の内野の人数を求める。
	4	「10人の子が1列に並んでいます。よしお君は前から7番目，後ろから5番目です」というあり得ない文を，数値を1か所変えて正しい文に修正する。

単元の基礎・基本と見方・考え方

(1)加法，減法が用いられる場面

『小学校学習指導要領解説算数編』（p.84）には，加法や減法が用いられる場合として，次のものが挙げられている。

①加法が用いられる場合

（あ）増加，（い）合併，（う）順序数を含む加法，（え）求大，（お）異種のものの数量を含む加法

②減法が用いられる場合

（あ）求残，（い）求差，（う）順序数を含む減法，（え）求小，（お）異種のものの数量を含む減法

第１学年では，加法，減法の意味として，はじめの段階では（あ）と（い）について学習する。そして，学年の終わりの方に位置付けられる本単元では，（う）（え）（お）の場面について学習することになる。

(2)図で表す

上記の（あ）～（お）を図で表してみると，加法と減法が必ずしも対になっているわけではない。

例えば，加法の３＋２＝５と減法の５－２＝３が適用される場面について考えてみる。

増加と求残は下図のように表すことができる。この２つは逆の関係と言えるだろう。

〔増加〕 ○○○ ←○○　　　〔求残〕 ○○○ ○○→

ところが，合併と求差は図に表すと，逆の関係とは言えない。

〔合併〕 ○○○→←○○　　　〔求差〕 ○○○○○
○○

※この逆は「求補」と呼ばれる減法が近い。

また，（え）と（お）の図は似ているが，（お）は「異種のものの数量を，同種のものの数量に置き換える」という点で異なる。

このように，場面の違いや，加法と減法の関係について理解した上で指導に当たることが大切である。

(3)置き換える

上記の（う）では，順序数と集合数が混じった場面について扱う。

例えば，「たかおさんは，前から６番目です。たかおさんの後ろには３人います。全部で何人並んでいるでしょうか」という問題について考えてみる。この「６番目」は順序数であり，「３人」は集合数である。全体の人数を求める式６＋３の６は，「６番目」の６ではなく，「たかおさんは前から６番目ということは，列の先頭からたかおさんまで（たかおさんを含めて）６人いる」と置き換えたときの６ということになる。

また，（え）や（お）でも，１対１対応させることによって，あるものの数量を別のあるものの数量に置き換えて計算している。

例えば，「５人に折り紙を１枚ずつ配ったら，折り紙が３枚余った。折り紙の枚数は何枚か」という問題では５＋３で答えが求められるが，この５は「配った人数」ではなく，「５人に配った折り紙の枚数」である。子どもの人数を折り紙の枚数に置き換えることによって，式が成立するのである。１年生の子にとっては難しい見方・考え方であると言える。

子どもがこれらのことに気付いていけるように，場面設定や図の提示を工夫したいものである。

本時案

２人のあいだにはなん人いるのかな？ 1/4

本時の目標

・問題文の場面を図に表すことができる。
・順序数と集合数が混じった計算について，図をもとにしながら加減法の式に表すことができる。

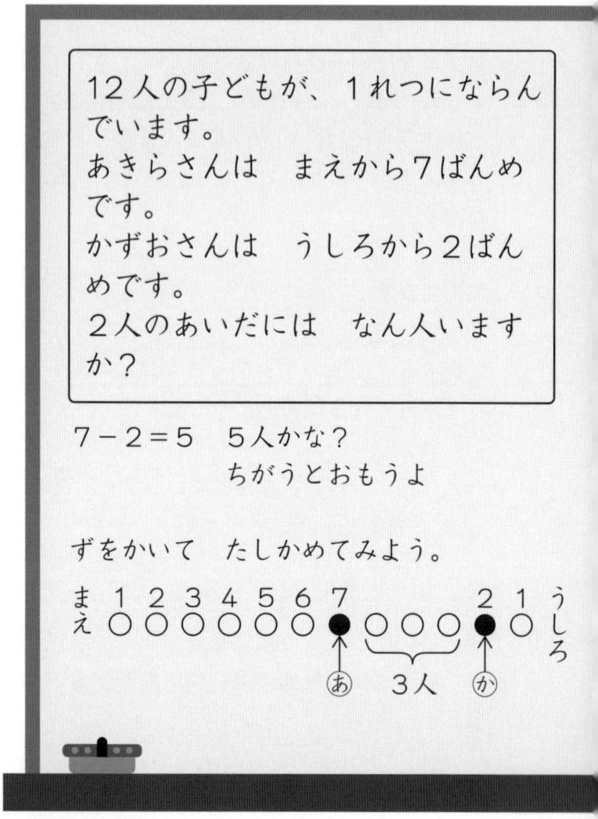
12人の子どもが、１れつにならんでいます。
あきらさんは　まえから７ばんめです。
かずおさんは　うしろから２ばんめです。
２人のあいだには　なん人いますか？
７－２＝５　５人かな？
ちがうとおもうよ
ずをかいて　たしかめてみよう。
まえ　1 2 3 4 5 6 7　2 1　うしろ
あ
３人
か

授業の流れ

1 あきらさんとかずおさんの間には何人いるのかな？

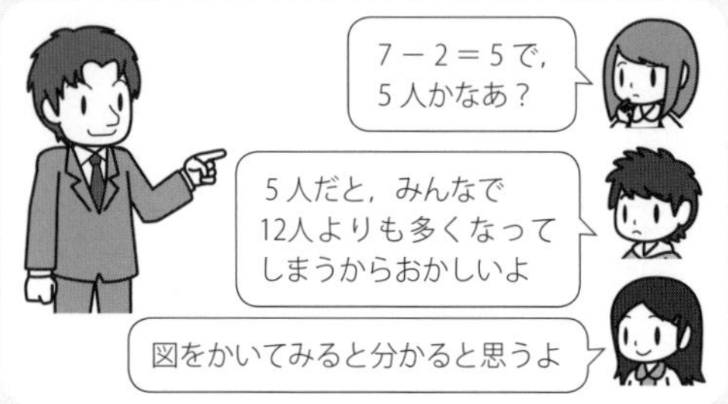
７－２＝５で，５人かなあ？
５人だと，みんなで12人よりも多くなってしまうからおかしいよ
図をかいてみると分かると思うよ

問題文を読み，答えを尋ねてみる。

すぐに答えがわからなかったり，上記のように間違えたりする子がいると思われる。

そこで，図をかいて調べてみることにする。

子どもの絵を一人ひとり丁寧にかこうとする子もいるが，○でよいことを理解させるようにする。

2 答えは「３人」ですね。計算で求められるのかな？

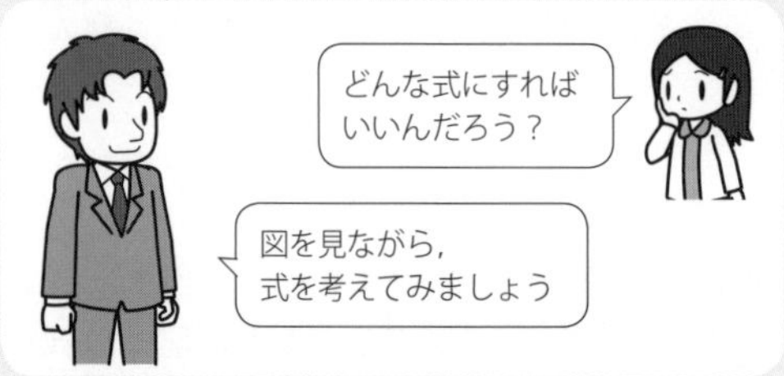
どんな式にすればいいんだろう？
図を見ながら，式を考えてみましょう

図の中で，どの○が「あきら」と「かずお」に当たるのかをはっきりさせる。そして，問われていることは「２人の間の人数」であり，図から「３人」になることを確認する。

「７番目」「２番目」の７や２は順序数であり，「12人」「３人」の12や３は集合数である。

3 12－７＝５，５－２＝３という式で計算しました

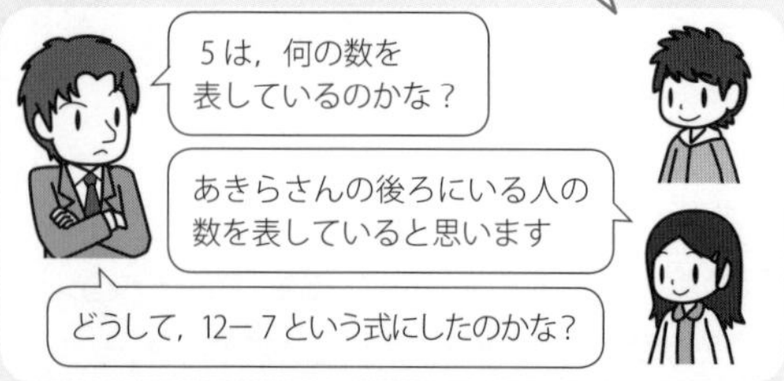
５は，何の数を表しているのかな？
あきらさんの後ろにいる人の数を表していると思います
どうして，12－７という式にしたのかな？

式の意味の説明は，説明をする側にとっても聞く側にとっても難しい。

そこで，「５は何を表すの？」と具体的に尋ねてみる。そして，図と式を行き来しながら，12－７でまずは「あきらの後ろの人数」を求めたことを確認する。

本時の評価

・問題文の場面を正しく図に表したり図の説明をしたりすることができたか。
・正しく立式し，図などをもとにして式の説明ができたか。

準備物

・特になし
（教師用おはじきを用いてもよい）

どんなけいさんをすればいいのかな？

さきさんは、まえから２ばんめです。あきらさんとさきさんのあいだにはなん人いますか？

しき
①12－7＝5
　5－2＝3
　こたえ3人

あきらさんのうしろにいる人のかず

② 7＋2＝9
　12－9＝3
　こたえ3人

4人？

まえ　1 2 3 4 5 6 7　うしろ
○●○○○○●○○○○○
㋚　4人　㋐

しき
6－2＝4　こたえ4人

あきらさんのまえにいる人のかず
7－1＝6

4 ②の７＋２＝９は，何の数を求めているのかな？

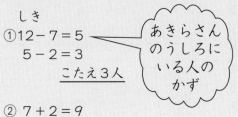

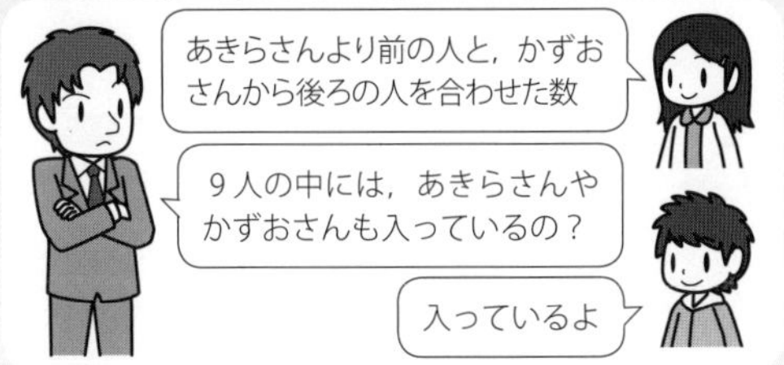

あきらさんより前の人と，かずおさんから後ろの人を合わせた数
９人の中には，あきらさんやかずおさんも入っているの？
入っているよ

①の式が理解できたら，②の式についてみんなで考えてみる。

「あきらは前から７番目」ということは，「先頭からあきらまで７人いる」ということである。７の意味が変わっていることにも気付かせたい。

適用題に代えて

２問目（あきらとさきの間の人数を求める問題）も，順序数と集合数が混じっている文章題である。

１問目と同様，図をもとにして，どのような式になるかを考えさせたい。

適用題というと，一般に１問目と同じ構造の問題を提示することが多いと思われるが，ここでは少し変えてみた。そして，今度も７－２では答えを求めることができない。

答えを求めるためにどのような数が必要なのか，その数をどのように導き出したのかについて話し合わせてみたい。

本時案

おりがみはなんまい？

2/4

本時の目標

・子どもの人数を折り紙の枚数に置き換えて，加法や減法の計算をすることができる。

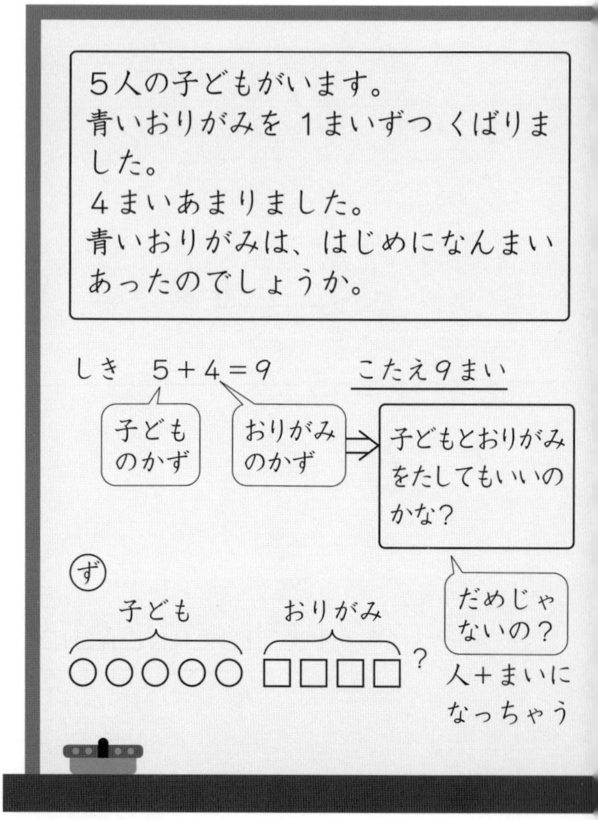
5人の子どもがいます。
青いおりがみを １まいずつ くばりました。
４まいあまりました。
青いおりがみは、はじめになんまいあったのでしょうか。
しき　5＋4＝9　こたえ9まい
子どものかず
おりがみのかず
子どもとおりがみをたしてもいいのかな？
ず
子ども
おりがみ
？
だめじゃないの？
人＋まいになっちゃう

授業の流れ

1 青い折り紙ははじめに何枚あったのかな？

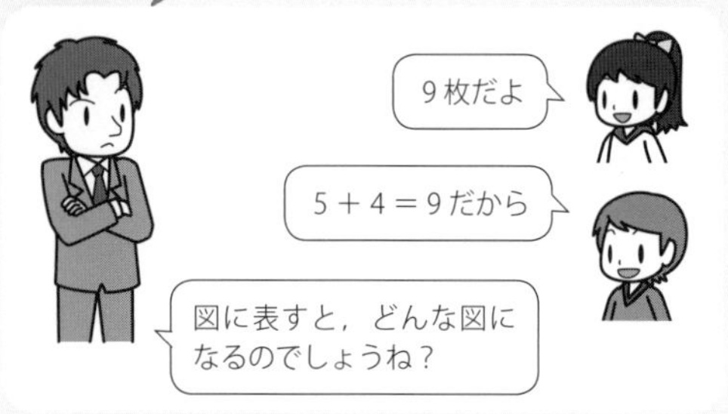
9枚だよ
5＋4＝9だから
図に表すと，どんな図になるのでしょうね？

本時の問題では，早い段階で正しい答えが出されると思われる。

けれども，式で使われる数がそれぞれ何を表すのかを話させると，５＋４＝（子どもの人数）＋（あまった折り紙の枚数）と考えている子が多い。本当にそれでよいのか，話し合わせたい。

2 ５＋４の５は，何の数ですか？

子どもの人数です
図はこうなります
○○○○○□□□□
「子どもの数」に「折り紙の数」を足したのですね？
「人数」に「枚数」を足してもいいのかな？
「人」＋「枚」はできないと思う

５は「子どもの人数」ではなく，「折り紙の枚数」であることに気付かせたい。

3 図はどうなるのかな？

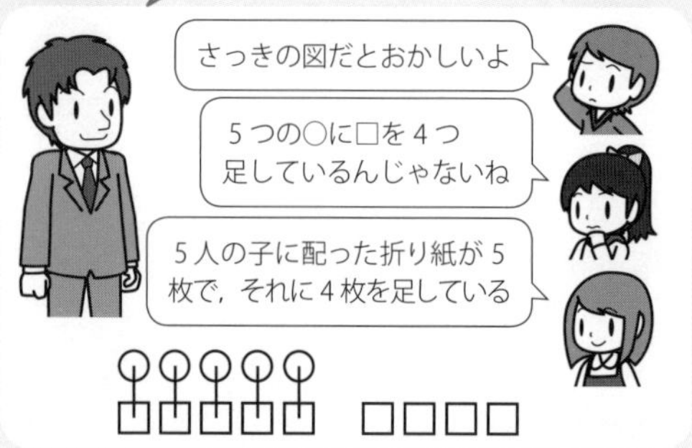
さっきの図だとおかしいよ
５つの○に□を４つ足しているんじゃないね
５人の子に配った折り紙が５枚で，それに４枚を足している

図に表すと，○１つに□１つが対応していて，その□の数が５（子どもに配った折り紙の枚数）。それに余った４枚を加えた図になることを理解させたい。

本時の評価

・5人の子どもに折り紙を1枚ずつ配ると，配った折り紙の枚数は5枚になることを理解し，その数を使って立式することができたか。

準備物

・特になし
（掲示用に，丸いおはじきや青と赤のカードを用いてもよい）

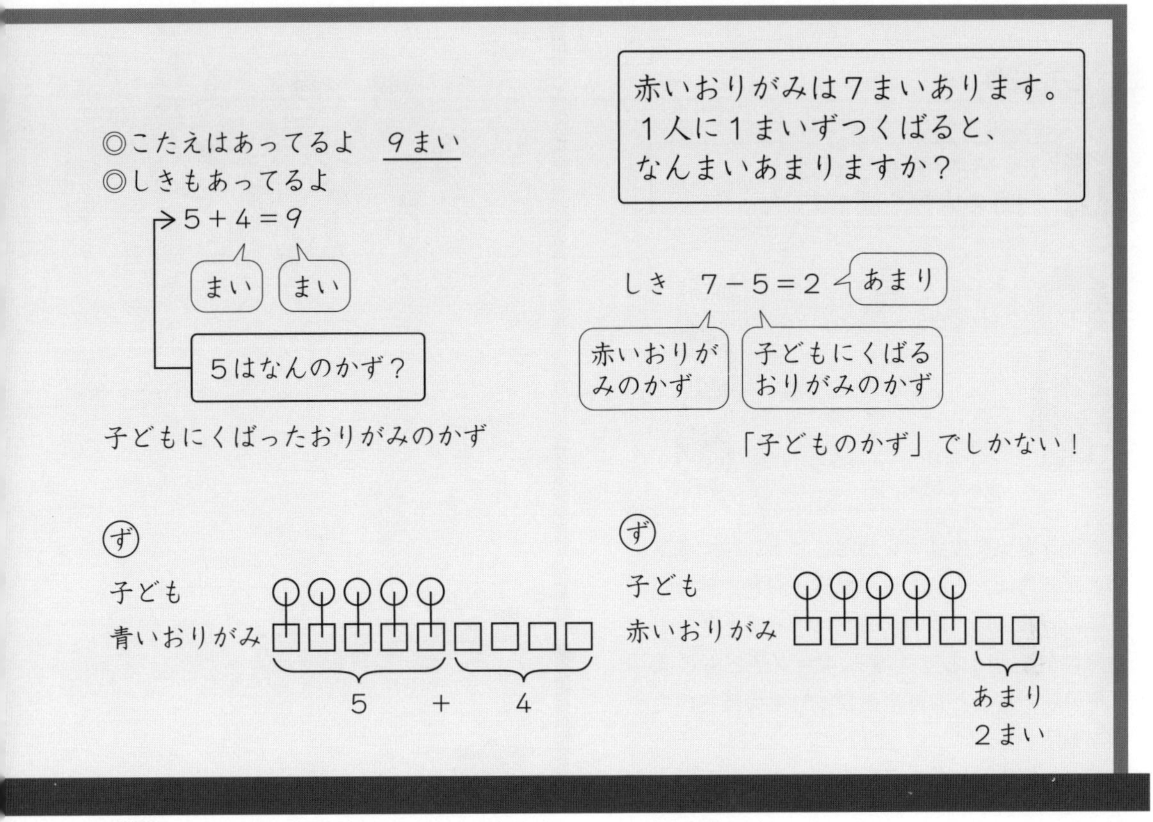
赤いおりがみは7まいあります。
1人に1まいずつくばると，
なんまいあまりますか？
◎こたえはあってるよ　9まい
◎しきもあってるよ
5＋4＝9
まい
まい
5はなんのかず？
子どもにくばったおりがみのかず
しき　7－5＝2
あまり
赤いおりがみのかず
子どもにくばるおりがみのかず
「子どものかず」でしかない！
ず
子ども
青いおりがみ
5　＋　4
ず
子ども
赤いおりがみ
あまり
2まい

4 次に，赤い折り紙を配ることにしました

赤い折り紙は7枚あります。何枚あまりますか
また，1人に1枚ずつ配るんだね
7－5＝2だから，2枚余る
7は何の数ですか？
5は何の数ですか？
7は赤い折り紙の数です
5は，5人の子どもに配った折り紙の数です

5 図に表してみましょう

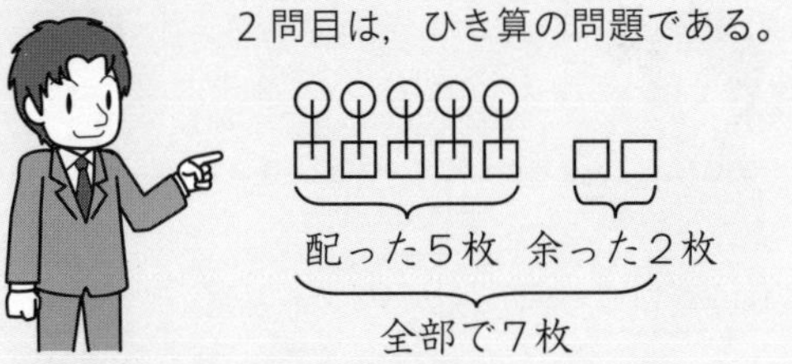
2問目は，ひき算の問題である。
配った5枚
余った2枚
全部で7枚

子ども1人に折り紙が1枚ずつ対応し，その数が5枚。赤い折り紙は全部で7枚あり，その7枚のうち5枚配ったので，残りを求める式は7－5＝2となる。

このことを，図と式を行き来しながら説明できるようにしたい。

本時案

赤ぐみはなん人のこっているのかな？

3/4

本時の目標

・求大の加法，求小の減法について，図と対応させながらそれぞれの演算について考えることができる。

赤ぐみと白ぐみにわかれて、ドッジボールをしました。ないやにのこっている人ずうをしらべました。

〈1しあいめ〉

白ぐみは6人だよ

赤ぐみは白ぐみより3人おおかったよ

授業の流れ

1 ドッジボールをしました。内野の人数を調べました

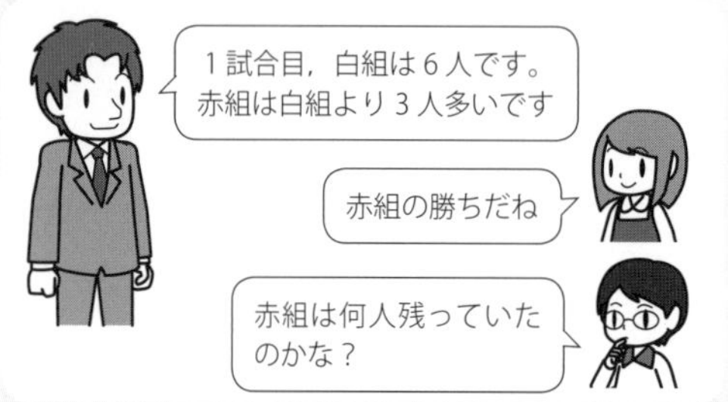
1試合目，白組は6人です。赤組は白組より3人多いです
赤組の勝ちだね
赤組は何人残っていたのかな？

ドッジボールの試合を想起させる。絵や写真などがあれば，それを見ながら，内野と外野の意味や，最後に内野の人数を比べることなどを話題にする。

その話の続きとして，赤組と白組の試合の場面を提示する。

すぐに答えが分かる子もいると思われる。

2 どんな計算をすればよいのかな？

3人「多い」んだから，足すんじゃないのかな？
6＋3＝9で，答えは「9人」だと思う
確かに「9人」は「6人よりも3人多い」ね

答えと，その答えを求める式を尋ねる。

おそらくそれほど間違える子はいないと思われる。

そこで，たし算にした根拠について確認していくことにする。

3 図を使って説明できるかな？

○○○○○○●●●
白組（○）が6人で，それに赤組（●）を3人足せばよい
その図だと，「白組と赤組を合わせて9人」ということになるんじゃないの？
赤組（●）は3人しかいないことになっちゃうよ

合併のようなイメージの図で表す子が多いと思われる。これでは，場面と合っていないことをはっきりさせていく。

本時の評価

・求大，求小の場面で，加法，減法の立式をすることができたか。
・場面を正しく表す図を考えることができたか。また，1対1対応させる図を理解することができたか。

準備物

・ドッジボールを想起させる絵や写真

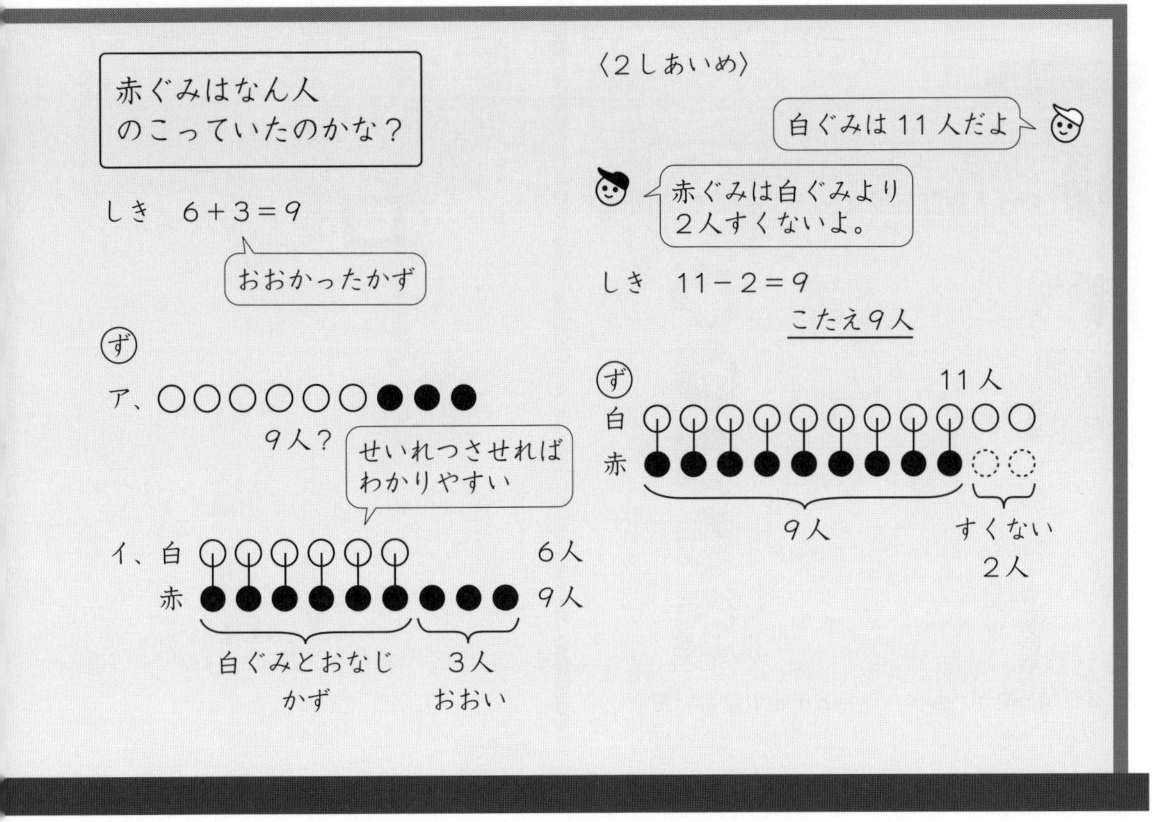
赤ぐみはなん人
のこっていたのかな？
しき　6＋3＝9
おおかったかず
ず
ア、○○○○○○●●●
9人？
せいれつさせれば
わかりやすい
イ、白
赤
6人
9人
白ぐみとおなじ
かず
3人
おおい
〈2しあいめ〉
白ぐみは11人だよ
赤ぐみは白ぐみより
2人すくないよ。
しき　11－2＝9
こたえ9人
ず
11人
白
赤
9人
すくない
2人

4　6＋3の6人は，白組の人なの?

その6人も，赤組の人だよ
そうだね。
6も3も赤組の人の数だよね。
その6は，どうして分かったの？
白組の人が6人だったから…。
そうか，こうすればいいんだ
整列しているみたいだね

図を修正する。

5　2試合目は，白組が11人，赤組は白組より2人少なかったよ

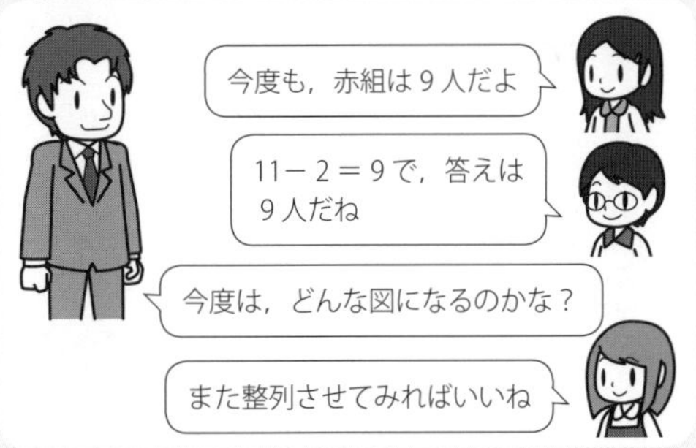
今度も，赤組は9人だよ
11－2＝9で，答えは
9人だね
今度は，どんな図になるのかな？
また整列させてみればいいね

図をかく順序としては，はじめに○を11個並べ，次に「少ない2人」の◌をかき，それから残りの○9個に対応する●を9個かいていくことになる。

本時案　授業DVD

かずをかえて，正しい文になおそう

4/4

本時の目標

・人が1列に並んでいる場面において，図などを用いながら，「何番目」や「全体の人数」を求めることができる。
・また，その求め方を，式と対応させることができる。

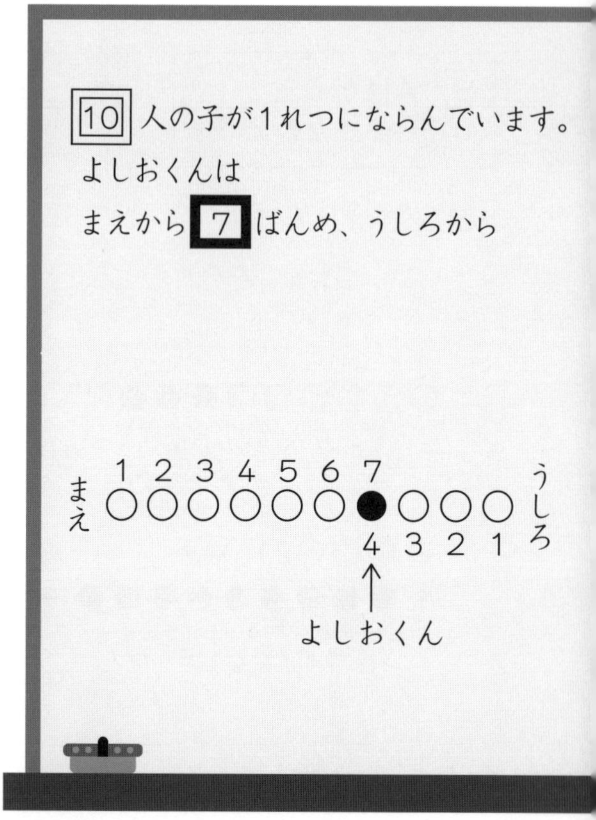

10 人の子が1れつにならんでいます。
よしおくんは
まえから 7 ばんめ、うしろから
1 2 3 4 5 6 7
まえ
うしろ
4 3 2 1
よしおくん

授業の流れ

1 10人並んでいます。よしお君は，前から7番目，後ろから5番目です

え？　おかしいよ
それじゃ，子どもの数が12人になっちゃうよ
どこがおかしいの？
後ろから「5番目」はおかしい
後ろから「3番目」になるはず
いや，後ろから「4番目」だよ

提示した文が「おかしい」と子どもは言い始めると予想される。そこで，どの数を変えればよいかを考えさせる。

2 「後ろから5番目」の「5」を変えることにします

後ろから「3番目」が正しいのかな？「4番目」が正しいのかな？
図をかいてみると，「4番目」になるよ
「3番目」だと，よしお君が2人いることになってしまうよ

10－7＝3になることから，「後ろから3番目」と予想する子がいる。けれども，図をかいてみると，「後ろから4番目」になることや，「3番目」は間違いであることが分かってくる。

3 計算で求めることもできるのかな？

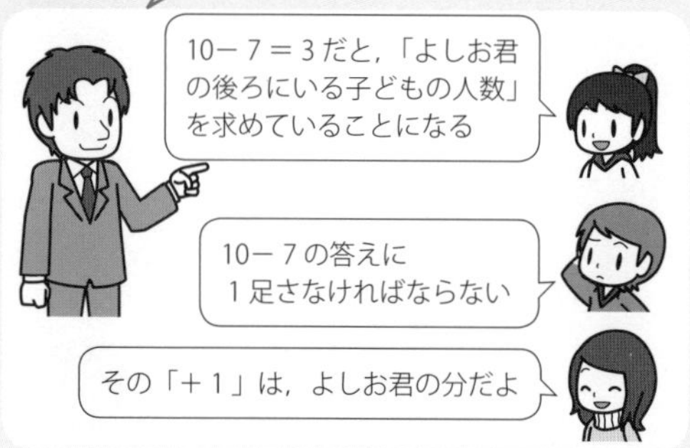

10－7＝3だと，「よしお君の後ろにいる子どもの人数」を求めていることになる
10－7の答えに1足さなければならない
その「＋1」は，よしお君の分だよ

「後ろから4番目」であることを求める式を，図を手掛かりにしながら考えてみる。

10－7に1を足す必要があることに気付かせたい。

11 たしざん(2)
12 かたちあそび
13 ひきざん(2)
14 大きなかず
15 たしざんとひきざん
16 かたちづくり

本時の評価

・問題場面を図に表し，「何番目」や「全体の人数」を考えることができたか。
・式と図を対応させて説明したり，説明を聞いて理解したりすることができたか。

準備物

・数字カード
・数をかくすためのカード

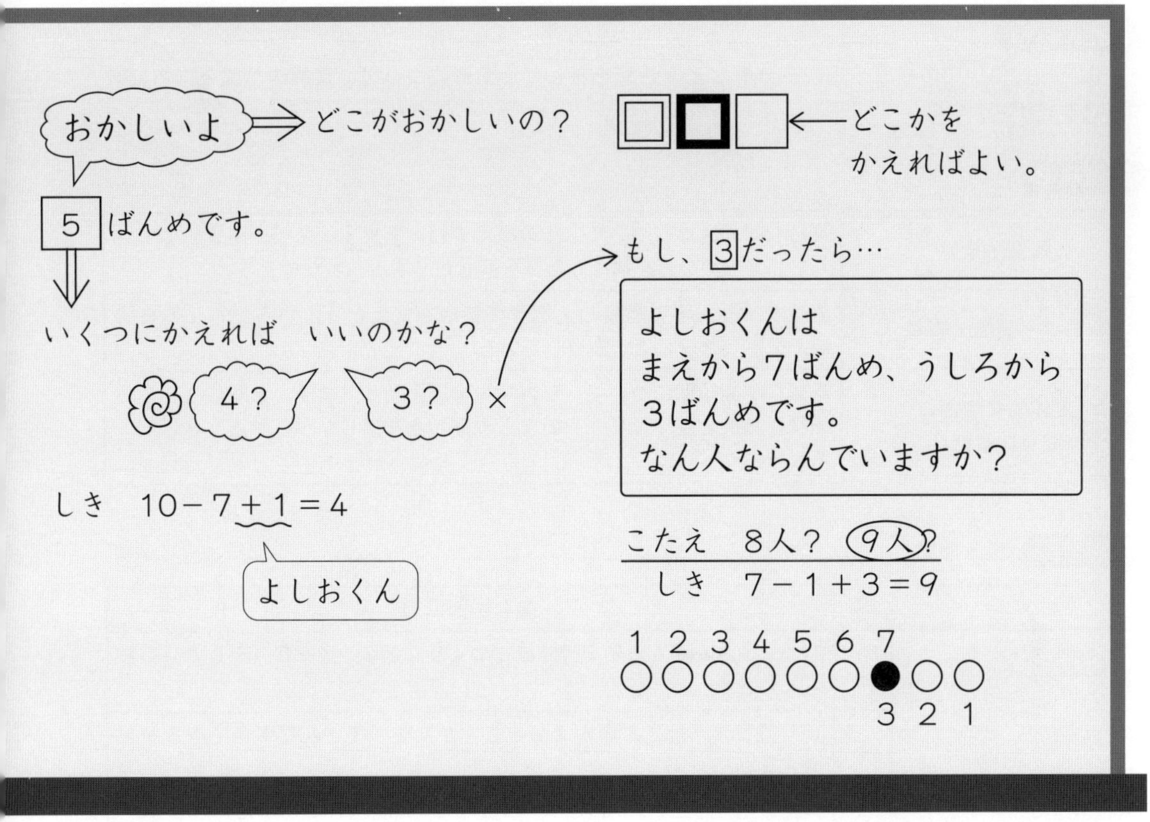
おかしいよ
どこがおかしいの？
どこかをかえればよい。
5 ばんめです。
いくつにかえれば　いいのかな？
4？
3？
×
もし、3だったら…
よしおくんは
まえから7ばんめ、うしろから
3ばんめです。
なん人ならんでいますか？
しき　10－7＋1＝4
よしおくん
こたえ　8人？　9人？
しき　7－1＋3＝9
1 2 3 4 5 6 7
3 2 1

4 もし，「よしお君は前から 7 番目，後ろから 3 番目」が正しいとしたら，全部で何人の子が並んでいることになるのかな？

8人かな？
9人じゃないの？
図をかいて調べてみよう
1 2 3 4 5 6 7
3 2 1

文に合うように図をかいてみると，全体の人数は「９人」になることが分かる。この図と対応させながら式について考える。

学びを深めるために

3 までの活動の中で，子どもたちは場面を図に表したり，その図をもとに式の説明をしたりする。その様子から，子どもたちはきちんと理解できているように見える。

ところが，**4** で「では，もし後ろから 3 番目だったら全体の数は？」と逆に尋ねてみると，やはり同じように間違う子がいることが分かる。

「前から 7 番目」と「前に 6 人いる」ことは同じ状態を表していることなどを，様々な表現をさせることを通して理解させるようにしていきたい。

16 かたちづくり　5時間扱い

単元の目標

・平面図形についての観察や構成，分解などの活動を通して，図形についての理解の基礎となる経験を豊かにする。

評価規準

知識・技能	身近な平面図形について，その概形や特徴を捉え，色板や棒を並べていろいろなものの形を構成したり分解したりすることができる。
思考・判断・表現	身近な平面図形に着目し，図形の特徴を捉えたり，いろいろな形を構成，分解したりして，表現している。
主体的に学習に取り組む態度	身近な平面図形について，形の特徴を捉えたり，構成，分解したりした過程や結果を振り返り，そのよさや楽しさを感じながら学ぼうとしている。

指導計画　全5時間

次	時	主な学習活動
第1次 かたちづくり	1	しかくやさんかくの形を折り紙でつくりながら，形を作り出していくおもしろさを味わう。
	2	折り紙で作ったさんかく2つ，さんかく3つでどんな形ができるかを考える。
	3	さんかく4つでどんな形ができるかを考える。
	4	色板パズルを作る活動を通して，形を構成・分解する経験を豊かにする。
	5	棒を使ったり，点と点をつないだりして形を作っていく。

単元の基礎・基本と見方・考え方

◆平面図形の構成と分解

「かたちあそび」の単元では，立体図形を重ねて積んだり，面の形を写し取ったりする活動を通して，形に着目して，形の特徴を捉えてきた。

本単元の「かたちづくり」では，平面図形を構成したり，分解したりしながら，平面図形の理解の基礎となる経験を豊かにさせていく。

第１時は折り紙を使って，「しかく」や「さんかく」の形を自分で作り出しながら，形が変化していく様子を楽しませていく。「ましかく」の折り紙を半分に折ると「ながしかく」ができる。「ながしかく」を半分に折ると，小さくなるがまた「ましかく」ができる。このように，「ましかく」の折り紙から，「しかく」が簡単に作り出せる。しかし，折り方を変えて「しかく」を対角線で半分に折ると「さんかく」ができる。さらに半分に折っても「さんかく」ができる。何度折っても「さんかく」ができる。しかし，「さんかく」も折り方によっては「しかく」に変えていくことができる。このように形に目を向けながら折り紙遊びで自ら形を作り出す楽しさを味わわせていきたい。

第２時と第３時は折り紙を半分に折った直角二等辺三角形でどんな形ができるかを考えていく。辺と辺がぴったりと重なるように構成していくと，２枚では３通り，３枚では４通りの形ができる。ここで，４枚では５通りできるのではないかという予想を立てながら，調べていくと14通りもできてしまう。次々にできてくる形を回転させたり，裏返したりしながら，違う形を見いだしていく。このときも，もとの形に１枚加えることで，何種類もの形ができあがってくる過程を楽しませていくことができる。

第４時は色板パズルを作る活動を位置付けた。色板パズルは周りの線だけを残しているため，中に入る色板の数や向きを子どもたちは考えていくことになる。作るときには１つの並べ方で作ったパズルでも，並べ方によっていくつものつくり方ができてくる。このときも色板を平行移動させたり，回転させたり，裏返したりしながら異同弁別をしていくことになる。

第５時は線で形を作っていく活動になる。これまで使ってきた折り紙や色板は面があるが，棒や線だけになると，面の部分には何もなくなる。それでも，棒や線で囲んだ部分が面として見えてきて，囲むことで面を作り出していけることを学んでいく。

本時案

おりがみでしかく，さんかくをおろう

1/5

本時の目標

・折り紙を使って四角形，三角形を折る方法を考える。

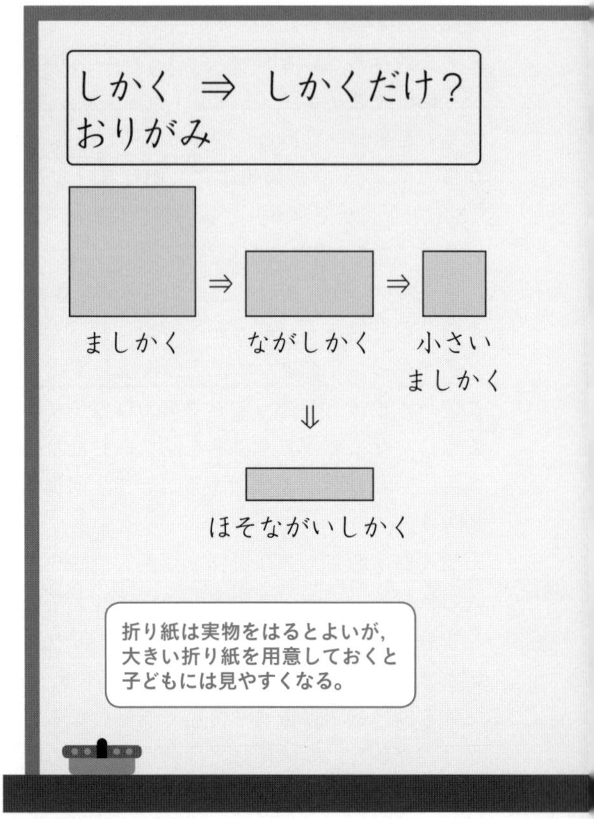
しかく ⇒ しかくだけ？
おりがみ
ましかく
ながしかく
小さい
ましかく
ほそながいしかく
折り紙は実物をはるとよいが，
大きい折り紙を用意しておくと
子どもには見やすくなる。

授業の流れ

1 半分に折ると折り紙の形は？

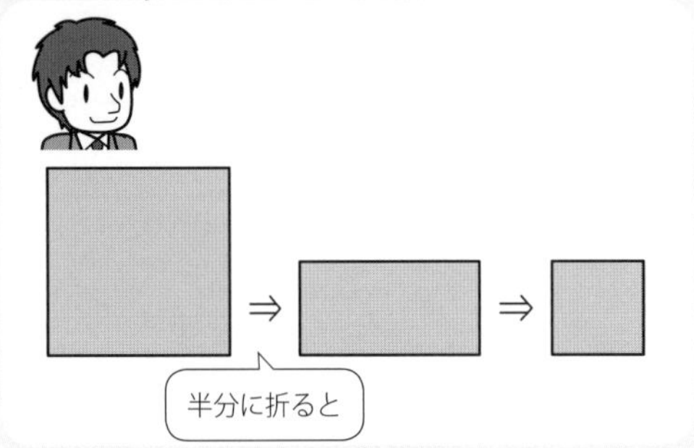
半分に折ると

折り紙を 3 枚配る。折り紙の形は「しかく」「ましかく」である。「半分に折ると形はどうなる？」と聞く。「ながしかく」になる。「さらに半分に折ると？　またましかくになるね。折り紙は半分にするといつもしかくになりますね」と折りながら話す。

2 さんかくもできるよ！

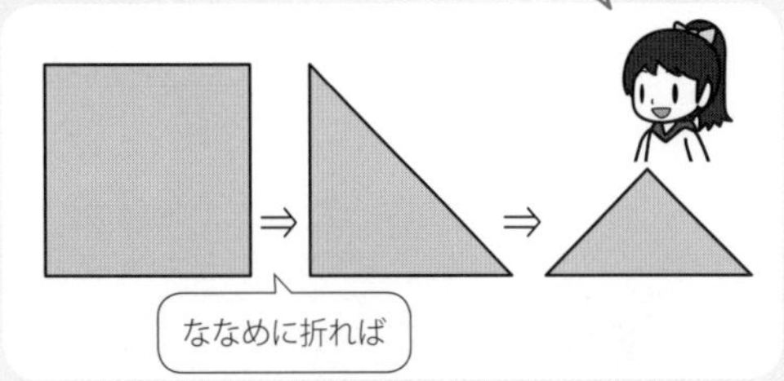
ななめに折れば

「いつもしかくができる」と断定する。すると子どもは「さんかくもできるよ」「ななめに折ればできる」と答える。そこで「じゃあ，新しい折り紙でさんかくも折ってみよう」とする。子どもはさんかくに折る方法を考えていく。

3 開いてみれば分かるよ！

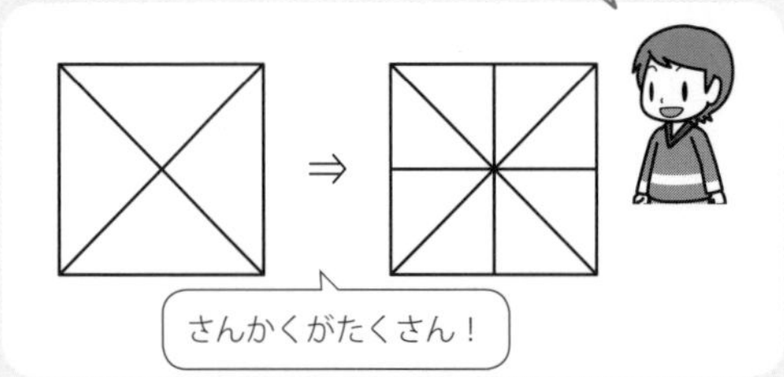
さんかくがたくさん！

「さんかくに折れているね。でもそれは元々さんかくの折り紙だったんじゃない？」と言うと，「開いてみればわかるよ」と子どもは折り紙を開いて見せる。折り紙に折り目で線ができて，折り目でさんかくがたくさんできていることを楽しめる。

本時の評価

・折り紙で四角形，三角形を折ることができたか。

準備物

・教師掲示用折り紙
・児童用折り紙

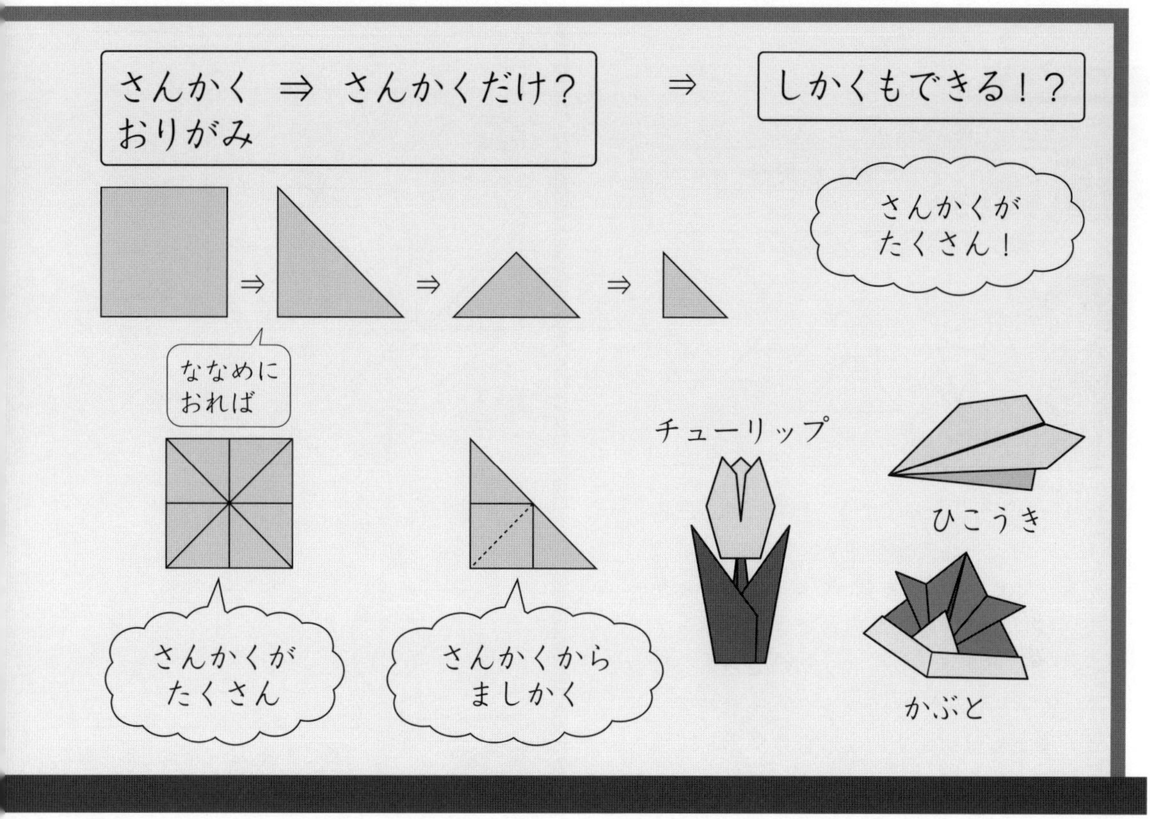

さんかく ⇒ さんかくだけ？
おりがみ
⇒
しかくもできる！？
さんかくが
たくさん！
ななめに
おれば
さんかくが
たくさん
さんかくから
ましかく
チューリップ
ひこうき
かぶと

4 さんかくからしかくができるかな？

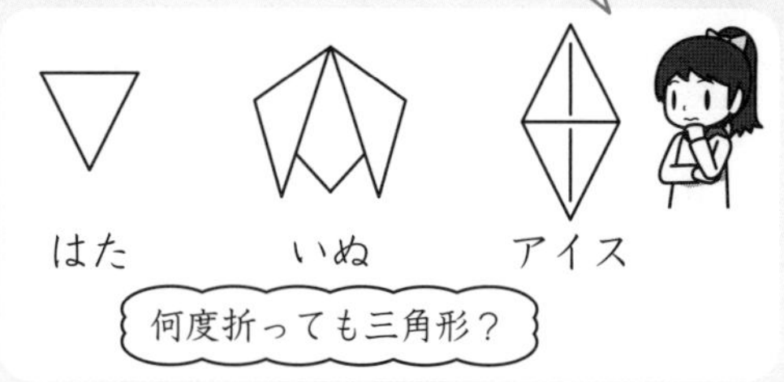

はた
いぬ
アイス
何度折っても三角形？

「しかくの折り紙からさんかくの形ができるんだね。でもさんかくになったら，何度折ってもさんかくしかできないね」と直角二等辺三角形が折ると小さくなっていくのをみせる。さんかくからしかくができないかと，子どもはさんかくの形を折ってしかくを作ろうとする。

5 さんかくの形がたくさんできるね

チューリップ
ひこうき
つる

さんかくからしかくを折ろうとしながら，いろいろなさんかくの形ができる。さんかくの形から具体物を想像していくと，子どもたちの発想が広がっていく。さんかくからしかくにする方法は，出てこなければ教えてよい。

本時案

いろいた３まいで かたちをつくろう

2/5

本時の目標

・直角三角形の色板２枚，３枚を使ってできる形を考える。

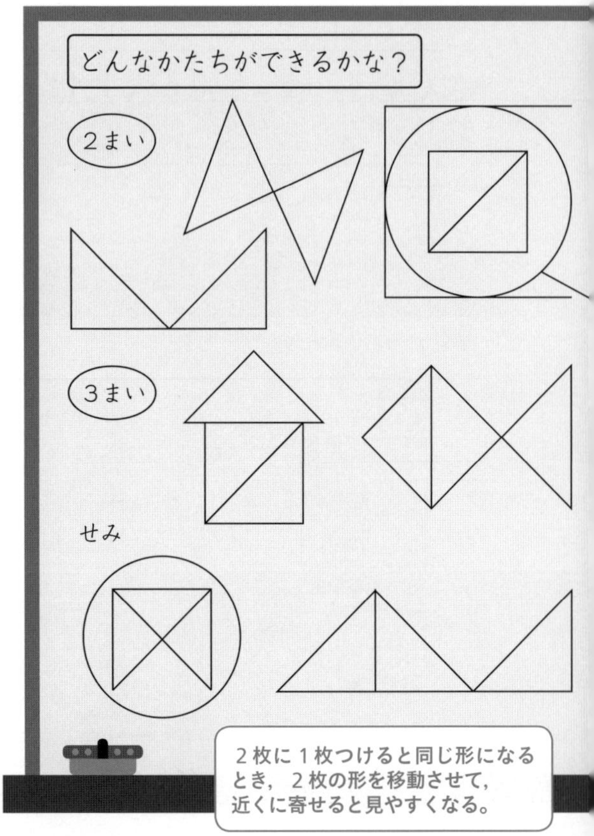

どんなかたちができるかな？
2まい
3まい
せみ
２枚に１枚つけると同じ形になるとき，２枚の形を移動させて，近くに寄せると見やすくなる。

授業の流れ

1 さんかく２つでどんな形ができるかな？

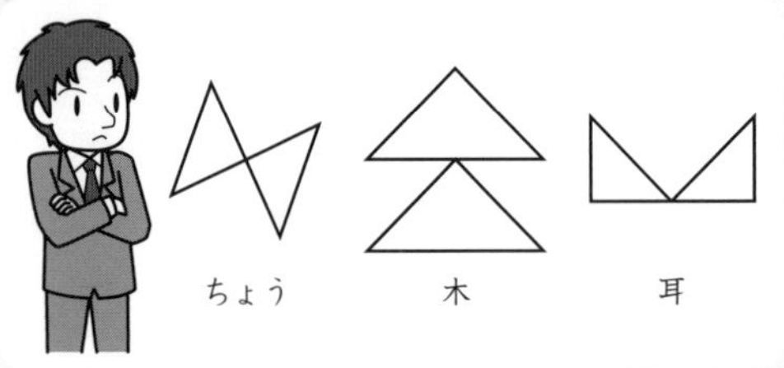

ちょう
木
耳

折り紙を半分に折ってできた直角二等辺三角形１枚が何に見えるかを聞く。「やま」「ピラミッド」などの具体物を見いだす。次にさんかくを２枚にするとどんな形ができるか作ってみる。「ちょうちょ」「木」などが出される。はじめは重なりや頂点だけを付けた形も認めていくと，子どもは想像を広げ形を作り出していく。

2 辺がぴったりくっつく形はいくつできるかな？

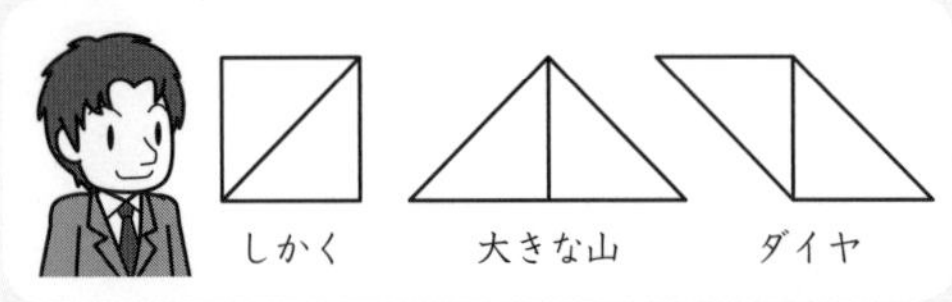

しかく
大きな山
ダイヤ

２枚でできた形の中で，辺同士がぴったりくっついている形がいくつあるか数える。回転させたり，裏返しにさせたりして同じ形になるものを除くと，「大きな山」「しかく」「ダイヤ」の３つしかないことがわかる。

２枚でできる形はたくさんあるのに，辺がぴったりくっついている形が３つしかできないことに驚く。

3 さんかく３つで何ができるかな？

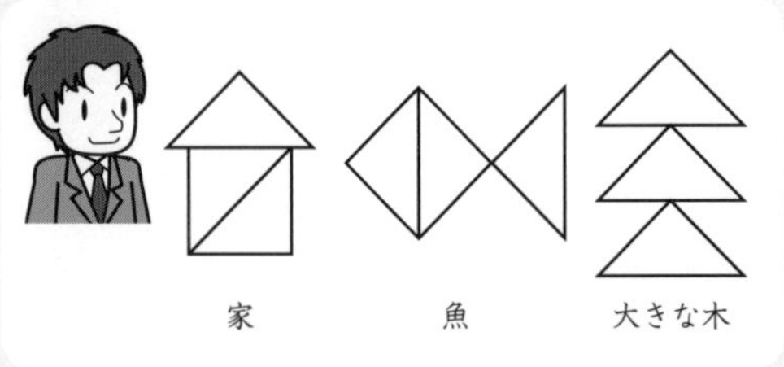

家
魚
大きな木

「３枚にしたい」「３枚ならもっとできるよ」と言う子どもが出てくるだろう。三角を１つ増やして３枚で何ができるか作ってみる。重なりや頂点だけを付けた形を認めると２枚のときと同様にたくさんできてくる。

本時の評価

・回転させたり裏返したりしながら，違う形を見出すことができたか。

準備物

・教師掲示用折り紙
・教師掲示用色板
・児童用折り紙（色紙でもよい）

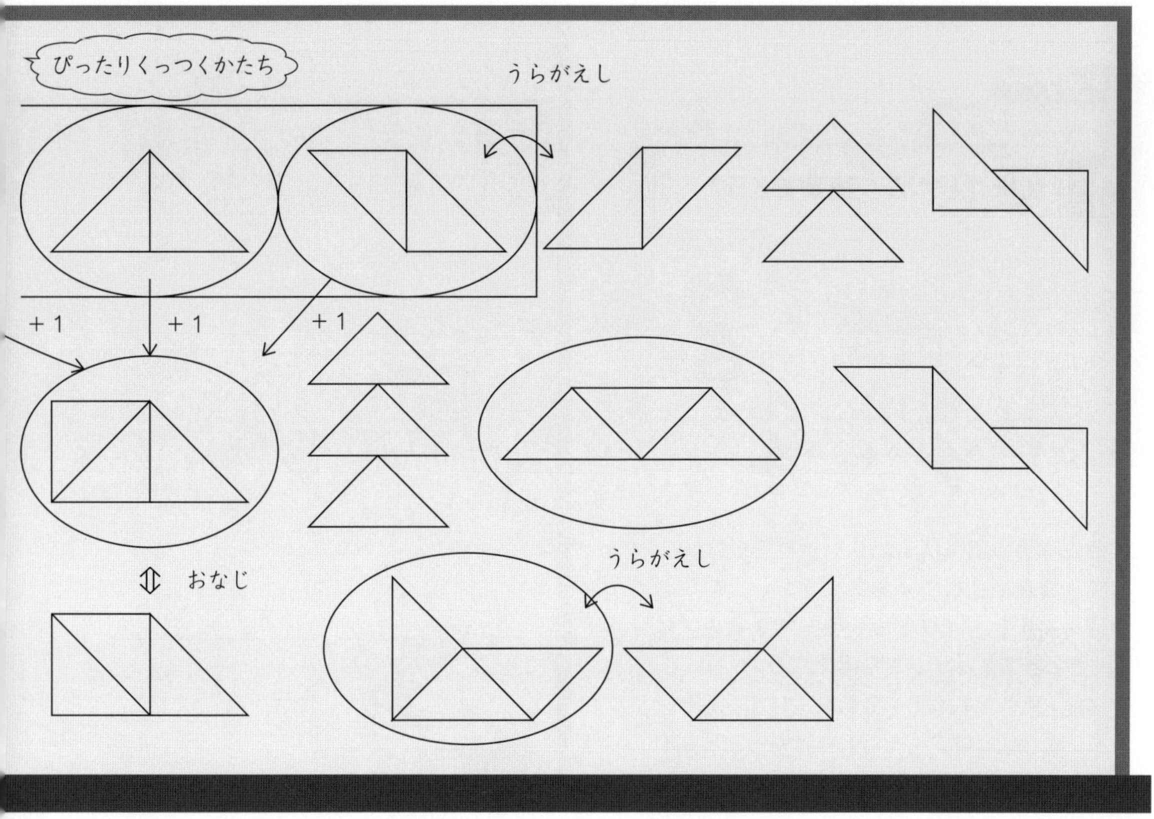

4 ぴったりくっつく形はいくつできるかな？

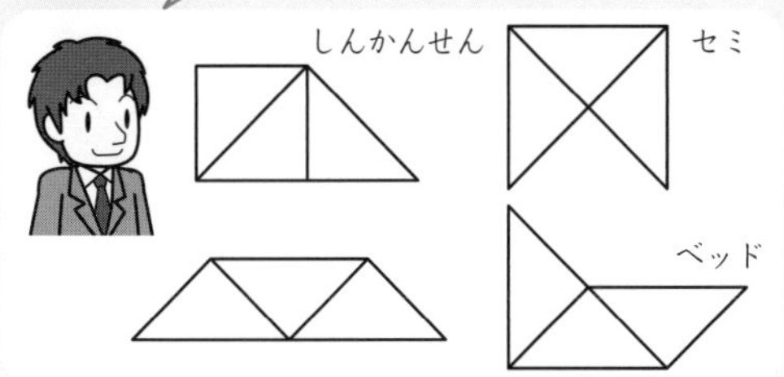

3枚でできる形のうち，同じ長さの辺がぴったりくっつけている形がいくつできるかを数える。2枚の「大きな山」「しかく」「ダイヤ」に1枚つけるとどれも「しんかんせん」の形になることなどに気付けるとおもしろい。

5 裏返すと同じ形になるね

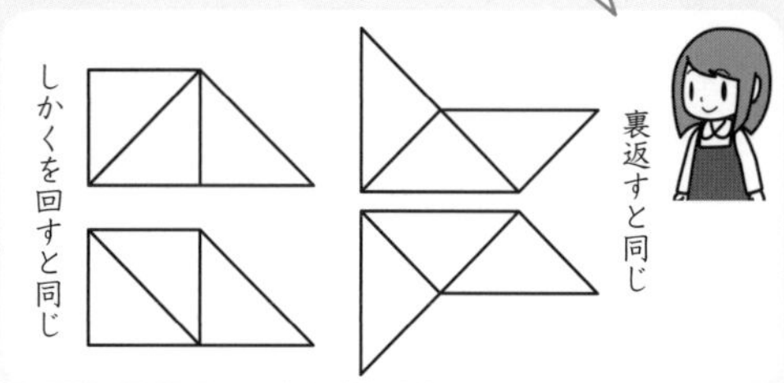

しかくを回すと同じ，裏返すと同じものを同じ形とすると3枚では4種類できることが分かる。

時間が残れば，三角の枚数を自由に増やして，形作りを楽しむのもよい。

本時案

いろいた４まいでかたちをつくろう

3/5

本時の目標

・直角三角形の色板４枚を使ってできる形を考える。

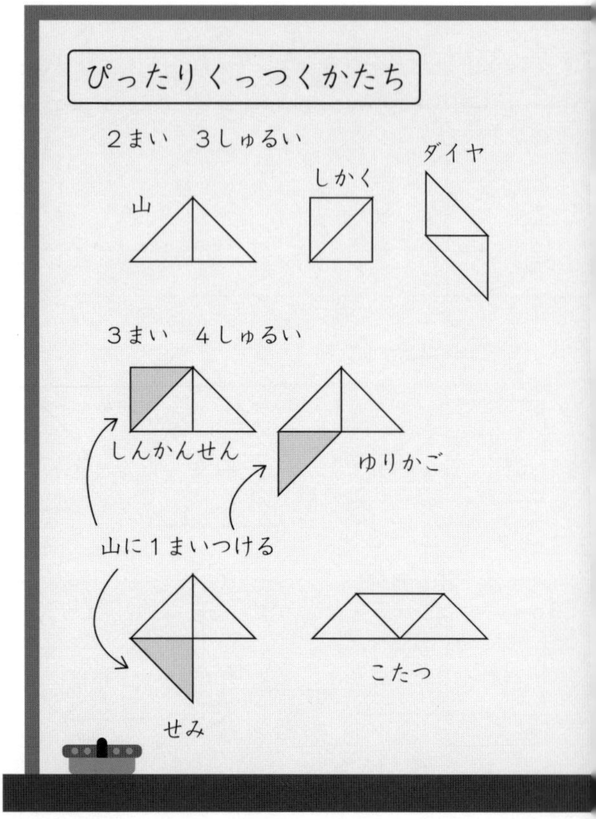
ぴったりくっつくかたち
２まい　３しゅるい
山
しかく
ダイヤ
３まい　４しゅるい
しんかんせん
ゆりかご
山に１まいつける
せみ
こたつ

授業の流れ

1 色紙４枚なら５種類できる?

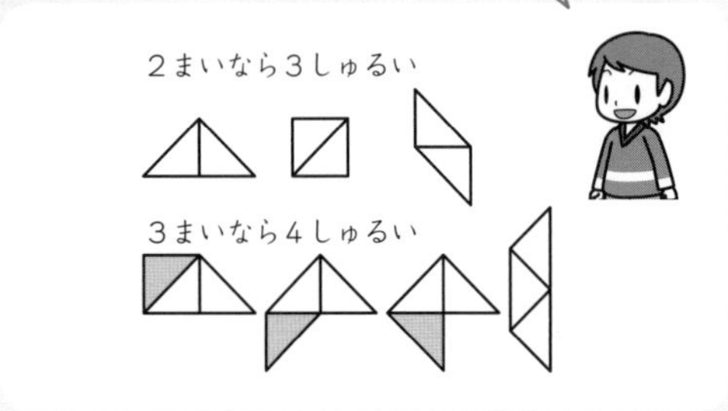

前の時間に辺がぴったりくっつく形は，２枚で３種類，３枚で４種類できた。このことを確認すると，４枚なら５種類できるのではないかと予想する子どもが出てくる。

なお，それぞれの形に名前をつけておくと，形をイメージしやすくなり，あとから整理しやすくなる。

2 あれ？　６つできたよ？ まだあるかも？

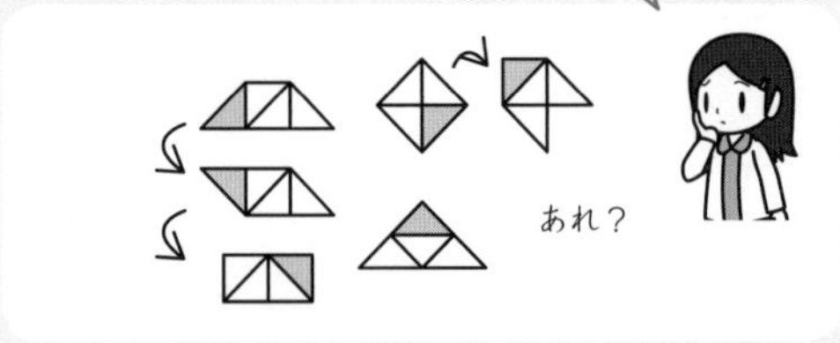
あれ？

４枚で辺がぴったりくっつく形を作っていく。５種類はすぐにできる。「予想通り，５種類できたね」と確認すると，「違うのができた」「ぼくも違う！」と６つ目，７つ目ができてくる。

４枚でできた形にも名前をつけておくと「新幹線に１枚つけると船になる」のように説明できる。

3 同じ形があるよ

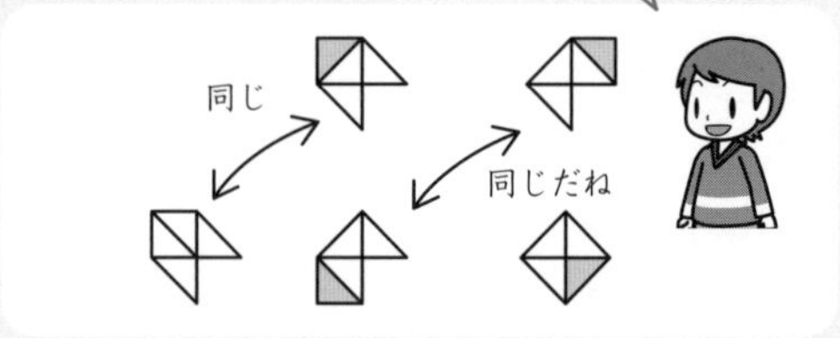
同じ
同じだね

４枚で辺がぴったりくっつく形は全部で14種類ある。これだけあると，作っていく過程で同じ形のものが出てくる。回転させ，裏返し，整理しながら，同じ形のものを除いていく。

ます目の用紙を用意しておいて，その場でかき写して，回転させたり，裏返らせたりしていくと分かりやすくなる。

本時の評価

・回転させたり裏返したりしながら，違う形を見出すことができたか。

準備物

・教師掲示用折り紙
・教師掲示用色板
・子ども用折り紙，色板

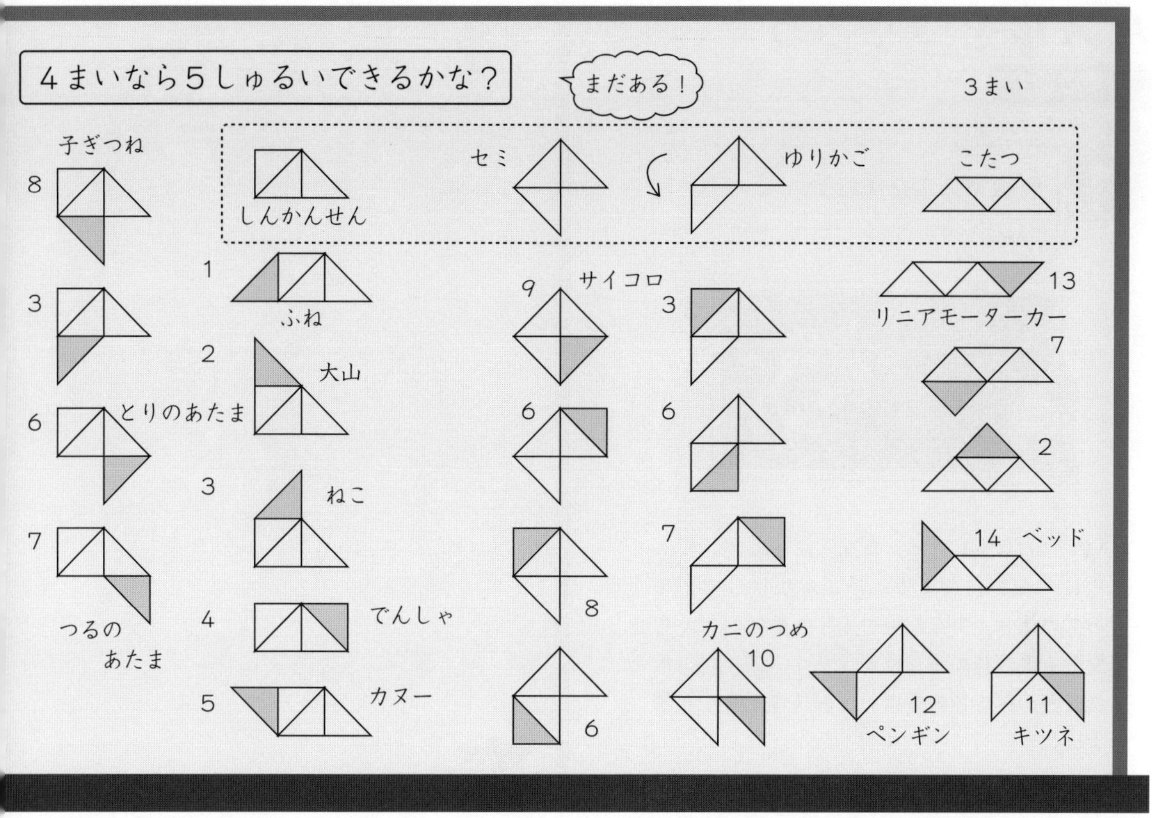

4 3 枚にもう 1 枚付ければいい

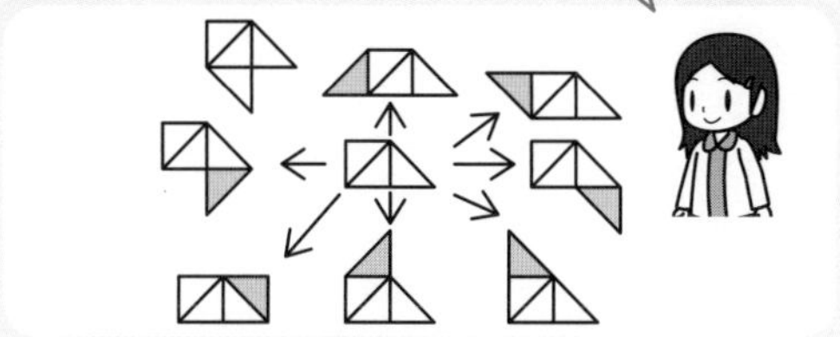

3 枚でできる 4 種類のそれぞれに 1 枚付ける場所を変えるとすべての場合が考えられる。それでも，同じ形ができてくるので，その形を除いていく。ばらばらに見えていた形の共通部分が見えてくる。

すべて出す必要はない。5 種類を予想したことが大きくずれてしまったことが分かればよい。

5 枚だとたくさんできそう

4 枚で14種類できるのだから，5 枚だと子どもは多い数を予想してくるが調べつくすことはできない。

直角二等辺三角形の組み合わせでできる図形はポリアボロ（Polyabolo）と呼ばれる。1 枚は「モノボロ」（Monobolo），2 枚「ダイアボロ」（Diabolo），3 枚『トリアボロ』（Triabolo），4 枚「テトラボロ」（Tetrabolo），5 枚「ペンタボロ」（Pentabolo）30種類，6 枚「ヘキサボロ」（Hexabolo）107種類，7 枚「ヘプタボロ」（Heptabolo）318種類，その後は1116，3743，13240……と増えていく。

本時案

いろいたを つかって，いろいた パズルをつくろう

4/5

本時の目標

・色板を使って，色板パズルを作り，問題を出し合う。

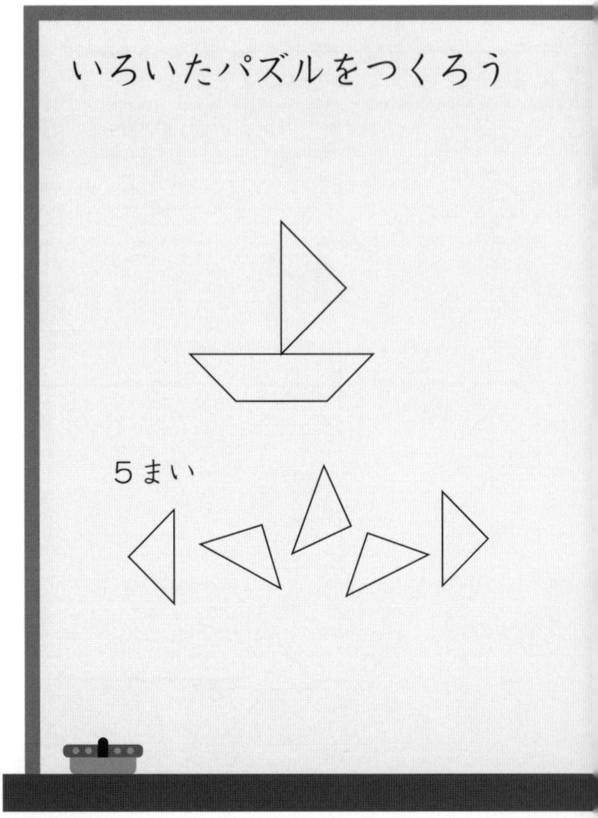
いろいたパズルをつくろう
5まい

授業の流れ

1 色板パズルを作ろう

「いろいたパズルをつくろう」と板書して，黒板に色板で前時までに子どもが作った形を作って見せる。次に色板の周りを線で囲む。色板を外すと，枠の線だけが残り，パズルができる。代表の子に色板をはめてパズルを解かせるとよい。

2 自分の色板パズルを作ろう

コピー用紙を配付し，その上に好きな形を色板で作る。できた形には名前をつけて題名とする。

色板で作った形の周りを線で囲み，色板を外してパズルを作る。

3 何枚でできるかな?

できたパズルは，友だちと交換して，お互いにパズルに色板を並べて解いてみる。解き始める前に，「何枚でできそうなのか」予想してから始めるとよい。ずらして，回して，裏返してはめていく。

本時の評価

・色板パズルを作ることができたか。友だちのパズルを解くことができたか。

準備物

・教師掲示用色板
・児童用色板
・コピー用紙

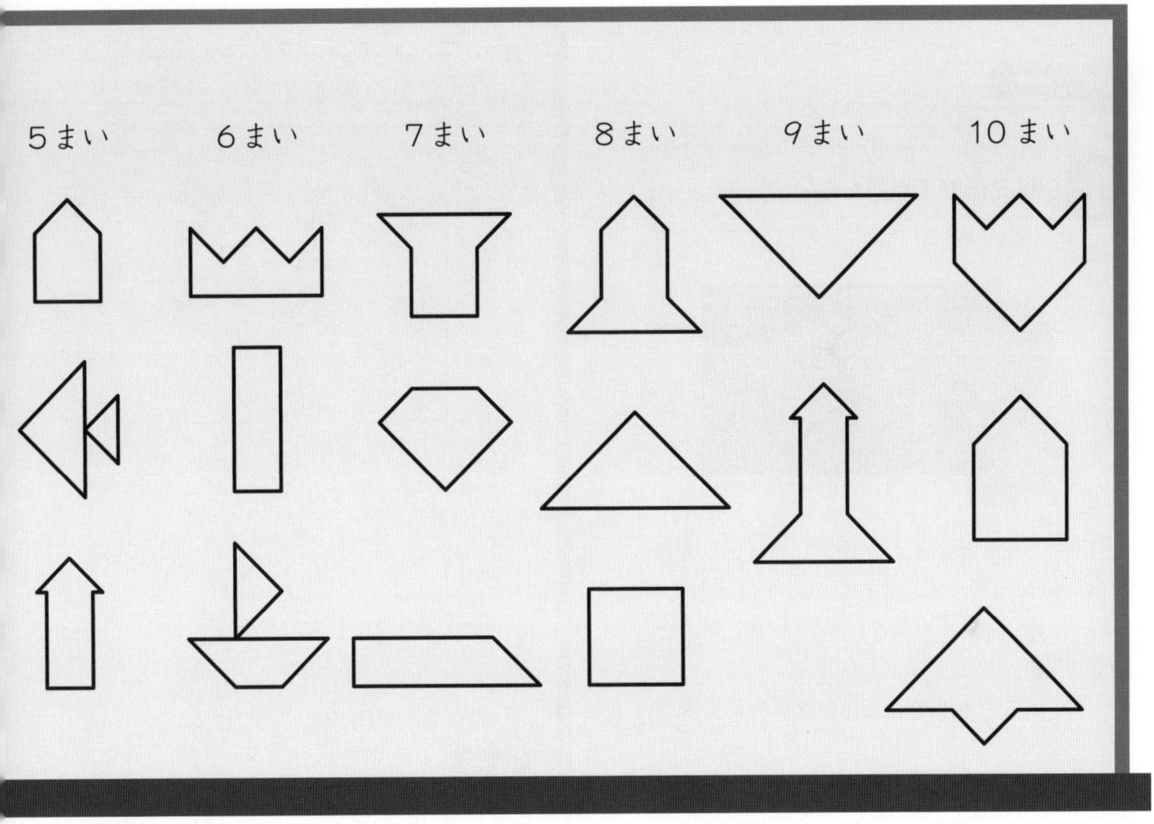

5まい
6まい
7まい
8まい
9まい
10まい

4 このパズル，解けるかな？

友だちに解いてもらったパズルは黒板に貼り，２つ目のパズルの作成に取り組む。黒板に貼っているパズルを見ながら，自分とは違うパズルのよさを見いだし，次のパズルづくりに生かしていける。

5 同じ形になっているよ

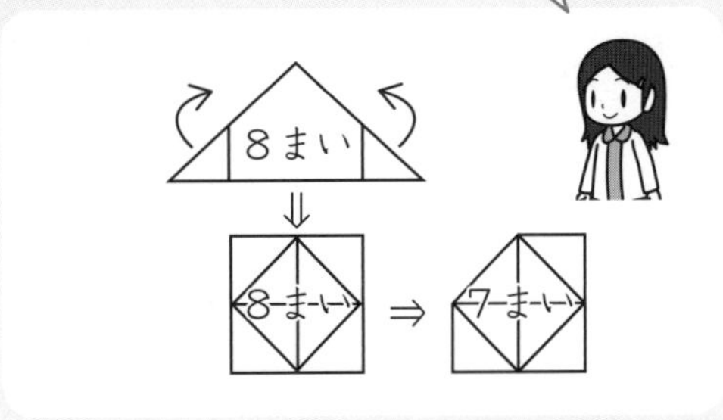

黒板に貼ったパズルを，同じ枚数の形をグループにしていく。すると，回転，裏返しによって同じ形が見えてくる。また，似た形の中に，１枚だけ移動することでできる形なども見えてくる。

本時案

ぼうでかたちをつくろう

5/5

本時の目標

・棒を並べたり，点と点を結んだ線を使って形を考える。

授業の流れ

1 棒で形ができるかな？

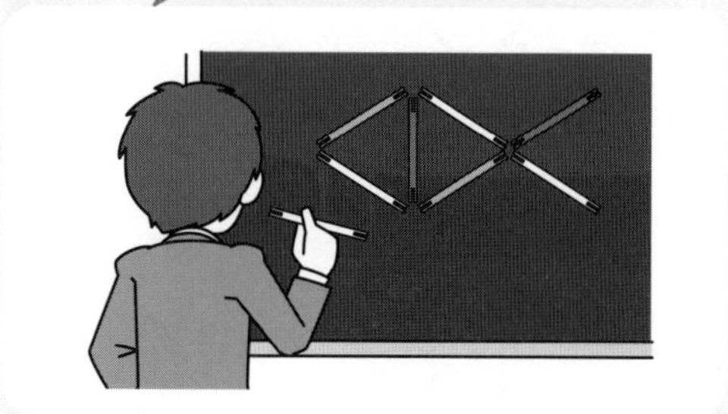

「何に見えるかな？」と聞きながら，数え棒を黒板に貼っていく。「さんかくができた！」「さんかく2つだ」「魚みたい」と形を捉え，表現する。

「棒で形ができるかな？」と投げかけ板書する。

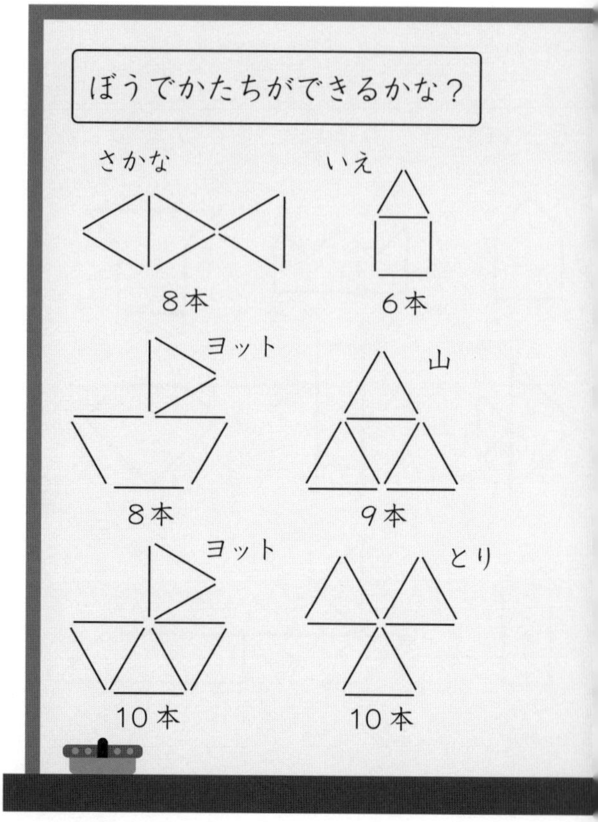

2 こんな形できたよ

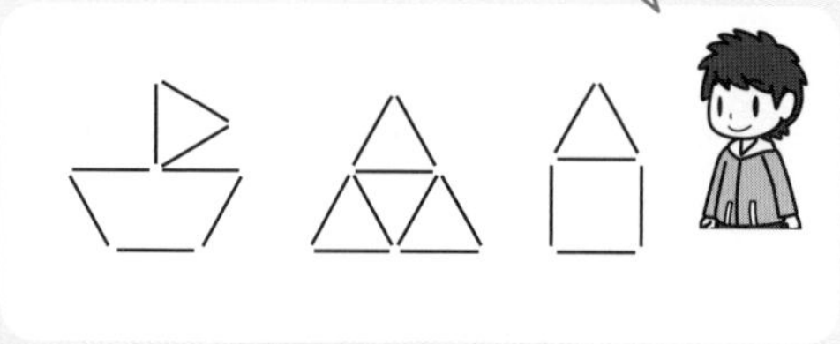

子どもは棒を増やして，作っていく。そこで，例えば最大を12本と限定して，その本数で形を作っていくようにする。

すると同じ本数の中で，友だちの作った形との違いが見えてくる。

3 何本でできたの？

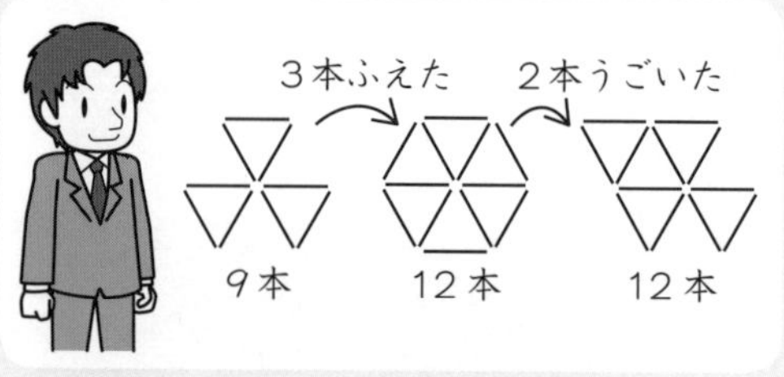

できた形を黒板に再現する。黒板の形に使った棒の数を数えながら，同じように作ってみる。

似た形には同じ部分があることが見えてくるとよい。

本時の評価

・棒や線で形を作ることができたか。

準備物

・教師掲示用数え棒
・子ども用数え棒
・格子が正方形の用紙
・格子が正三角形の用紙

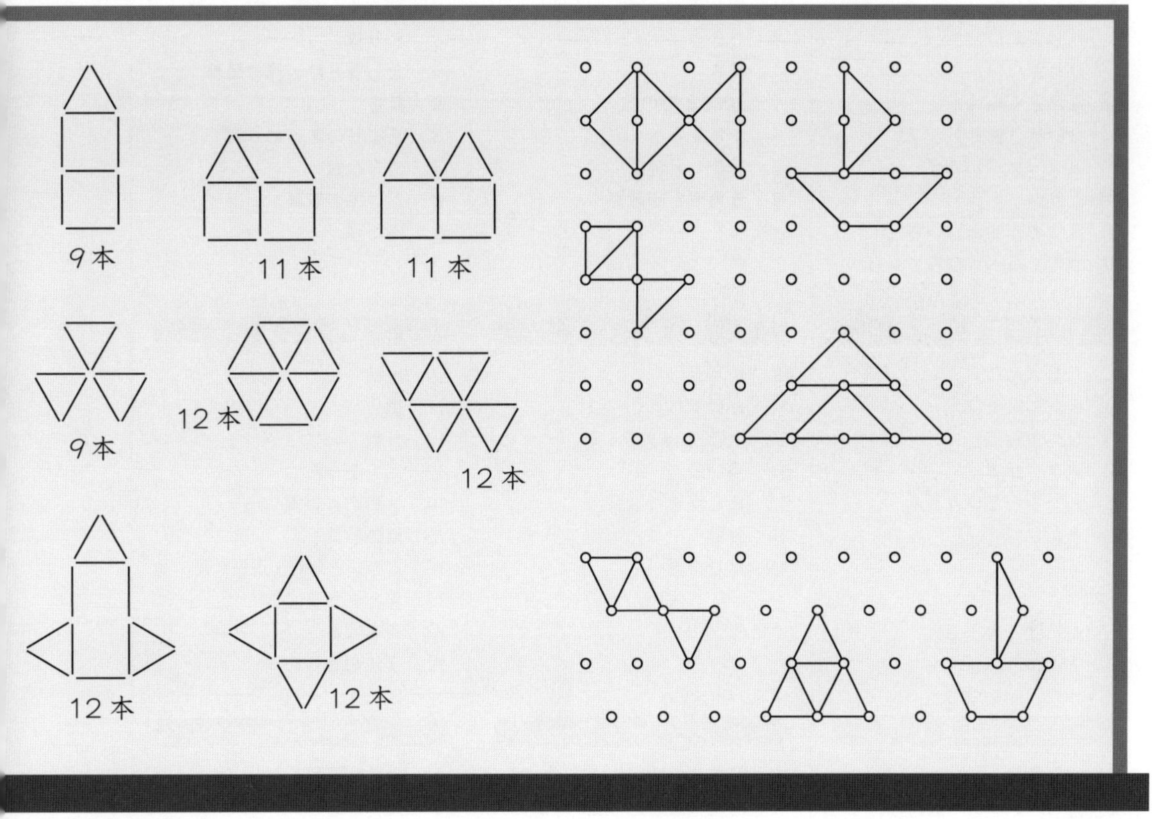

4 点をつないで形をつくろう

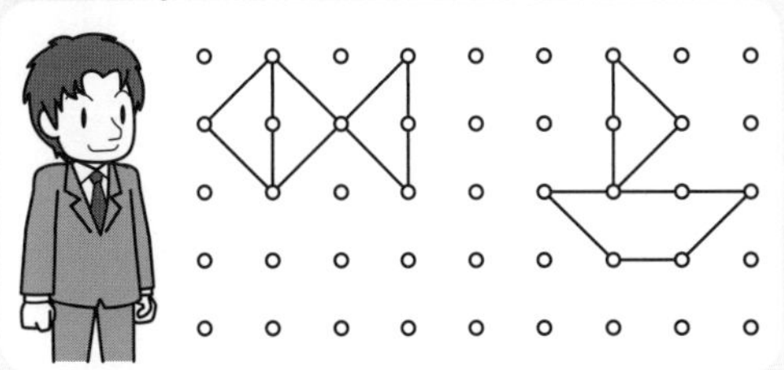

棒の数が少なくなってくるので，紙にかいた点と点をつないで形をつくることを提案する。用紙を配り，点と点をつないで棒をかき，形をつくっていく。

棒でつくったときと同じ形にならないときには，似た形を作っていくようにする。

5 色がつくときれいだね

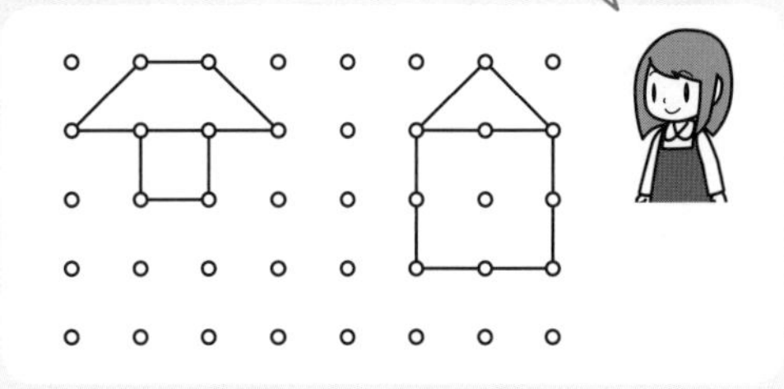

線をつないで表した形に色をつけていく。色を付けることで輪郭だけだった形を面として意識していくことができる。

ノートのます目の交点を点として，ノートに形をかいていくこともできる。格子が正三角形状の用紙も用意しておいて，選ばせてもよい。

全12巻単元一覧

第1学年■上	第2学年■上	第3学年■上
1 なかまづくりとかず 2 なんばんめ 3 たしざん(1) 4 ひきざん(1) 5 ながさくらべ 6 せいり（表とグラフ） 7 10より大きいかず 8 とけい 9 3つのかずのけいさん 10 かさくらべ・ひろさくらべ	1 表とグラフ 2 たし算 3 ひき算 4 長さ 5 1000までの数 6 かさくらべ 7 時こくと時間 8 三角形と四角形	1 かけ算 2 時こくと時間 3 わり算 4 たし算とひき算の筆算 5 長さ 6 あまりのあるわり算 7 大きな数 8 かけ算の筆算 9 円と球
第1学年■下	**第2学年■下**	**第3学年■下**
11 たしざん(2) 12 かたちあそび 13 ひきざん(2) 14 大きなかず 15 たしざんとひきざん 16 かたちづくり	9 かけ算(1) 10 かけ算(2) 11 1000より大きい数 12 長い長さ 13 たし算とひき算 14 分数 15 はこの形	10 小数 11 重さ 12 分数 13 □を使った式 14 2桁のかけ算 15 倍の計算 16 二等辺三角形・正三角形・角 17 表とグラフ 18 そろばん 19 3年のまとめ
第4学年■上	**第5学年■上**	**第6学年■上**
1 大きな数 2 折れ線グラフ・資料の整理 3 わり算の筆算 4 角 5 2桁でわるわり算 6 倍の見方 7 垂直・平行と四角形 8 概数	1 整数と小数 2 体積（直方体・立方体） 3 変わり方 4 小数のかけ算 5 小数のわり算 6 合同な図形 7 図形の角 8 整数の性質（偶数・奇数，倍数・約数） 9 分数と小数，整数の関係	1 対称な図形 2 文字と式 3 分数と整数のかけ算・わり算 4 分数と分数のかけ算 5 分数と分数のわり算 6 比とその利用 7 拡大図・縮図 8 円の面積 9 立体の体積
第4学年■下	**第5学年■下**	**第6学年■下**
9 小数，小数のたし算とひき算 10 式と計算 11 分数 12 変わり方 13 面積 14 小数のかけ算・わり算 15 立方体・直方体	10 分数のたし算とひき算 11 平均 12 単位量当たりの大きさ，速さ 13 面積 14 割合 15 帯グラフと円グラフ 16 正多角形と円 17 角柱と円柱	10 比例と反比例 11 場合の数 12 資料の整理 13 6年のまとめ 14 中学との接続

監修者・編著者・執筆者紹介

[総合企画監修]

田中　博史（たなか　ひろし）
真の授業人を育てる職人教師塾「授業・人」塾主宰。前筑波大学附属小学校副校長，前全国算数授業研究会会長，筑波大学人間学群教育学類非常勤講師，学校図書教科書「小学校算数」監修委員。主な著書に『子どもが変わる接し方』『子どもが変わる授業』『写真と対話全記録で追う！ 田中博史の算数授業実況中継』（東洋館出版社），『子どもに教えるときにほんとうに大切なこと』（キノブックス），『現場の先生がほんとうに困っていることはここにある！』（文溪堂）等がある。

[編著者]

中田　寿幸（なかた　としゆき）
筑波大学附属小学校 教諭。千葉大学卒業。千葉県公立小学校教諭を経て現職。千葉算遊会代表。全国算数授業研究会 常任理事，算数授業 ICT 研究会理事，日本数学教育学会研究部幹事，隔月刊誌『算数授業研究』編集委員，教科書「小学算数」（学校図書）編集委員。主な著書に『知的にたくましい子を育てる算数授業づくり』，『追究する子どもたちとの算数授業』（以上，東洋館出版社）などがある。また，『読書で身につく！ 算数のお話』，『読書で身につく！ 図形のお話』（以上，実業之日本社）の監修も務めている。

森本　隆史（もりもと　たかし）
筑波大学附属小学校 教諭。山口県公立小学校教諭，山口大学教育学部附属山口小学校教諭を経て，現職。全国算数授業研究会常任理事，教科書『小学校算数』（学校図書）編集委員，隔月刊誌『算数授業研究』編集委員。編著書に『算数授業を変えるきっかけになる本』，共著書に『子どもの数学的な見方・考え方が働く算数授業 3年』，『対話的な算数授業に変える　教師の言語活動』（以上，東洋館出版社），『ほめて育てる算数言葉』（文溪堂）など。

[執筆者]（執筆順）

中田　寿幸
第 1 学年授業づくりのポイント，単元12「かたちあそび」，単元16「かたちづくり」

中村　光晴（なかむら　みつはる）　**札幌市立資生館小学校**
単元11「たしざん (2)」

森本　隆史
単元13「ひきざん (2)」

岡田　紘子（おかだ　ひろこ）　**お茶の水女子大学附属小学校**
単元14「大きなかず」

夏坂　哲志（なつさか　さとし）　**筑波大学附属小学校**
単元15「たしざんとひきざん」

『板書で見る全単元・全時間の授業のすべて　算数　小学校１年下』
付録 DVD ビデオについて

・付録 DVD ビデオは，夏坂哲志先生による「単元15　たしざんとひきざん　第４時」の授業動画が収録されています。

【使用上の注意点】
・DVD ビデオは映像と音声を高密度に記録したディスクです。DVD ビデオ対応のプレイヤーで再生してください。
・ご視聴の際は周りを明るくし，画面から離れてご覧ください。
・ディスクを持つときは，再生盤面に触れないようにし，傷や汚れ等を付けないようにしてください。
・使用後は，直射日光が当たる場所等，高温・多湿になる場所を避けて保管してください。

【著作権について】
・DVD ビデオに収録されている動画は，著作権法によって守られています。
・著作権法での例外規定を除き，無断で複製することは法律で禁じられています。
・DVD ビデオに収録されている動画は，営利目的であるか否かにかかわらず，第三者への譲渡，貸与，販売，頒布，インターネット上での公開等を禁じます。

【免責事項】
・この DVD の使用によって生じた損害，障害，被害，その他いかなる事態についても弊社は一切の責任を負いかねます。

【お問い合わせについて】
・この DVD に関するお問い合わせは，次のメールアドレスでのみ受け付けます。 tyk@toyokan.co.jp
・この DVD の破損や紛失に関わるサポートは行っておりません。
・DVD プレイヤーやパソコン等の操作方法については，各製造元にお問い合わせください。

板書で見る全単元・全時間の授業のすべて
算数 小学校１年下
～令和２年度全面実施学習指導要領対応～

2020（令和２）年８月23日　初版第１刷発行

監　修：田中　博史
編　著：中田　寿幸・森本　隆史
企画・編集：筑波大学附属小学校算数部
発 行 者：錦織　圭之介
発 行 所：株式会社東洋館出版社
〒113-0021　東京都文京区本駒込５丁目16番７号
営 業 部　電話 03-3823-9206　FAX 03-3823-9208
編 集 部　電話 03-3823-9207　FAX 03-3823-9209
振　　替　00180-7-96823
U　R　L　http://www.toyokan.co.jp

印刷・製本：藤原印刷株式会社

装丁デザイン：小口翔平＋岩永香穂（tobufune）
本文デザイン：藤原印刷株式会社
イラスト：すずき匠（株式会社オセロ）
DVD 制作：株式会社 企画集団 創

ISBN978-4-491-04024-0　　Printed in Japan